U0682263

江苏新农村发展系列报告
南京农业大学人文社科重大招标项目

江苏农村工业和城镇化发展报告 2013

孙 华等 著

科学出版社
北 京

内 容 简 介

本书为《江苏新农村发展系列报告》之一。本书首先对江苏省农村工业和城镇化发展历程、发展现状进行梳理，并在此基础上总结江苏农村工业和城镇化发展存在的问题；其次对江苏省农村工业化和城镇化关系、江苏农村商贸服务与消费市场状况、江苏省农村城镇化区域差异、江苏省村镇规划与居民点建设、江苏省农村剩余劳动力转移与市民化进行研究分析，在此基础上，针对江苏省农村工业和城镇化发展提出对策建议。专题报告对江苏三大区域进行分别描述，对江苏省典型城中村改造利益均衡问题及"美丽乡村"发展案例进行了研究。

本书可供高校和研究院所相关专业科研人员以及政府相关部门人员参考。

图书在版编目(CIP)数据

江苏农村工业和城镇化发展报告. 2013 / 孙华等著. —北京：科学出版社，
2014. 3

(江苏新农村发展系列报告)
ISBN 978-7-03-040203-5

I. ①江… II. ①孙… III. ①农村工业化 – 研究报告 – 江苏
省 – 2013②农村 – 城市化 – 研究报告 – 江苏省 – 2013 IV. ①F327.53
②F299.275.3

中国版本图书馆 CIP 数据核字(2014)第 049039 号

责任编辑：黄 海 顾晋饴/责任校对：李 影
责任印制：徐晓晨/封面设计：许 瑞

科学出版社 出版
北京东黄城根北街 16 号
邮政编码：100717
http://www.sciencep.com

北京京华虎彩印刷有限公司 印刷
科学出版社发行 各地新华书店经销

*

2014 年 3 月第 一 版 开本：787×1092 1/16
2014 年 3 月第一次印刷 印张：15 1/4
字数：210 000

定价：79.00 元

(如有印装质量问题，我社负责调换)

总　序

　　为了深入贯彻落实党的十七届六中全会精神和国家中长期科技与教育发展规划纲要，繁荣我校人文社会科学，强化我校新农村发展研究院的政策咨询功能，从 2012 年起，南京农业大学在中央高校基本科研业务费中增设人文社会科学重大专项。人文社会科学重大专项通过招标方式，主要资助我校人文社科专家、教授针对我国农业现代化和社会主义新农村建设中遇到的具有全局性、战略性、前瞻性的重大理论和实践挑战，以解决复杂性、前沿性、综合性的重大现实问题为重点，以人文社会科学为基础、具有明显文理交叉特征的跨学科研究。其中，为江苏"三农"服务的发展报告是首批重点资助的项目，项目实施一期三年，每年提交一份年度发展报告，并向社会公布。

　　江苏地处中国经济发展最快速、最具活力的长三角地区，肩负"两个率先"的光荣使命，正处于率先实现小康社会奋斗目标、全面开启现代化建设征程的新的历史起点。其经济社会发展的现状为南京农业大学发挥学科特点和综合优势，服务社会需求和发展大局，提出了新的挑战，提供了新的机遇。我校设立校人文社会科学重大招标项目主要基于四个方面的出发点。第一，随着我国整体改革的进一步深入，农业现代化进程的不断加快，农业现代化过程中凸显的难点和重点问题，使得人文社科研究的整体性、系统性、迫切性更加突出。我校通过顶层设计设置的人文社科重大招标项目——江苏"三农"相关领域发展报告，就是希望我校农业相关的人文社科领域专家、教授发挥团队力量，通过系统设计、周密调研和深入剖析，实现集体"发声"，冀求研究成果为江苏"两个率先"的实现做出应有的贡献，并对全国的农业现代化、对将来起示范和引领作用，从而扩大南京农业大学人文社科研究整体的社会影响力。第二，通过项目的实施，希望进一步引导我校人文社科领域专家、教授更加注重实际、实例与实体研究，更加关注传统与现实的结合，更加注重研究的定点和定位，更加重视科学研究资料和素材的积累。第三，通过项目实施，一个报告针对一个问题、围绕一个主题，使人文社科老师的科研活动多与社会、多与政府对接，使得研究成果的社会影响力和政府影响力都能得到充分发挥。第四，希望我校人文社科的老师与自然科学的老师形成交叉，培育新的人文社科学科发展增长点，推动学校创新团队培养和学科交叉融合。通过项目的实施，人才、团队、成果、学科、学术都能得到同步成长。

《江苏新农村发展系列报告》(2013)共分为十三个分册，分别为《江苏农村经济社会发展报告 2013》、《江苏农民专业合作组织发展报告 2013》、《江苏农村金融发展报告 2013》、《江苏乡村治理发展报告 2013》、《江苏农村社会保障发展报告 2013》、《江苏休闲农业发展报告 2013》、《江苏农业信息化发展报告 2013》、《江苏农村政治文明发展报告 2013》、《江苏农村生态文明发展报告 2013》、《江苏农村公共服务发展报告 2013》、《江苏农村文化建设发展报告 2013》、《江苏农村工业和城镇化发展报告 2013》、《江苏农村农业生产经营发展报告 2013》。各报告包括了 2013 年江苏全省农业相关领域的发展现状、总体评价、趋势分析及对策建议等；分别针对苏南、苏北、苏中专题进行评述并提出了相关建议；评析了 2013 年全省农业相关领域发展的典型案例；并附有 2013 年全省农业相关领域发展统计数据、政策文件以及发展大事记等。项目通过实证研究和探索，获得来自于农民生活、农业生产和农村社会实际的第一手资料，以期为政府决策提供真实的信息。项目实施过程中充分发挥了青年教师与研究生等有生力量的作用，既扩大了工作的影响面，又培养了人才。

总之，我校从专家集体发声、鲜明的导向、与社会及政府部门的对接、团队和学科交叉的发展这四个方面设计资助人文社会科学重大招标项目，希望对我校的人文社科发展起到积极的推动作用，能真正达到"弘扬南农传统和优势、对接古典和现实、破解农业现代化难题、振兴南农人文社科"的目的，同时为我国"三农"事业、经济社会发展，为江苏省农业科技进步、农业现代化和新农村建设作出新的贡献。

在项目的实施和发展报告的编写过程中，农业相关领域省级主管部门及各级各单位、各项目负责人及课题组成员给予了大力支持和密切配合，相关领域的领导和专家给予了指导，在此一并致以谢忱。

《江苏新农村发展系列报告》是一个全新的尝试，不足甚至谬误在所难免，还望社会各界倾力指教，以利更真实地记录江苏农业现代化进程的印迹，为美好江苏建设留下一组侧影。

南京农业大学副校长　丁艳锋

二〇一三年十二月

前　言

工业化和城镇化是当今世界最重要的经济现象，工业化是许多国家城镇化战略的重要部分。《中华人民共和国国民经济和社会发展第十二个五年规划纲要》明确提出"走中国特色城镇化道路，科学制定城镇化发展规划，促进城镇化健康发展"，"加强农村基础设施和公共服务，按照推进城乡经济社会发展一体化的要求，搞好社会主义新农村建设规划，加快改善农村生产生活条件"。党的十八大明确把推进城镇化作为经济结构战略性调整的重点之一，并要求推动城乡发展一体化，促进城乡共同繁荣。2013 年 12 月中旬召开的中央城镇化工作会议也进一步提出了包括"推进农业转移人口市民化、提高城镇建设用地利用效率、优化城镇化布局和形态、提高城镇建设水平、建立多元可持续的资金保障机制、加强对城镇化的管理"等推进城镇化的六大任务。

江苏省经济发展水平较高，农村工业化和城镇化起步较早，以兴办乡镇企业实现非农化的"苏南模式"是江苏省早期农村工业化和城镇化的主要模式，已在农村工业化与城镇化过程中取得了相应的工作成果，并且积累了一些经验。《2013 年江苏省人民政府工作报告》中强调"要着力提高城镇化质量和城市现代化水平。扎实推进城镇化，提升中心城市综合功能，发挥中小城市承接外部要素和对内带动作用，小城镇重点解决生活集中和生产集约问题"。至 2012 年，江苏省城镇化率已达到 63.0%，乡镇企业实现总产值113 548.99 亿元，农村工业和城镇化水平进一步提高。

《江苏农村工业和城镇化发展报告 2013》首先对江苏省农村工业和城镇化发展历程、发展现状进行梳理，并在此基础上总结江苏农村工业和城镇化发展存在的问题。在对江苏省农村工业化和城镇化关系、江苏农村商贸服务与消费市场状况、江苏省农村城镇化区域差异、江苏省村镇规划与居民点建设、江苏省农村剩余劳动力转移与市民化进行研究和分析的基础上，针对江苏省农村工业和城镇化发展提出对策建议。专题报告对江苏三大区域进行分别描述，对江苏省典型城中村改造利益均衡问题及"美丽乡村"发展案例进行了研究。

本项目得到南京农业大学人文社会科学重大招标项目(项目编号：SKZD201305)的资助。

在撰写的过程中，我们力求全面地反映江苏农村工业和城镇化发展现状，但由于知识水平有限，难免存在不当之处，敬请专家、读者不吝赐教！

孙　华

2013 年 12 月 30 日

目　　录

总序
前言
第一章　江苏农村工业和城镇化发展总报告 ·························· 1
　　第一节　江苏农村工业化发展状况 ···························· 1
　　　一、江苏农村工业化发展背景 ···························· 1
　　　二、江苏农村工业化发展历程 ···························· 3
　　　三、江苏农村工业化的现状与问题分析 ···················· 10
　　第二节　江苏农村城镇化发展状况 ··························· 19
　　　一、江苏农村城镇化发展背景 ··························· 19
　　　二、江苏农村城镇化发展历程 ··························· 21
　　　三、江苏农村城镇化的现状与问题分析 ···················· 25
　　第三节　江苏农村工业化与城镇化关系研究 ···················· 31
　　　一、江苏农村工业化与城镇化关系的历史回顾 ················· 31
　　　二、江苏农村工业化与城镇化关系的现状特征 ················· 34
　　　三、江苏农村工业化与农村城镇化关系的定量分析 ·············· 43
　　　四、江苏农村工业化与城镇化协调发展的政策措施 ·············· 58
　　第四节　江苏农村商贸及消费市场分析 ······················ 60
　　　一、江苏农村商贸服务业发展态势 ······················· 60
　　　二、江苏农村消费水平现状分析 ························· 63
　　　三、江苏农民收入与消费水平发展趋势分析 ················· 69
　　　四、江苏农民收入水平与农村工业化、城镇化的关系分析 ·········· 75
　　第五节　江苏农村城镇化区域差异分析 ······················ 80
　　　一、江苏农村城镇化发展空间演化影响因素 ·················· 80
　　　二、江苏农村城镇化发展的空间特征 ····················· 84
　　第六节　江苏村镇规划与居民点建设 ························· 94

一、江苏村镇建设规划现状分析 ·· 94

二、江苏村镇建设规划存在的问题 ·· 102

三、江苏农村居民点建设现状分析 ·· 103

四、江苏农村居民点建设存在的问题 ·· 108

五、江苏村镇规划与农村居民点建设的对策与耕地资源的关系 ·········· 109

第七节　江苏农村剩余劳动力转移与市民化分析 ························· 110

一、江苏农村剩余劳动力转移与市民化的简单回顾 ···················· 111

二、江苏农村剩余劳动力的现状特征 ·· 112

三、江苏农村剩余劳动力的定量评估 ·· 120

四、江苏农村剩余劳动力转移分析 ·· 130

五、江苏农村人口市民化的途径与障碍分析 ······························ 133

六、江苏农村劳动力转移和市民化的对策建议 ··························· 140

第八节　江苏农村工业与城镇化对策建议 ································· 146

一、江苏农村工业化对策建议 ··· 146

二、江苏农村城镇化对策建议 ··· 156

第二章　江苏农村工业和城镇化发展分报告 ······························ 161

第一节　苏南地区农村工业与城镇化发展调查报告 ····················· 161

一、苏南地区农村工业与城镇化发展现状 ································· 161

二、苏南地区农村工业与城镇化发展中存在的主要问题 ··············· 166

三、苏南地区农村工业与城镇化发展的路径 ····························· 168

第二节　苏中地区农村工业与城镇化发展调查报告 ····················· 172

一、苏中地区农村工业与城镇化发展现状 ································· 172

二、苏中地区农村工业与城镇化发展成效 ································· 173

三、苏中地区农村工业与城镇化发展中存在的主要问题 ··············· 177

四、苏中地区农村工业与城镇化发展的路径 ····························· 179

第三节　苏北地区农村工业与城镇化发展调查报告 ····················· 183

一、苏北地区农村工业与城镇化发展现状 ································· 183

二、苏北农村工业化与城镇化过程中存在的问题 ······················ 189

三、苏北地区农村工业化和城镇化发展的路径 ·························· 191

第三章　江苏农村工业与城镇化发展专题 ································· 195

第一节　江苏典型城中村改造的利益均衡研究 ·························· 195

一、城中村改造利益相关主体角色定位和利益诉求 ···················· 196

二、城中村改造博弈模型 ···197

三、基于利益均衡的政策建议 ··202

第二节 江苏"美丽乡村"发展案例研究 ··································203

一、江苏美丽乡村发展背景 ··203

二、江苏美丽乡村典型案例 ··204

参考文献 ···219

附录 ···221

附录一 2013 年江苏农村工业与城镇化发展政策文件 ··········221

附录二 2013 年江苏农村新型城镇化发展大事记 ···············223

第一章 江苏农村工业和城镇化发展总报告

第一节 江苏农村工业化发展状况

一、江苏农村工业化发展背景

农村工业化是位于农区的工业的兴起与发展并推动整个农村经济和社会进步的过程。有人将农村工业化涵盖至农村工业之外的建筑业、交通运输业、商业、饮食服务业等，包括所有非农产业。改革开放以来，随着工业化的不断发展，以及现代化水平的不断提高，我国东部沿海地区经济发展迅速，同时农村地区也开始逐步推进工业化进程，并且取得了成功，曾经先后出现了三种典型的农村城镇化模式，即苏南模式、温州模式和珠江三角洲模式。这三种农村工业化模式，不但大大地促进了该区农村经济的发展，而且为解决我国的"三农"问题提供了经验。

"苏南模式"是最具有代表性的农村工业化发展模式之一。它是指1980年初，江苏省的苏州、无锡、常州三市的农村地区通过建立乡镇企业来发展工业的方式，是最早被人们承认的乡镇企业发展模式。但随着我国工业化的进一步发展，特别是经济全球化的进一步加深和我国加入 WTO 以后，企业生产组织方式和市场竞争环境发生了很大的变化，乡镇企业所有制结构逐渐由以集体经济为主向多元的股份制结构转变，企业布局逐渐由分散的乡镇企业向工业集中区转变，乡镇企业逐渐由私营企业代替。时至今日，乡镇企业已经基本退出了历史舞台。但农村工业化并没有因此而停止，在新的工业化背景下，农村工业的发展必然呈现出新的特征。

1. 工业化和城镇化是当今世界最重要的两个社会经济现象

发达国家工业化和城镇化起步早，20 世纪初期，很多学者就从不同视角对工业化和城镇化进行了深入研究，并提出中心地理论、二元结构理论、推-拉理论、增长极理论、中心-边缘理论、田园城市论等多种理论模型。其中最为著名的是钱纳里的多国模型，即城镇化与工业发展之间存在着某种对应性。上述早期理论成为后来发展中国家研究工业化和城镇化一般规律的重要基础。目前西方国家对工业化和城镇化的研究主要集中在经济全球化、产业集群、城市复兴以及精明增长等方面。

2. 对农村地区的忽视是导致许多发展中国家产生过度城镇化的重要原因之一

二战前夕，一些发展中国家在照搬发达国家工业化和城镇化模式的过程中，出现了严重的过度城镇化现象。如拉丁美洲五个半工业经济类型国家——巴西、墨西哥、哥伦比亚、委内瑞拉、秘鲁，城镇化率的增长远远高于工业化率。城市形成了大面积的贫民区，大量农村人口涌入城市，经济发展水平低位徘徊、城市环境急剧恶化、劳动就业困难重重、城镇基础设施严重滞后。这一结果的形成，其中的重要原因就是忽视了农村地区的改造与发展，使得城镇的发展、工业经济的发展缺乏腹地，拉大了城乡差距，农村人口向城镇的涌动，进一步恶化了城镇的公共设施服务水平。

3. 农村工业和城镇化发展是许多国家城镇化战略的重要组成部分

为了避免工业和城镇化过程中产生过度城镇化问题，许多发达国家非常重视农村的产业和城镇发展，并取得了诸多成功经验，如韩国的"新村运动"、日本的"造村运动"、法国的"农村改革"、以色列的"乡村服务中心建设"等。上述成功的经验都是政府采取各种措施发展农村第二、三产业，顺利推进农业转型升级和农业剩余劳动力向非农产业就地转化，以及农村景观改造的结果。

4. 中国特色的制度环境决定了国内农村产业发展与城镇化的特殊性

中国特殊的户籍制度、社会保障制度、土地使用制度等，不仅使中国的城镇化道路具有其独特性，而且使中国农村工业发展与城镇化具有其特殊性。如国内学者从人口流动、农村剩余劳动力的转移角度对农村城镇化进行大量研究，包括农村富余劳动力转移的原因、动力、模式等。还有的学者对农村城镇化的动力机制进行了研究，并提出二元城镇化动力机制(周一星，1999)、集群创导动力机制(刘科伟，2001)等模式。当然，农村工业发展与城镇化的制度安排与政策研究也是重要的研究内容之一。

5. 江苏省农村工业与城镇化的区域不平衡是当前亟须解决的问题之一

国内很多学者对以"苏南模式"、"园区经济"为代表的江苏省工业发展和城镇化模式进行了大量研究，可以说江苏省在农村工业化与城镇化过程中取得了很多的经验，但主要集中在苏南地区。也有很多学者指出，江苏省农村工业与城镇化的区域不平衡是制约江苏省城镇化健康发展的因素之一。

二、江苏农村工业化发展历程

1. 农村工业化历程简单回顾

改革开放后，大批农民对逐步开放的市场经济适应性很大，较早地办起乡镇企业和个体私营企业，特别是其中的乡镇企业数量多、经济总量规模大，在全省工业经济中占有重要地位。回顾农村工业化过程，总的来看，江苏农村工业化的发展历程大致可分为两个阶段：

(1) 第一阶段是改革开放初期至 20 世纪末的乡镇企业大发展时期。

1978 年党的十一届三中全会确定实行改革开放政策后，随着家庭联产承包责任制的展开以及中央政府鼓励农村大力发展非农产业所采取的一系列政策措施的实施，以乡镇集体企业大发展为主要特征的江苏农村工业化蓬勃兴起。在改革开放的前 10 年，江苏农村工业总产值从 1978 年的 62.43 亿元上升到 1988 年的 980.79 亿元。城乡收入差别从 1978 年的 1∶1.9，缩小到 1985 年的 1∶1.6，是改革开放 30 年来的最低点。1985 年，江苏乡镇工业总产值达 56.95 亿元，已占全省工业总产值的 1/3 以上，这是农村发展的可观成绩。推动江苏农村工业化这一次发展高潮形成的动力主要来自两个方面：一是农村剩余劳动力向非农产业的大规模转移。农村剩余劳动力的大规模转移，既为农村工业化提供了大批的产业工人，又显著提高了农民收入和对工业产品的购买力，从而大大推进了江苏农村工业化的发展。二是当时特定历史条件下形成的卖方市场环境。在当时各种商品多数紧缺的市场环境下，江苏农村工业生产的虽然质次但价格相对低廉的产品(特别是各种低档日用消费品)有着巨大的需求和广阔的市场空间，为江苏农村工业发展积聚了巨大的资金，许多企业都是在这一时期完成了其原始积累。

1985~1992 年，江苏农村工业化经过十多年的发展后，原有的生产组织方式、产品质量和技术结构、人员素质等越来越难以适应市场变动，再加上 1989 年下半年开始，中国政府提出治理经济环境，整顿经济秩序，强化宏观调控力度，江苏乡镇企业的发展遇到了一些困难和挫折，一些小的乡镇企业出现了经营困难，但同时也给乡镇企业的兼并重组提供了机遇，通过产业结构调整，积极发展外向型经济，江苏乡镇企业规模不断扩大，外向型经济迅速发展。1991 年,全省乡村两级年工业总产值超 500 万元的工业企业已有 6017 个，实现产值 797.82 亿元，占全省乡村工业产值的 53.9%，乡镇企业出口产品金额达 153.53 亿元，是 1986 年的 8.5 倍。当年全国乡镇企业产值超过 50 亿的县、市有 15 个，江苏省占 9 个。

1992年初邓小平同志的南巡讲话及随后召开的中共十四大，明确提出了建立社会主义市场经济体制的改革目标，号召"改革开放胆子要大一些"，要"抓住时机发展自己"，这对已初具规模的江苏农村工业无疑是一种催化，使江苏农村工业在经历了短暂的低落和徘徊后迅速摆脱了困境，以个体和私营工业企业的兴起为特征，掀起了被称作是"二次创业"的第二个发展高潮。在这一时期，个体私营经济已成为江苏工业经济新的增长点，个体私营工业占全部工业总产值的比重由1990年的3.78%上升至1997年的23.00%。在个体私营工业不断发展壮大的同时，集体工业由于乡镇企业改制和原来戴"红帽子"的企业脱帽等原因开始萎缩，占工业的比重出现了大幅回落。自1990年乡村集体企业个数创历史新高，达到11.3万多个，到了1998年就跌落到7.7万多个，减少了3.56万个，下降了31%。

(2) 第二阶段是进入21世纪后的农村工业产权多元化发展时期。

1997年9月中旬党的十五大的召开及随后通过的宪法修正案，确立了民营经济的政治合法性，由此江苏农村工业在一个更加宽松的政治、经济环境下得到了快速的发展。这一阶段江苏农村工业企业的产权形式更多地表现为产权多元化的混合所有制形式。这一方面是由于国有及集体企业改制步伐加快，另一方面是经过多年积累的个体私营企业达到一定规模后，客观上也产生了生产要素的更大范围内联合、并购、合作的要求，于是产权多元化的股份、股份合作制等混合所有制企业得到了较快的发展。据统计，到2001年底，江苏苏南的苏州、无锡、常州、镇江、南京五市，乡镇企业所有制构成中，私营个体企业占全部企业数的92.65%，年末人数占64.91%，增加值占54.39%。而1995年私营个体企业(户办、联户办企业)数、年末人数、增加值分别占全部乡镇企业的73.40%、11.02%、4.01%。2011年，全省私营企业数量占内资企业总数的85%，工业总产值占全省规模以上工业总产值的59%，吸纳就业人数占全省内资企业的68%，同时，江苏抓住浦东开发开放的机遇，迅速形成了全面开放的局面，私营企业在招商引资上又是走在了前面，外商投资迅猛增加。

2. 农村工业化与农村经济社会发展

(1) 农村增收和收入结构多元化。江苏农村工业和非农产业已成为农民增加收入的主要渠道。2012 年江苏省农村居民家庭人均纯收入为 12 202 元，是全国平均水平的 1.54 倍，比 2011 年名义增长 12.9%，实际增长 10.1%，已经连续两年实际增长率超过两位数。纵观历史，江苏省农村居民收入水平与农村工业化过程是密切相关的。改革开放初期，随着乡镇企业的异军突起，特别是苏南地区的乡镇企业发展十分迅速。全省农村居民家庭人均纯收入也大幅提高，有些年份的实际增长率超过了 20%，而随着乡镇企业发展遇到困难，农村工业化遇到波折，农村收入水平也出现了很大波动，2000 年以后才逐渐稳定，近几年上升趋势比较稳定，这也反映了近几年江苏省农村工业化水平的稳步提高(图 1-1)。

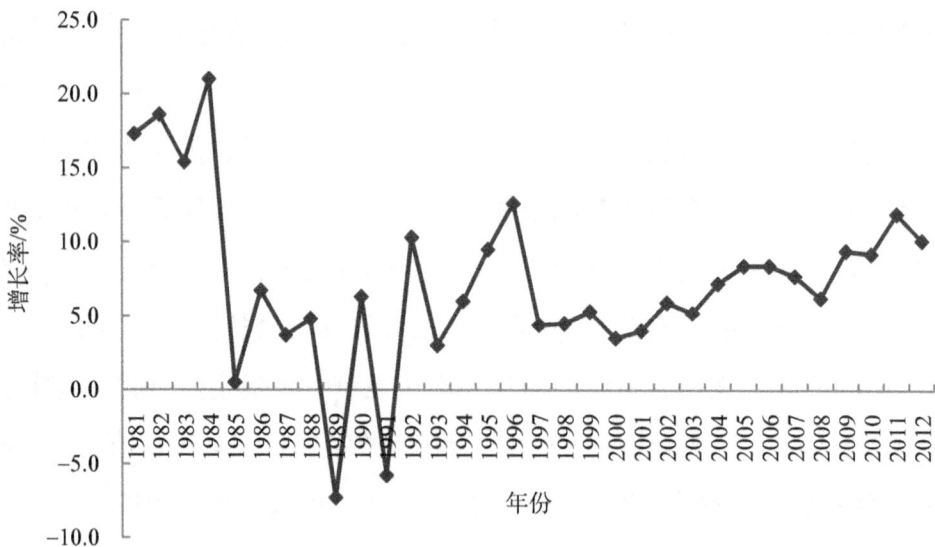

图 1-1　农村居民家庭人均纯收入实际年增长率

从江苏农民人均纯收入的结构看，工资性收入比重逐年提高，经营农业的收入比重不断下降，农民在农村工业企业中的劳动收入和家庭经营中的工业收入占人均纯收入的比重较高并保持了相对稳定，工业和其他非农产业已成为农村居民收入的主要来源(表1-1)。

表 1-1　2005 年、2010~2012 年江苏农村人均纯收入结构 (单位：元)

指　标	2005 年	2010 年	2011 年	2012 年
纯收入	5276	9118	10 805	12 202
工资性收入	2786	4896	5747	6474
家庭经营收入	2125	3215	3781	4181
农林牧渔业收入	1379	1845	2157	2372
工业收入	148	357	435	479
建筑业收入	104	140	167	181
交通运输邮电业收入	189	268	270	297
批零贸易餐饮业收入	205	464	576	650
社会服务业收入	62	76	110	122
文教卫生业收入	3	18	15	20
其他家庭经营收入	36	48	50	61
财产性收入	150	399	476	562
转移性收入	215	608	801	984

(2) 农村剩余劳动力的快速转移。由于农业人口多、耕地少，江苏农村出现了大量剩余劳动力，农村剩余劳动力是经济发展中需要解决的重要问题。改革开放后，乡镇集体推动下的乡镇企业和众多小商小贩，推动了江苏农村工业的发展，使大量的社会闲散资金、技术、人才和剩余劳动力等生产要素进行有效的结合，为农村剩余劳动力提供了大量的就业机会，促使农村剩余劳动力大规模地快速转移，使长期以来存在的农村劳动力过剩问题得到了较好的解决，并成为一种"离土不离乡"农村城镇化理论模式。由于江苏农村工业主要以劳动密集型为主，从产业上看以加工业居多，这些产业对工人的知识和技术要求不是太高，且具有很强的就业吸纳能力，这就不仅推动了本省农村剩余劳动力的大量转移，同时也为外省的农村剩余劳动力提供了大量

的就业机会。据江苏人口抽样调查资料，目前在江苏城镇就业的农民中来自于省外的约占 49.0%，其中地处"长三角"腹地经济发达的苏南地区是省外民工的主要输入地。随着外来资本的加速积聚，新一轮经济大发展对各类人才、劳动力的需求迅速上升，该地区外来务工人员数量迅猛增加。此外，在江苏农村还存在大量的兼业农户，他们一边从事农业一边到附近的工厂做工，这种就地转移方式，无疑大大减少了转移的成本。同时，由于大量企业进入农村，这也为中老年和妇女等在就业市场竞争中处于不利地位的劳动力提供了许多就业的机会。

3. "苏南模式"的形成历程及其理论贡献

苏南模式，通常是指江苏省苏州、无锡和常州(有时也包括南京和镇江)等地区通过发展乡镇企业实现非农化发展的方式。由费孝通在 20 世纪 80 年代初率先提出。其主要特征是：农民依靠自己的力量发展乡镇企业；乡镇企业的所有制结构以集体经济为主；乡镇政府主导乡镇企业的发展。一些学者和政府官员很看重这种以地方政府为主导、集体所有制为基础的乡镇企业模式，不但将之封为正统，以区别于私有企业为主的"温州模式"，并且认为"苏南模式"证明中国农村的现代化可以通过农村工业化来实现。在其他国家，现代化往往是与工业化、城市化同步进行的。但"苏南模式"的早期成功似乎表明中国找到了一条独特的现代化道路，即农村的现代化可以绕过城市化模式，通过农民到乡镇企业工作、"离土不离乡"的农村工业化道路来实现，从而避免大量农民涌进城市造成所谓的"城市病"。

苏南模式在发展过程中也存在很大问题，其中最大的问题就是政企不分。苏南模式是"地方政府公司主义模式""能人经济模式"和"政绩经济模式"，本质上是"政府超强干预模式"。有学者把苏南农村乡镇政权对乡镇企业的实际干预和控制看作是一种乡镇的"地方产权制度"，事实上存在着政企不分的问题，同时产生低激励和负激励效应。但改革初期大量经济空隙的存在为包括苏南地区在内的乡镇企业的异军突起提供了历史机遇，致使在很长一段时间里，苏南地区政府超强干预模式取得了辉煌的成果，同时长三角地区作为对外开放的率先地区，率先打开国际市场的乡镇企业通过与外资合资合作也取得了很大的成功。那段时间，企业的部分利润被用来建学校、建乡村养老院，农地也被集中到种田大户。政府干预的结果，使乡镇企业承担了大量社会政府职能和"公共企业家"职能。尽管这种结果在一段时间内可能是积极的，但政企不分的集体产权制度安排的隐患最终由于外部宏观环境和竞争环境(如买方市场的出现)的变化而使得苏南经济滑坡。另外，苏南模式由于企业分散，环保设施配套率低，也产生了很大的环境污染问题。

外部环境的变化致使苏南模式开始寻求制度上的改变。从20世纪90年代初开始，苏南地区随着市场化改革的深入推进乡镇企业的制度创新，集体产权特别是政府产权成为改革的目标。与乡镇政府产权主动退出和集体经济的改制相伴，民营经济得到迅猛发展。苏南地区在世纪之交迅速发展起来的民营经济，大部分是原来的以集体经济为主的乡镇企业改制过来的。苏南地区的企业改制，虽然有部分企业完全改制为私人企业，但大部分企业改制为股份制和股份合作制等混合所有制企业。即使是农民自主创业也采取合作方式，其中占主导的是转变为公司制的企业。苏南乡镇企业通过与外商合资、与其他法人企业组建企业集团、建立股份制公司、上市等途径明晰产权。其中最有特色的是以江阴为代表10多家乡镇企业上市，在证券市场形成了概念独特的"江阴板块"；以昆山为代表的乡镇企业则普遍与外商及港台投资企业合资；以常熟为代表的乡镇企业则多是私人控股的企业集团。

"苏南模式"与"温州模式"的最大区别就是"苏南模式"有政府这只看得见的手的作用。虽然苏南乡镇企业经历了制度上的改变与创新，大部分已经演变成私营企业，但政府在企业发展中的作用一直没有退出。过去政府垄断了经济发展的资源，是乡镇企业唯一的出资主体；现在政府转而把招商引资当做主要工作任务，有的政府负责人还热衷于兼任开发区的领导。但在苏南也有一些大型企业开始创办工业园区，如江阴的"申达工业园"、三毛的"凯诺科技园"等，企业自主招商引资才是发展的方向。但很明显的是，"乡镇企业"这个名称现在确实已经无法说明绝大部分苏南乡村企业的性质。事实上苏南的大部分乡村企业已经成了家族经营或合伙经营的企业。但农业部等政府部门仍坚持使用乡镇企业这个概念。

总之，以村镇集体经济为主导的乡镇企业的发展是苏南模式的重要特征，其不仅极大地促进了地方经济的发展，而且在理论上形成了知名的苏南模式，为农村地区工业化初期阶段政府的政策行为提供了可以借鉴的作用。

三、江苏农村工业化的现状与问题分析

1. 江苏省农村工业化的现状

随着我国市场经济体制的不断完善，以乡镇企业、农村私营经济为主体的江苏省农村工业取得了稳定快速的发展，主要表现在以下几个方面。

一是经济总量跃上新台阶。2012 年全年乡镇企业实现总产值 113 548.99 亿元，比 2011 年增加 13.01%(按现价计算)，相当于 2012 年全省规模以上工业企业总产值(120 124.91 亿元)的 94.53%；2012 年乡镇企业实现营业收入 111 966.52 亿元，比 2011 年增加 12.19%，相当于全省规模以上工业企业营业收入的 93.86%；可见乡镇企业基本与规模以上工业企业经济规模持平，乡镇企业在全省工业经济中仍占有半壁江山。其中乡镇企业中最主要的是私营企业，2012 年全省农村地区私营经济实现总产值 3467.02 亿元，比 2011 年增加 6.4 亿元，占全省私营经济总产值的 42.32%，是全省私营经济的重要组成部分。农村私营经济户数达到 41.77 万户，比 2011 年增加了 8.58%。2012 年农村私营经济注册资金达 12 932.8 亿元，比 2011 年增加 15.41%，销售收入达 4466.17 亿元，比 2011 年增加 16.17% (图 1-2)。

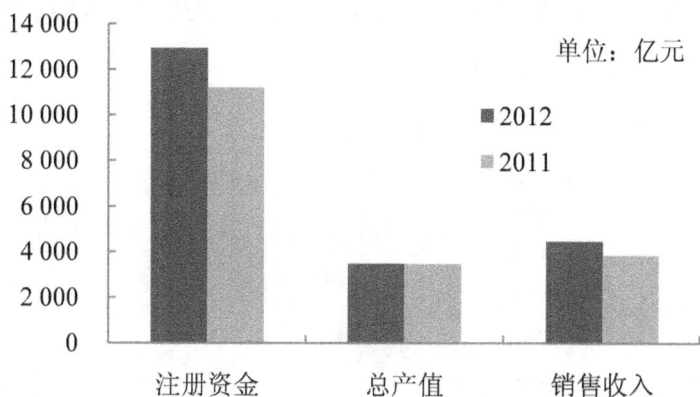

图 1-2 2011~2012 年江苏省农村私营企业经济指标对比图

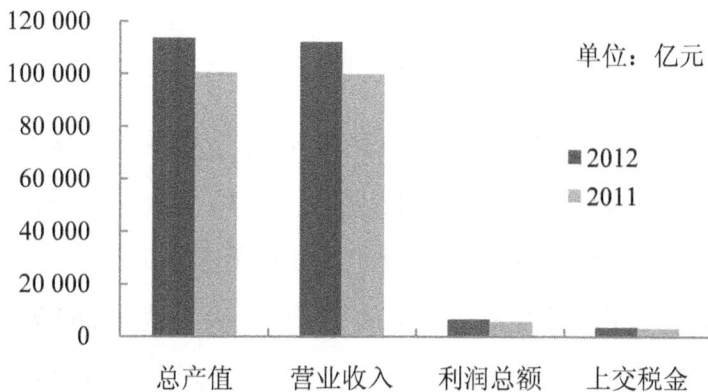

图 1-3 2011~2012 年江苏省乡镇企业经济指标对比图

二是经济效益有了新提高。效益的增长高于规模的增长，呈现又好又快的发展态势。2012年全省乡镇企业实现利润6630.06亿元，比2011年增加13.85%，高于乡镇企业总产值规模的增速。上交税金3593.72亿元，比2011年增加10.77%。全省乡镇工业企业亏损状况进一步好转(图1-3)。

三是企业结构得到了进一步优化。乡镇企业中形成了以私营企业、有限责任公司、股份有限公司等新型企业形式为主体的企业结构。2012 年乡镇企业中上述三种企业形式的企业个数分别为 595 950 个、99 659 个、13 906 个，占全部乡镇企业个数的 95.93%，分别比 2011 年增加了 33 950 个、6446 个、2448 个，而同期集体企业、股份合作企业、联营企业等传统企业结构形式的企业数量分别由 2011 年的 2856 个、6088 个、2739 个下降到 2012 年的 2613 个、5840 个、2667 个(图 1-4)。

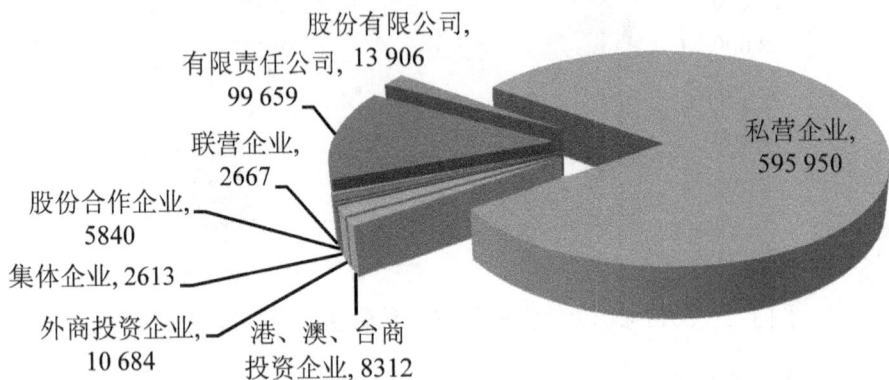

图 1-4　2012 年江苏省乡镇企业结构图

　　四是对外经济合作取得了新的成绩。不管是从吸引外商投资还是对外出口，农村工业都表现出了稳定的增长势头。2012 年全省乡镇企业中外商投资企业(包括港、澳、台投资企业)实现工业总产值 20 199.8 亿元，比 2011 年增加了 1.61%,占当年乡镇企业总产值的 17.79%,吸纳就业 264.71 万人,比 2011 年增加了 6.63 万人。从图 1-5 可以看出，江苏省集体企业出口在经过 2008 年金融危机出口额有所下滑之后，从 2009 年开始稳步上升，2012 年集体企业出口总额达 692 981 万美元，比 2011 年增加了 13.43%。

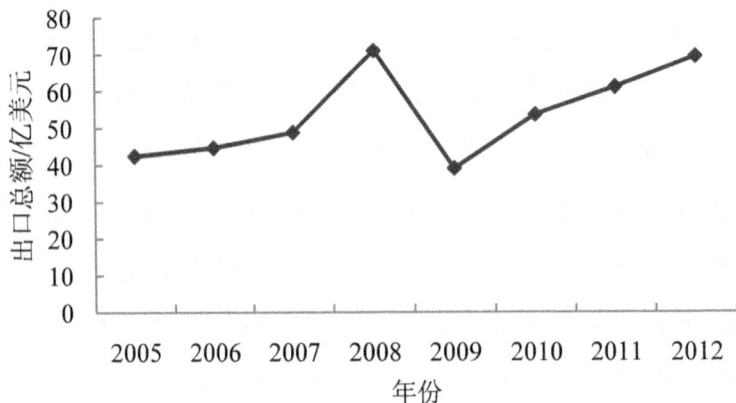

图 1-5　2005 年以来江苏省集体企业出口总额变化趋势图

五是社会贡献又有新增加。全省农村工业在稳定发展和提高效益的基础上，对农村地区非农就业和农民收入水平提高的贡献继续增大。2012 年乡镇企业吸纳就业人员 1722.63 万人，比 2011 年增加了 87.61 万人，其中全省农村私营企业吸纳就业 532.87 万人，比 2011 年增加 17.52 万人，占乡镇企业从业人员的 30.0%，是吸纳农村剩余劳动力的主要经济活动。2012 年乡镇企业从业人员平均报酬达 29 465 元，比 2011 年增加了 12.80%，是 2012 年江苏省农村居民纯收入(12 202 元)的 2.41 倍，成为农村居民增加收入的重要来源(表 1-2)。

表 1-2 2011~2012 年江苏省农村工业社会贡献对比

年份	吸纳就业/万人	劳动者报酬/元
2012	1722.63	29 465.47
2011	1635.02	26 121.70

2. 江苏省农村工业化的问题

第一，农村工业以私营企业为主，股份制企业比重偏小。从 2012 年江苏省乡镇企业不同所有制企业就业人员和工业生产总值可以看出，私营企业比重分别占 60.39% 和 51.05%，均在一般以上，同时不管是从营业收入、利润总额、上交税金来看，私营企业所占比重也都在一半以上，而具有现代企业特征的股份制企业所占比重仍较小，2012 年乡镇企业中股份制企业在就业人员、生产总值、营业收入、利润总额、上交税金等方面所占比重分别为 3.74%、5.52%、5.39%、4.46%、5.00% (图 1-6)。

第二，农村工业主要集中在机械、金属、石化、纺织服装等制造业，而与农副产品相关行业的经济总量比重明显偏低(表 1-3)。江苏省农村工业中以制造业为主，2012 年制造业在从业人员、总产值、营业收入、利润总额等方面占乡镇企业的比重分别为 89.34%、93.14%、93.55%、91.97%，在农村工业中占有绝对地位，而与农副产品相关的行业，如食品、饮料、农产品加工、烟草等，经济总量明显偏低，2012 年农副产品相关行业各经济指标在乡镇企业中所占比重均不足 1%,因此促进农产品加工产业发展是农村工业化的重点任务之一。在制造业当中,参照私营企业的结构(表 1-4)可以看出,机械设备、金属冶炼压延与制品、石油化工、纺织服装是江苏农村工业的主要工业类型,其中机械设备制造业占有绝对优势,纺织服装业虽然营业收入比重较低,但在吸纳劳动力方面却举足轻重(图 1-7)。

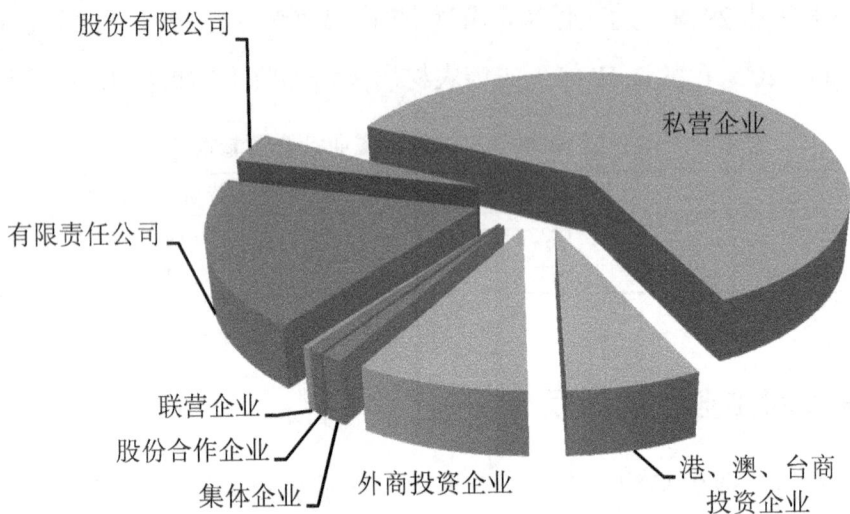

图 1-6　江苏省农村乡镇企业不同所有制企业就业人员结构图(2012)

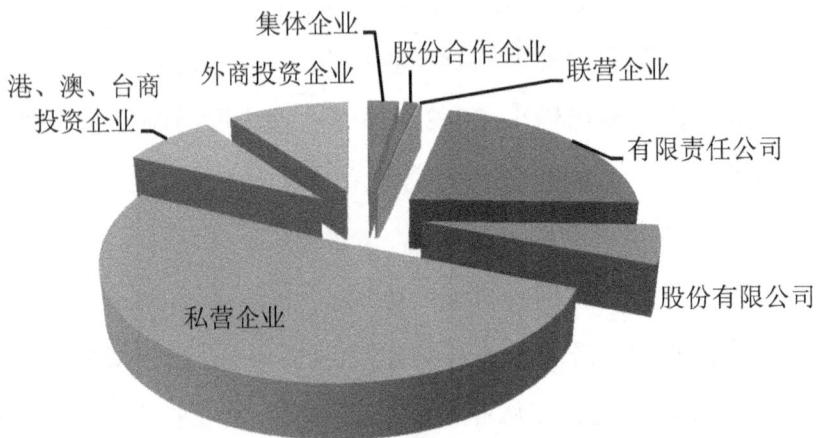

图 1-7　江苏省农村乡镇企业不同所有制企业工业总产值结构图(2012)

表 1-3 2012 年江苏省乡镇企业产业结构

	企业个数/个	从业人员/万人	总产值(现价)/亿元	营业收入/亿元	利润总额/亿元	上交税金/亿元	劳动者报酬/亿元
采矿业	863	6.38	284.66	240.26	20.02	14.6	16.05
农副产品	3908	14.35	339.96	330.55	24.15	12.21	25.88
其他制造业	388 593	1269.83	92 198.58	89 408.01	5086.6	2816.49	3594.76
电力、燃气及水的生产和供应业	1185	4.93	984.17	973.98	90.75	55	25.31
建筑业	11029	125.81	5179.08	4616.11	309.47	171.65	535.72

表 1-4 2012 年江苏省私营企业工业结构

行业	营业收入/亿元		就业人员/万人	
	绝对值	比重/%	绝对值	比重/%
采矿业	112.78	0.26	1.35	0.31
农副食品、饮料、烟草	1862.79	4.36	14.94	3.40
纺织服装	5101.75	11.93	93.98	21.39
木材家具、造纸印刷	2659.93	6.22	35.9	8.17
石油化工	7835.89	18.32	56.04	12.76
非金属制品	2087.96	4.88	21.69	4.94
金属冶炼压延与制品	8048.28	18.82	56.22	12.80
机械设备	14651.46	34.26	155.07	35.30
电力、燃气及水的生产和供应业	82.51	0.19	0.68	0.15
其他工业	325.23	0.76	3.48	0.79

第三，农村工业从地区分布看发展很不平衡，主要集中在苏、锡、常等苏南地区。从区域上看，江苏南部地区的苏、锡、常一带，由于体制创新活动和原始积累完成较早，工业化发展的态势比较持续强劲，其体制的辐射力向周边县市和农村地区扩散，昆山、江阴、张家港等县市成为县域经济最为发达的地区，上述三个县市县域工业经济占全省县域经济总量的近三分之一，在县域经济的带动下，农村工业也是全省最发达的地区，江苏农村工业化中

出现的比较出色的企业和企业家，多半集中在这一带；而苏中地区和苏北地区，由于工业化的自然约束较多、起步较晚，工业化进程较为缓慢，发展明显滞后。苏中和苏北县域工业总产值和从业人员占全省县域工业总产值和从业人员的比重分别仅为 44.7%、46.35%，均不足一半，同时从企业的平均规模来看，苏北地区最小，仅为 16 109.30 万元/户，其次是苏中地区，为 21 315.53 万元/户，而苏南地区的县域工业平均规模为 29 947.02 万元/户，几乎是苏北地区的两倍。从县域工业产值和就业人数的地区分布看，江苏农村工业主要集中在昆山、江阴、张家港、常熟、宜兴、丹阳、太仓等 7 个市县，这 7 个市县的工业产值占全省县域工业总产值的比重均在 3% 以上，合计工业产值要占全省农村工业总产值的 47.05%，从业人员比重合计占 45.07% (表 1-5)。排在最后的市县主要集中在苏北地区，如金湖、丰县、泗洪、洪泽、泗阳等县，其工业总产值占全省县域工业总产值的比重基本在 0.5%~0.6%，苏北地区其他大部分市县也都不足 1%，因此，如何加快苏北地区农村工业化进程，是江苏农村工业下一步发展需要着重考虑的问题。

表 1-5　2012 年江苏省分县级行政区工业经济指标

	市县	工业企业数量/个	比重/%	工业总产值/亿元	比重/%	从业人员/万人	比重/%	企业平均规模/元
苏北地区	丰县	261	1.02	328.83	0.55	3.58	0.62	12 598.85
	沛县	473	1.85	1001.24	1.67	9.16	1.60	21 167.86
	睢宁县	258	1.01	559.86	0.94	4.77	0.83	21 700.00
	新沂市	452	1.77	878.41	1.47	6.83	1.19	19 433.85
	邳州市	542	2.12	1502.86	2.51	11.52	2.01	27 728.04
	赣榆县	373	1.46	816.05	1.36	0.55	0.10	21 878.02
	东海县	344	1.35	481.2	0.80	1.09	0.19	13 988.37
	灌云县	218	0.85	392.11	0.66	0.61	0.11	17 986.70
	灌南县	162	0.63	410.99	0.69	0.93	0.16	25 369.75
	涟水县	268	1.05	433.06	0.72	4.55	0.79	16 158.96

续表

市县		工业企业数量/个	比重/%	工业总产值/亿元	比重/%	从业人员/万人	比重/%	企业平均规模/元
苏北地区	洪泽县	259	1.01	367.28	0.61	3.62	0.63	14 180.69
	盱眙县	337	1.32	485.65	0.81	3.81	0.66	14 410.98
	金湖县	198	0.78	303.6	0.51	2.12	0.37	15 333.33
	响水县	141	0.55	438.23	0.73	4.17	0.73	31 080.14
	滨海县	197	0.77	426.55	0.71	9.07	1.58	21 652.28
	阜宁县	247	0.97	436.9	0.73	14.69	2.56	17 688.26
	射阳县	299	1.17	465.14	0.78	6.17	1.08	15 556.52
	建湖县	337	1.32	529.69	0.89	11.46	2.00	15 717.80
	东台市	556	2.18	748.45	1.25	13.48	2.35	13 461.33
	大丰市	414	1.62	564.17	0.94	9.46	1.65	13 627.29
	沭阳县	760	2.98	683.82	1.14	9.54	1.66	8997.63
	泗阳县	501	1.96	377.88	0.63	6.61	1.15	7542.51
	泗洪县	459	1.80	345.68	0.58	5.42	0.95	7531.15
	苏北合计	8056	31.54	12 977.65	21.71	143.21	24.99	16 109.30
苏中地区	海安县	820	3.21	1257.5	2.10	10.93	1.91	15 335.37
	如东县	651	2.55	1243.68	2.08	10.35	1.81	19 104.15
	启东市	514	2.01	1156.9	1.94	10.3	1.80	22 507.78
	如皋市	784	3.07	1360.88	2.28	18.48	3.22	17 358.16
	海门市	584	2.29	1425.03	2.38	10.6	1.85	24 401.20
	宝应县	322	1.26	607.6	1.02	6.24	1.09	18 869.57
	仪征市	301	1.18	1049.86	1.76	8.66	1.51	34 879.07
	高邮市	470	1.84	726.84	1.22	9.21	1.61	15 464.68
	兴化市	588	2.30	957.08	1.60	6.51	1.14	16 276.87
	靖江市	430	1.68	1726.63	2.89	14.95	2.61	40 154.19
	泰兴市	527	2.06	1429.71	2.39	10.45	1.82	27 129.22
	姜堰市	456	1.79	800.41	1.34	5.72	1.00	17 552.85
	苏中合计	6447	25.24	13 742.12	22.99	122.4	21.36	21 315.53
苏南地区	溧水县	351	1.37	621.67	1.04	6.35	1.11	17 711.40
	高淳县	253	0.99	611.48	1.02	7.97	1.39	24 169.17

续表

	市县	工业企业数量/个	比重/%	工业总产值/亿元	比重/%	从业人员/万人	比重/%	企业平均规模/元
苏南地区	江阴市	1436	5.62	5915.23	9.89	48.07	8.39	41 192.41
	宜兴市	891	3.49	2694.8	4.51	18.44	3.22	30 244.67
	溧阳市	349	1.37	1355.68	2.27	7.61	1.33	38 844.70
	金坛市	368	1.44	571.37	0.96	8.39	1.46	15 526.36
	常熟市	1453	5.69	3369.21	5.64	37.09	6.47	23 187.96
	张家港市	1242	4.86	4700.56	7.86	32.75	5.71	37 846.70
	昆山市	1863	7.29	7686.82	12.86	84.68	14.78	41 260.44
	太仓市	1178	4.61	1831.88	3.06	18.76	3.27	15 550.76
	丹阳市	807	3.16	1931.79	3.23	18.47	3.22	23 937.92
	扬中市	352	1.38	877.53	1.47	7.61	1.33	24 929.83
	句容市	498	1.95	896.48	1.50	11.28	1.97	18 001.61
	苏北合计	11 041	43.22	33 064.5	55.31	307.47	53.65	29 947.02

第四，农村工业企业总体上规模小实力弱、生产条件相对较差、经营管理层次低，经济效益总体上偏低。江苏农村工业企业多数是以家庭作坊式生产的乡镇企业发展壮大的。近年来，随着各类工业园区的开发建设，江苏农村工业企业的生产条件已有很大改善，很多村镇也都建立了工业集中区，但相对来讲生产场地仍然比较分散，多数企业生产设备比较落后，先进设备数量较少，经营管理层次较低。受生产环境和生产设备等因素制约，江苏农村工业企业经济效益普遍较低。2012 年江苏省乡镇企业平均规模为 1535 万元，仅相当于全省规模以上工业平均规模的 5.86%，而平均产值利润率为 5.84%，主营业务利税率仅为 3.2%，而 2012 年江苏省规模以上工业平均产值利润率和主营业务利税率分别为 6.04% 和 10.00%。

第五，农村工业化催生了大量的产业群，但内部过度竞争，知名品牌偏少。随着工业发展的专业化、集群化的不断加深，经过近 30 年的发展，在江苏乡镇企业的基础上，发展形成了大量的产业集群，如江阴新桥精纺呢绒产业集群、宜兴陶瓷产业集群、丰县木线条产业集群、金坛服装产业集群、昆山模具制造产业集群、昆山电子材料产业集群、张家港锦丰冶金产业集群、吴江缝纫机产业集群、常熟服装产业集群、南通船舶产业集群、海门汽车配件产业集群、淮阴木业产业集群、高邮灯具产业集群、丹阳眼镜产业集群等,成为带动县域经济的重要力量。另外,江苏县域集群经济的行业分布仍以传统产业和加工工业为主,虽然具有较高的专业化分工水平,但由于技术含量普遍不高,进入的门槛较低,集群内部竞争激烈,具有高质量的知名品牌偏少。

第二节　江苏农村城镇化发展状况

一、江苏农村城镇化发展背景

农村城镇化是城镇化过程的基础,指人口、生产要素在农村城镇聚集,农村城镇人口增加,城镇数量、规模不断扩大的过程(辜胜阻,2010)。农村城镇化是社会发展和转型的必然产物,其范围仅局限于县域,其人口空间分布由分散的农村居民点向小城镇聚集,其结果为小城镇人口不断增加,小城镇规模不断扩大,农业人口逐渐减少(高雪莲,2010)。我国是农业大国,80%的人口集中在农村,这一历史原因决定了我国需要大力发展中小城镇。改革开放以来,我国农村城镇化以前所未有的速度发展,城镇规模、人口规模和经济发展规模空前。2012年我国城镇化率达到52.57%,与世界平均水平相当,农村城镇化取得显著成效。

诺贝尔经济奖获得者斯蒂格利茨指出美国的高科技与中国的城镇化将是深刻影响21世纪人类发展的两大主题。1999年,党中央发布的"十五"计划采用城镇化的叫法,于是,在我国"城镇化"就代替了国际上的"城市化"说法。21世纪以来,农村城镇化已经上升到国家社会经济发展的核心层面,2000年《中共中央关于制订国民经济和社会发展第十个五年计划的建议》中首次将"积极稳妥地推进城镇化"作为国家的重点发展战略之一。2001年,中共中央、国务院出台的《关于促进小城镇健康发展的若干意见》(中发[2000]11 号)指出，当前加快城镇化进程的时机和条件已经成熟，抓住机遇，适时引导小城镇健康发展，应当作为当前和今后较长时期农村改革与发展的一项重要任务。2005 年的《中共中央关于制定国民经济和社会发展第十一个五年规划的建议》中指出："坚持大中小城市和小城镇协调发展，提高城镇综合承载能力，按照循序渐进、节约土地、集约发展、合理布局的原则，积极稳妥地推进城镇化"。"十二五"规划进一步提出"加强城镇化管理，要把符合落户条件的农业转移人口逐步转为城镇居民作为推进城镇化的重要任务"。2013 年中央城镇化工作会议提出推进城镇化的主要任务就是要"推进农业转移人口市民化，提高城镇建设用地利用效率，建立多元可持续的资金保障机制，优化城镇化布局和形态，提高城镇建设水平，加强对城镇化的管理"。城镇化发展上升到战略，是社会发展的必然要求，是符合经济发展的需求。这些政策文件为我国农村城镇化的改革指明了方向。

　　江苏省是我国经济发展较发达地区，也是城镇化水平较高地区。改革开放以来，江苏省不失时机地将农村城镇化确定为推进江苏社会经济发展的"五大战略"之一，提出了"大力推进特大城市和大城市建设，积极合理发展中小城市，择优培育重点中心镇，全面提高城镇发展质量"的指导思想，并做出实施城市化战略的部署，及时调整了县乡两行政建制，满足城镇范围不断向外拓展的需要，城镇周边的农村，逐步为其发展所合并，农村人口转变为城镇人口。党的十八大报告提出，坚持走中国特色新型工业化、信息化、城镇化、农业现代化道路，促进工业化、信息化、城镇化、农业现代化同步发展。2012 年江苏省工作报告明确提出"四化"同步发展，并将"提高城镇化质量和城市现代化水平"纳入 2013 年政府工作任务中。改革开放以来，江苏省城镇化水平快速推进，城镇人口由 1978 年的 1929 万人增加到 2012 年的 4990.09 万人，城镇化水平由 1978 年的 13.7%增加到 2012 年的 63.0%，平均每年增加 1.45 个百分点。

城镇化的发展是社会发展到一定阶段的必然要求，是实现工业化、刺激经济增长的必经之路。江苏省城镇化发展水平一直处于全国前列，城镇化进程取得了重大成效。然而，随着城镇化的快速发展，城镇用地规模不断扩张，也带来了一系列问题，如土地集约利用水平较低、生态环境污染严重等，产生这一系列问题的重要原因便是忽视了农村地区的发展。在以"科学发展观"为指导原则、伴随着"新型城镇化"理论提出的背景下，江苏省如何注重广大农村地区城镇化发展，有效实现"人"的城镇化，促进农业人口转移，提高城镇建设用地效率，提高农村城镇建设水平；如何进一步统筹城乡发展，破解"城乡二元结构"；如何缩小区域间发展的不平衡，实现整体飞跃；如何实现人与自然的和谐发展，在发展的同时保护生态环境；如何寻求新的农村城镇化发展模式，是江苏省农村城镇化发展需要重视的问题。

二、江苏农村城镇化发展历程

城镇化是推动社会经济发展的重要动力，我国城镇化率已达到 52.57%，比上年增加了 1.27 个百分点。全国各个省市由于经济发展水平、区位条件以及历史条件等原因，各走出了一条具有自身特色的城镇化发展道路。西部地区是我国较为贫困地区，其基础设施建设落后，生态环境脆弱，其城镇化发展路径主要是鼓励一二产业向重点小城镇集中，重点加强基础设施建设(聂华林，2005)；中部地区城镇化水平低，且不同类型地区城镇化水平差异明显，其城镇化路径主要是借助东部地区产业转移，促进产业结构调整升级，加强基础设施建设，尤其是交通网络建设，加强空间集聚功能(程遥，2011)；东部地区城镇化水平相对较高，其城镇化路径主要是扩大大城市对中小城镇的辐射范围，加强新农村建设，完善乡村基础设施(徐涛，2009)。除此之外，美丽乡村建设也如火如荼，2013 年全国遴选约 1000 个试点村，西部的云南省有包括昆明市西山区团结街道办事处和平社区、古城区七河镇共和村和大理市大理镇龙龛村龙下登村在内的约 30 个美丽乡村；中部的安徽省有包括长丰县水湖镇费岗村、繁昌县孙村镇中分村和怀宁县红铺镇无桥村在内的约 50 个美丽乡村；东部地区的上海市有包括浦江镇新风村、罗店镇天平村和横沙乡在内的 10 个美丽乡村。

改革开放以来，江苏省积极推进城镇化建设，城镇化水平一直居于全国前列，在持续较快的发展过程中逐步实现模式转型，迈上新型城镇化的步伐。据江苏省统计局的数据显示，江苏省城镇化进程经历了三次重要的转折：1979 年城镇人口增加了 74 万，乡村人口减少了 15 万，城镇化出现了第一个重要转折，此后全省大多年份城镇人口增长规模均高于乡村人口的增长；第二次转折出现于 1997 年，在总人口增加 38 万的情况下，城镇人口增加 1% 万，乡村人口则相应地减少 157 万，城镇人口增长绝对规模首次超过总人口增长绝对规模，乡村人口绝对规模由增长转为下降，城市化出现了第二个重要转折；第三次转折在 2005 年，城镇人口比重超过一半，表明城镇人口的绝对量超过乡村人口，整个地区有一半以上人口生活在城镇，这时城镇化发展出现的第三个重要转折，也是江苏初步进入城镇社会的重要标志和起点。

1) 第一阶段为 20 世纪 80 年代至 90 年代初，以乡镇企业迅速崛起为特征，农村城镇化取得突破性发展

这一阶段，是农村城镇化发展的恢复和调整期，乡镇企业的发展促进农民由农业向非农产业转移。随着农村家庭联产承包责任制的实施，农民积极性得到极大提高，农村经济开始复苏，农业生产劳动力提高，大批农村剩余劳动力涌现。农民自主创办工业，"离土不离乡，农忙仍返乡"。受乡镇企业的影响，江苏省形成了以小城镇为发展单位的城镇化模式，这也是苏南地区城镇化发展的主要模式，无锡、常州、苏州等苏南地区县域经济得到大力发展。同时国家开始重新重视城镇的发展，1984 年新的城镇户籍制度实施和城镇建制标准的调整，大量农村人口向城镇转移，导致城镇数量迅速增加。

1979~1989 年，江苏省建制镇由 115 个增加到 392 个，城镇人口由 874

万人增加到 1366 万人，城镇人口比重由 15.46% 上升到 21.56%，10 年间平均每年提高 0.61 个百分点。乡镇企业的大力发展，同时促进了基础设施和生活条件较好的新型中小城镇的出现和农民生活水平的提高，吸引了农村剩余劳动力的就地转移。这是江苏省早期城镇化的"苏南"模式，这一模式为江苏省城镇化的发展奠定了基础。

2）第二阶段为 20 世纪 90 年代，以外放型经济为主要特征，"园区经济"迅速发展

1990 年上海浦东成为对外开放区，这是中国进一步对外开放的标志，1992 年社会主义市场经济体制初步确立。与上海相邻的江苏省主动抓住这一机遇，逐渐从沿海城市到全方位对外开放，一批开发区、工业园区得到迅速发展。以"园区"为主要特征的经济发展成为城市经济新的增长点，同时也成为城市拓展的新模式，即"新区"建设。在此期间，江苏省农村城镇化发展逐渐形成规模，加之乡镇企业遍地开花，农村产业结构调整，农村人口逐渐向城镇集聚，推动了农村城镇化的快速发展，一批中小城市扩展为大中城市。1998 年党的十五届三中全会指出："要制定和完善促进小城镇健康发展的政策措施，进一步改革小城镇户籍管理制度，小城镇要合理布局，科学规划，重视基础设施建设，注意节约用地和保护环境。"在这种新的、比较宽松的历史条件下，农村城镇建设迅速发展。

1990 年以后，全省每年约有 200 万左右的乡村人口进入城镇。从 1990 到 2000 年，省辖市由 11 个增加到 13 个，县级市由 15 个增加到 31 个，建制镇由 582 个增加到 1191 个，全省城镇人口 3041 万人，年均增长 7.62%，城镇人口比重由 21.6% 提高到 41.5%，10 年间上升 19.9 个百分点，年均提高 1.99 个百分点，全省城镇化发展态势迅速。

3) 第三阶段为新世纪初期，以组建都市圈为主要特征，大中小城市协同发展

这一时期城镇化进程依然保持较快的发展速度，城镇作为区域经济社会发展的中心，其地位和作用得到前所未有的认识和重视，农村城镇建设活跃。2000 年江苏省委、省政府将城镇化战略确立为促进区域社会发展的"五大战略"之一，次年开始实施以大城市、特大城市为依托的苏锡常、南京、徐州等都市圈的规划建设。城市群、都市圈是城镇化发展的重点区域，城镇化水平有了质和量的提高。截至 2005 年底，江苏省城镇人口总量达到 3774.62 万人，比 2000 年增加 733.81 万人，城镇人口占总人口比重达到 50.5%，5 年间上升 9 个百分点，年均增长 1.8 个百分点。2005 年城镇人口比重超过 50%，达到 50.5%。

4) 第四阶段为 2005 年至今，以发展城乡一体化的新型城镇化为特征，小城镇建设与大中城市建设相结合

在科学发展观的指导下，2005 年至今后很长一段时间，江苏省以大中城市为依托、县域经济为着力点，统筹城乡发展，走上以城带乡、以工带农的新型城镇化道路，城镇化发展态势迅猛。据 2010 年数据统计，全省城镇化率达 57%，比 1978 年提高 42 个百分点。经过调整，全省建制镇减少到 930 个，13 个省辖市的市区人口都在 50 万人以上，400 万人以上、200 万~400 万人、100 万~200 万人、50 万~100 万人的城市个数之比为 1：4：6：2，人口结构之比为 22.86：42.17：29.14：5.83。全省以特大城市和大城市为核心，与中小城市相结合，以小城镇为纽带，初步形成基本健全的城镇体系结构和"三圈五轴"的城镇空间结构。

三、江苏农村城镇化的现状与问题分析

1. 江苏省农村城镇化发展现状

1) 农村城镇化水平逐渐提升

江苏省城镇人口规模增长速度惊人，全省城镇人口规模由 1978 年的 800.77 万增加到 2012 年的 4990.09 万，增加了 6.23 倍。全省农村城镇化率由 1978 年的 13.7%增加到 2012 年的 63%，平均每年以 1.45%的速度增长，城镇化率提升速度较快。2012 年农村城镇化率比全国高出 10 多个百分点。2012 年，江苏省围绕农村城镇化和城乡一体化发展战略，撤并 24 个镇、3 个街道办事处，新设立 10 个街道办事处，全省建制镇减少到 836 个，撤并的建制镇转为街道建制。乡镇平均规模为 87.79 平方公里，镇域经济发展空间扩展，乡镇人口 6.06 万人，人口数量更趋合理，城镇空间集聚效应逐渐显现。

2) 区域城镇发展逐步协调

江苏省区域城镇发展逐步协调,苏南地区加快转型升级,苏中崛起加速,苏北发展的内生动力增强。苏中苏北对全省经济的贡献率达 43.5%，比 2012 年提高 2.3 个百分点。宁镇扬、苏锡常等城市群逐步形成，南京、徐州等中心城市带动周边城镇的辐射能力明显增强，以南京、常州、扬州为主要代表的沿江城市带，以盐城、南通、连云港为代表的沿海城市带逐渐成熟，沿海地区大部分经济指标增速超过全省，地区生产总值达到 9282.1 亿元，比 2012 年增长 12.3%，对全省经济增长贡献率达 17.9%。以江阴、昆山、张家港为代表的县级城市快速崛起，均已进入 GDP 千亿元行列。

3) 民生质量稳步改善

江苏省政府坚持以人为本、民生优先的原则，大力推进创业富民、就业惠民、社保安民，扎实推进民生幸福工程。

(1) 农村居民收入比重持续上升。

2012 年全省城市居民人均可支配收入达到 29 677 元，比上年增长 12.7%，全年农村人均纯收入达到 12 202 元，比上年增长 12.9%，农民收入增幅连续三年超过城镇居民，城乡居民收入比由 2007 年的 2.50∶1 发展到 2012 年的 2.43∶1，农村居民收入比重逐渐上升，自 2009 年以来，全省城乡居民收入差距呈不断缩小态势。2012 年，在农民人均纯收入中，工资性收入 6475 元，占 53.1%；家庭经营收入 4181 元，占 34.3%；财产性收入 562 元，占 18.0%；转移性收入 984 元，占 22.9%。农村居民收入有了较为明显的"非农化"劳动就业趋向。

(2) 城乡居民消费结构日趋合理。

2000~2012 年，农村人均居民消费支出占人均总收入比重由 51.5%增加到 54.7%，乡镇居民食品和住房支出相对减少，食品支出占生活消费支出比重由 43.5%下降到 37.4%，居住支出占生活消费支出比重由 2000 年的 18.9%下降到 17.1%。家庭设备、交通和通信、文化教育和医疗保健支出占生活消费支出比重均有不同程度的上升，分别由 4.9%、6.7%、11.5%、5.6%上升到 5.5%、12.6%、14.0%、5.9%，交通和通信支出上升最快，平均每年增加近 0.5 个百分点，其次为文化教育支出，平均每年增加近 0.2 个百分点。

(3) 社会保障体系不断健全。

江苏省城乡社会保障体系逐步完善，城乡居民都享有完整的社会保障制度，二元结构模式逐渐向城乡统筹发展模式过度。2012 年全省城乡居民低保、医疗和养老保险实现全覆盖，社会保险主要险种覆盖率已达 95%以上。至 2012 年末全省企业职工基本养老保险、城镇职工基本医疗保险、失业保险参保人数分别达 2308 万人(含参保离退休人员)、2154 万人(含参保退休人员)和 1332 万人，分别比上年末增加 197 万人、142 万人和 94 万人。企业职工基本养老保险、城镇职工基本医疗保险、新型农村社会养老保险覆盖面保持在 95%以上。城镇居民基本医疗保险参保人数达 1453 万人，比上年末减少 58 万人。城乡居民社会养老保险参保人数 1479 万人，领取基础养老金人数 880 万人。医疗机构不断完善，2012 年每万人拥有医院、卫生院床位数达到 38.8 张，比 2010 年增加了 23.2%，设备较为完备的医院数量持续增加，卫生院数量呈下降趋势，疗养院数量也不断增加。

(4) 现代农业发展水平持续领先。

全省现代农业发展势头良好，2012 年全省高效设施农业面积达 64 万公顷，占农业面积的 13.9%。农业适度规模经营比重为 61%，农业信息化覆盖率达 78%，农业综合机械化水平达 76%，均居全国首位。农业科技进步贡献率达到 62.3%，新增设施渔业面积 5.2 万公顷。

省政府一直致力于休闲农业的开发与建设，2012 年底，全省有约 3600 个休闲农业园区，有中国最有魅力休闲乡村 2 家，江苏最具魅力休闲乡村 40 家，休闲观光农业综合收入位居全国前列。

农业生产稳定增长，粮食连续九年增产，全年总产量达 3372.5 万吨，比上年增产 64.7 万吨，增长 2%。江苏省农民专业合作社个数、成员数、入社农户比例和出资额均居全国第一位，农业组织化水平大大提升。农村生产生活条件显著改善，年末农业机械总动力 4214.6 万千瓦，比上年末增长 2.6%。省政府扎实推进农村实事工程，解决了 221 万农村居民饮用水安全问题，三分之一的乡镇已开通镇村公交，以农田水利为重点的农业基础设施建设进一步加强。农村土地使用制度、农村金融制度等方面的改革正稳步推进，城乡发展一体化步伐加快。

(5) 全省新农村建设取得成效。

随着新型城镇化建设，全面建设小康社会快速推进，江苏省加大对农村建设投资力度。已建立了覆盖全省的从区域到城市、从小城镇到农村、从总体到专项、从建设性规划到保护性规划的层次分明、互相衔接、完善配套的城乡规划体系，在全国率先实现城乡规划全覆盖。村庄环境整治行动全面实施，开展了 180 个村庄建设与环境整治试点项目建设，至 2012 年末，全省环境整治达标村庄数达 6.34 万个，村庄环境整治达标率 33.59%，全省村庄环境面貌明显改善。全省共建设秸秆综合利用示范县 65 个、推进县 12 个，秸秆综合利用率 81%。同时农村公共服务水平稳步提升，至 2012 年底，在"六件实事"计划实施下，全省农村生产生活条件进一步改善，全省行政村基本实现通电、通公路、通班车、通自来水、通电话、通有线电视、通互联网"七通"。

2. 江苏农村城镇化发展问题分析

1) 城乡居民收入差距仍然过大

城乡收入差距大。2012 年江苏省城镇居民人均家庭总收入为 32 519 元，农村居民家庭人均总收入为 15 069 元，城乡居民收入比为 2.158：1。江苏省城乡居民收入水平居于全国第五(全国城乡收入水平处于前五位的分别为上海、北京、浙江、天津、江苏)，在这五个省份中，江苏省城乡收入差距较大，处于第二位(表 1-6)。2012 年江苏省城镇居民人均家庭总支出为 26 129 元，其中消费性支出为 18 825 元，消费性支出占总支出的 72.0%；农村居民家庭人均总支出为 12 397 元，其中消费性支出为 8655 元，消费性支出占总支出的 69.8%，农村居民消费水平低于城市居民消费水平。

2) 城镇化对经济发展的持续拉动力较弱

城镇化对经济发展的持续拉动力较弱。2012 年江苏省社会消费品零售总额达 18 331.30 亿元，比上年增长了 14.65%；2011 年、2010 年社会消费品零售总额分别比上年增加 17.5%、18.48%，可以看出，近三年来江苏省消费品零售总额增幅不断回落。2012 年农村居民消费性支出占其年总收入的 57.4%，2011 年、2010 年分别为 57.6%、58.7%，近三年来消费性支出呈下降水平。说明农村城镇化的发展对扩大农村地区需求不明显。

表 1-6 五省城乡收入比

地区	城镇居民人均家庭总收入/元	农村居民人均家庭总收入/元	城乡收入比
上海	44 755	19 078	2.35 : 1
北京	41 103	19 132	2.15 : 1
浙江	37 995	18 631	2.04 : 1
天津	32 944	18 019	1.83 : 1
江苏	32 519	15 069	2.16 : 1

数据来源:《江苏统计年鉴 2013》

3) 区域发展不平衡

(1) 农村城镇化发展水平不平衡。

江苏省苏南苏中和苏北不同区域之间农村城镇化率相差较大。尽管江苏省城镇化水平较高,居于全国前列,但是江苏省区域城镇化发展水平不一。2012 年苏南城镇化水平达到了 72.7%,然而苏中和苏北地区仅为 58.5% 和 54.7%,苏北和苏南地区相差 18 个百分点,南北差距较大。南京市城镇化水平最高,为 80.2%,宿迁城镇化水平最低,只有 51.0%,两者城镇化水平相差近 30%。城镇化发展水平与社会经济水平的提高存在着密切的联系,城镇化水平差异的拉大无疑会影响到社会经济发展水平,地区间城镇化水平差异也会导致社会发展不稳定、社会事件增加。

(2) 农村收入水平不平衡。

2012 年江苏省苏南地区农村居民人均纯收入为 17 160 元,苏中和苏北地区农村居民人均纯收入分别为 12 877 元和 10 502 元,苏南地区比苏北地区多了 6658 元,是苏北地区农民收入的 63.4%,南北区域农村居民收入差距较大。苏州是江苏省农村居民收入水平最高地区,2012 年人均纯收入为 19 396 元,宿迁是江苏省农村居民收入水平最低地区,2012 年人均纯收入为 9495 元,苏州比宿迁收入水平高出 104.3%,地区收入水平差距明显较大。

(3) 农村产业发展水平不平衡。

2012 年苏南苏中和苏北人均生产总值分别为 101 370 亿元、62 208 亿元、40 914 亿元,苏南人均生产总值是苏中地区的 1.63 倍,是苏北地区的 2.48 倍。从产业结构来看,苏南、苏中和苏北地区第一产业所占比重分别为 2.28%、7.02%、12.7%,苏北地区以农业产业为主的第一产业比重最大。苏南地区第二产业和第三产业比重相当,分别为 51.5%和 46.2%,且第三产业有不断上升的趋势。苏北地区第二产业比重最大为 53.0%,第三产业所占比重为 40.0%,与苏南地区相比,第三产业比重较小。2012 年苏南地区固定资产投资额为 17 401.28 亿元,苏中地区为 4558.49 亿元,苏北地区为 3618.07 亿元,苏北地区固定资产投资额仅占苏南地区的 20.79%,苏中和苏北地区投资总额仅仅为苏南地区一半左右。

(4) 区域土地集约利用水平差距较大。

城镇土地集约利用内涵包含了单位土地面积上高比率的劳动力、物力、财力、技术和经营管理投入。1978 年以来,江苏省城镇人口不断增加,城镇化水平也一直处于上升趋势。江苏省地均生产总值由 2007 年的 0.254 亿元/平方公里增加到 0.527 亿元/平方公里,地均产值处于全国前列。然而,苏南、苏中和苏北三个地区地均产值分别为 1.196 亿元/平方公里、0.500 亿元/平方公里和 0.224 亿元/平方公里,南北区域土地集约利用水平差距较为显著。

(5) 生态环境破坏严重。

江苏省农村城镇化进程中生态环境遭受破坏的主要来源为化肥农药污染、生活污水污染、农村工业污染、秸秆焚烧污染等。农村城镇化使农民向城镇聚集,然而江苏苏北和苏中农村地区基础设施建设未能跟上城镇化的进程,尤其是地下管网建设还不完善,居民产生的生活污水未经过统一集中处理,直接排放到附近的河流中,导致河水变质,水资源遭受污染。农村工业的发展是农村城镇化过程中的重要现象之一,江苏省苏北农村仍然存在生产设备旧、技术水平低、能耗高的小企业,这些企业一般都没有完善的防止污染设施，工业"三废"污染物直接排入空气、河流、地下水和农田中，产生了严重的环境污染。经济发展与环境压力的矛盾是苏南地区发展最突出的矛盾之一，早期乡镇工业边污染、边建设的后果，对苏南的影响仍然存在。苏南产业转型后，大部分污染企业迁移到苏北等发达程度较低地区，迁移时并没有将污染治理技术和设备同时转移，一方面，苏北地区环境污染治理设施不甚完善，迁移进来的污染企业对当地环境造成破坏；另一方面，苏南地区污染企业搬迁后遗留下来的土地存在污染，无法直接加以利用，暴露在空气中会对居民健康产生危害。

第三节　江苏农村工业化与城镇化关系研究

农村城镇化是农村城市化的一种途径选择，是以城镇发展为基础，以农业劳动力向非农领域转移和农村人口向城镇转移为特征的社会综合发展趋势。以农村工业化为契机，在广大农村地区进行小城镇建设并吸引农村地区人口、产业、文化、教育等经济社会活动向附近小城镇转移是农村城镇化的重要内容。

改革开放以来，江苏在全国率先推进农村工业化与城镇化建设，苏南地区的乡镇企业和农村小城镇建设曾以"苏南模式"闻名遐迩，费孝通先生早在 20 世纪 80 年代就以"小城镇，大战略"的话语夸奖江苏的农村城镇化建设。纵观江苏省农村城镇化的过程，乡镇企业及小城镇建设是农村城镇化的主力军。当今，虽然"乡镇企业"近乎成为历史，但农村城镇化的脚步并没有停止，在新的征程上，在新的产业经济带动下，江苏省农村城镇化不仅取得了更大的进步，而且为全国其他省份的农村城镇化提供了经验。

一、江苏农村工业化与城镇化关系的历史回顾

改革开放以来，江苏省农村城镇化的发展主要得益于农村工业化的推进。根据江苏省农村工业化的历史过程，可以将农村城镇化总体上分为两个大的阶段：一是改革开放初期至 20 世纪末乡镇企业的崛起推动下的农村

城镇化大发展阶段；二是进入 21 世纪民营经济发展带动下的农村城镇化稳步发展阶段。

1. 改革开放初期至 20 世纪末乡镇企业崛起推动下的农村城镇化大发展

江苏是乡镇企业的重要发祥地，江苏乡镇企业起步较早，发展较快。乡镇企业发达是江苏经济的一大优势，在促使农民生活发生了深刻变化的同时，也为江苏的农村工业化和城镇化做出了重要贡献。

改革开放初期，江苏省乡镇企业在原社队企业的改制中迅速发展，1985 年，江苏乡镇工业总产值达 56.95 亿元，已占全省工业总产值的 1/3 以上，乡镇企业已占财政收入的 24.16%，全省乡镇工业职工 511 万人，占农村总劳动力的 20%左右。在乡镇企业的带动下，镇总人口也从 1978 年的 230.63 万人增加到 1985 年的 340.43 万人，呈现稳定增长(图 1-8)，同时从图中我们还发现这一时期乡村人口也有所增长，这与 1980 年左右的我国人口出生高峰有密切关系。

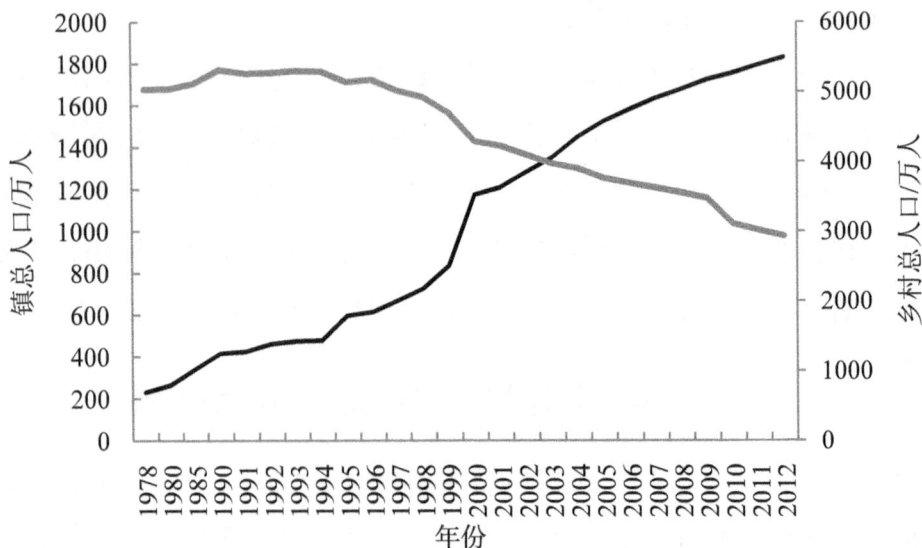

图 1-8　江苏省历年镇和乡村总人口变化趋势图

　　1985~1992 年，随着国家经济结构的调整，乡镇企业受到一定影响，虽然江苏省乡镇企业通过发展外向型经济，还是取得了一定的成绩，但发展速度与改革开放初期相比明显放缓。受乡镇企业发展挫折的影响，农村城镇化也出现了一些波折，从图 1-8 可以看出镇总人口在 1985~1995 年增长缓慢。

　　1992 年，邓小平"南巡"，高度评价了乡镇企业的功绩，中共十四大也明确提出了建立社会主义市场经济体制的战略目标，同时出台了一系列支持乡镇企业发展的政策措施。江苏省乡镇企业发展迎来了新的春天。1995 年前后，乡镇企业在全省工业经济总量中实现了"三分天下有其二"的规模，农村中有一半以上的劳动力从事非农产业经济活动。可见，乡镇企业带动下的农村工业化为江苏省工业化进程做出了突出贡献。在乡镇企业的带动下，农村城镇化迎来了大发展时期，从 1995 年到 2001 年镇总人口由 597.79 万人增加到 1206.80 万人，呈现快速增长趋势。

2. 进入 21 世纪民营经济迅速发展带动下的农村城镇化稳步发展

　　20 世纪末，随着我国经济体制由计划经济向社会主义市场经济的逐渐转型，"短缺经济"逐渐退出历史舞台，并出现了从卖方市场向买方市场的转变，乡镇企业由于缺乏区位优势、规模优势、技术优势等，开始出现经营困难，工业生产增幅明显回落，乡镇企业发展面临调整。在此背景下，农村城镇化速度也出现回落，镇总人口数量增长开始趋缓。

　　在巨大困难的压力下，经过进一步解放思想，苏南放手实施乡镇企业产权制度的大面积改革改制，"集体为主"所有制转变改制为产权关系明晰的多元化混合所有制经济，使江苏尤其是苏南乡镇企业的体制发生了根本性的变化，改变了以往乡镇企业以集体为主的所有制结构，形成了多种经济成分共存的新格局。

　　随着我国社会主义市场经济体制的不断完善，私营经济为了追求利润，改变了原有乡镇企业遍地开花的布局模式，很多规模较大的企业进入了城市的工业园区，一些企业较为集中的乡镇也成立了工业园区，进一步促进了企业的集中。工业较为集中的乡镇成为吸纳附近农村剩余劳动力的主要载体。镇总人口从 2001 年的 1206.80 万人增加到了 2012 年的 1830.02 万人，农村城镇化在私营企业的带动下进入了稳步增长的阶段。

通过对江苏省农村城镇化与农村工业化，特别是乡镇企业发展的历史关系回顾，可以发现农村工业化是江苏省农村城镇化的主要动力。

二、江苏农村工业化与城镇化关系的现状特征

1. 较高的农村工业化水平为城镇化提供了强大动力，农村城镇化潜力巨大

一般反映工业化水平的指标是工业总产值或增加值，但由于缺少专门针对农村地区的工业总产值或增加值数据，我们这里采用农村地区非农就业水平来衡量江苏省农村工业化水平，即乡村地区第二产业和第三产业就业人员占全部农村就业人口的比重。由于一般在农村地区的非农就业人员也会或多或少参与一些农业活动，因此这里的农村非农就业人员是指在其经济收入中非农活动占主要比重的人员，而农村就业人口一般是指农村具有劳动能力的人口。

江苏省农村非农就业人口比重大，且增加较快。从图 1-9 可以看出，在 1999~2012 年，江苏省农村非农就业人口比重一直较高，均在 44%以上，其中工业就业人口比重一直在 15%以上。从增长趋势看，不管是非农就业人口比重还是工业就业人口比重均呈现稳步上升的趋势，1999~2012 年，非农就业人口比重从 44.5%增加到 69.62%，年均增长 2 个百分点以上，而工业就业人口比重则从 16.44%增加到 30.47%，年均增长 1.1 个百分点。也就是说江苏省的农村地区约有三分之二的具有劳动能力的人口以从事非农经济活动为主，其中三分之一的人口从事工业经济活动。这也反映了江苏省农村工业化水平

已经很高。

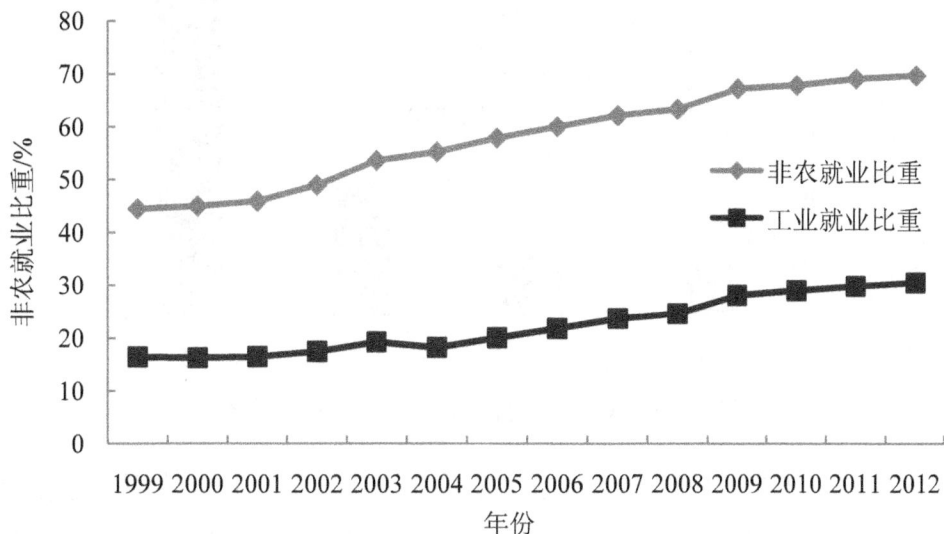

图 1-9　江苏省历年乡村非农就业人口比重变化图

与较高的农村非农就业人口比重相比，农村非农户籍人口比重则十分偏低。根据全国第六次人口普查的统计结果，江苏省农村地区非农户籍人口比重仅为 5.33%，与接近 70% 的农村劳动人口从事非农产业活动相差甚远。也就是说目前江苏省农村地区存在着大量的以从事非农产业为主的农村户籍劳动力，这部分人口具有非农工作岗位，其居住场所有两种，有的居住在附近城镇，只是其户籍仍是农村户籍而已，但是其生活方式、消费习惯基本与城镇人口相同，这部分人口要实现城镇化只需放宽落户条件即可。还有一部分因为工作地点离家较近，则居住在乡村，白天去城镇上班，晚上回家居住。根据我们对江苏省农村地区的抽样调研结果，农村非农就业人口中以后者居多，如图 1-10 所示，有一半以上的外出务工人员选择白天出去，晚上回家住。而这一部分人口则是江苏省农村城镇化的重点。如何促进这部分人口实现城镇化是江苏省农村城镇化需要重点解决的问题。

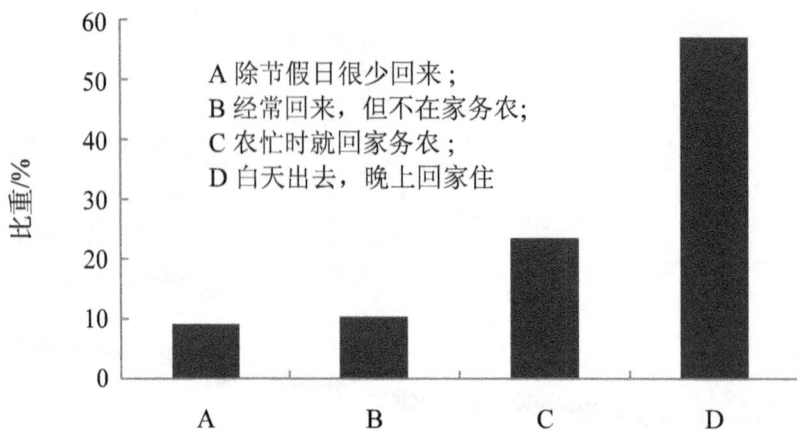

A 除节假日很少回来；
B 经常回来，但不在家务农；
C 农忙时就回家务农；
D 白天出去，晚上回家住

图 1-10　农村非农就业居住情况调查统计图

　　乡村非农就业人口比重远高于全国平均水平。横向比较来看，根据全国第六次人口普查资料(图 1-11)，2010 年江苏省乡村非农就业人口比重为60.94%[①]，而当年全国乡村的这一平均比重仅为 25.22%，远低于江苏省的水平。因此，江苏省农村地区存在着较高水平的工业化。与其他省份相比较，也可以发现江苏省农村城镇化存在的潜力，如北京、上海的乡村非农就业人口比重分别为 71.36%、84.79%，也存在着较高的农村非农产业化现象，但其非农户籍人口也较高，分别为 20.05%、23.84%，虽然仍然低于乡村非农就业人口比重，但与江苏省相比，已经相对较高了。浙江省基本与江苏省属于同一类型，即农村地区存在着大量从事非农活动的户籍人口。广东省作为城镇化发展水平较高的省份，上述问题已经得到很好的解决，很多农村人口已经实现了真正的城镇化。因此，相比较而言，江苏省农村城镇化仍存在着很大的潜力，推进农村地区就地城镇化是江苏省农村新型城镇化应重点解决的问题。

---

　　① 全国第六次人口普查数据与江苏省统计年鉴数据稍有不同。

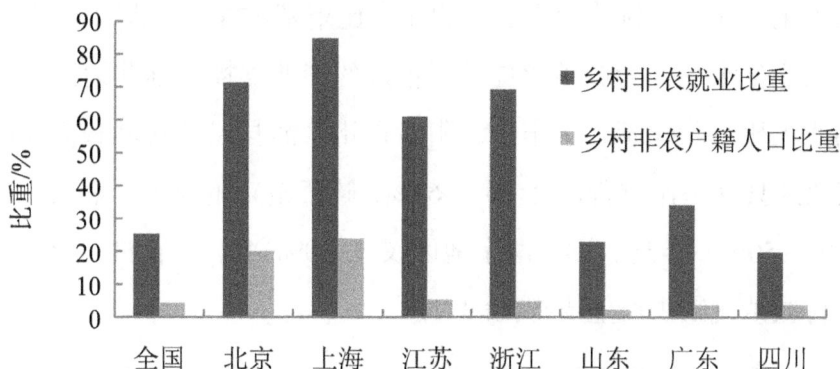

图 1-11　全国第六次人口普查江苏省农村就业、户籍比重与全国及其他主要省份比较

2. 农村工业化水平存在着很大的区域差异，农村城镇化有待协调

　　苏南地区是我国农村城镇化的典型地区，并被学者称为"苏南模式"，即乡镇企业带动下的农村城镇化现象。但相比较而言，苏中、苏北地区因为没有像苏南地区农村工业发展的带动，农村城镇化水平则相对较低。苏南、苏中、苏北三大区域之间存在着明显的差异。

　　首先，农村工业化存在着显著的差异。农村工业化的区域差异主要表现在苏南、苏中、苏北之间。2012 年，全省乡村从业人员中非农就业比重为 67.8%，而苏南地区乡村从业人员中非农就业比重为 80.92%，苏中地区乡村从业人员中这一比重为 77.56%，比苏南地区低 3.3 个百分点，但仍高于全省平均水平近 10 个百分点，苏北地区乡村从业人员中非农就业比重为仅 58.20%，不仅远低于苏南和苏中地区，而且比全省平均水平也低 9.6 个百分点。具体分县区来看，苏南地区工业化水平较高的区县主要集中在昆山、吴江、张家港、太仓等距离上海较近的县市，其乡村就业人员中的非农比重均在 85% 以上，昆山市已经在 90% 以上，基本已经全部实现城镇化。而高淳、宜兴、溧阳、金坛、句容等地区工业化水平相对较低。苏中地区农村工业化较高的地区集中在如东、仪征、姜堰以及扬州和泰州市辖区，乡村从业人员中非农比重均在 80% 以上，兴化、启东、宝应、高邮等地区则相对较低，但总体来看，苏中地区除兴化以外，农村从业人员中的非农比重基本在 70%以上，也具有较高的农村工业化水平，为城镇化提供了很好的产业支撑。苏北地区农村就业人员中的非农比重除建湖、大丰、沭阳、邳州、沛县以及盐城和宿迁市辖区以外，其他区县这一比重普遍在 50%~60%，连云港市的东海、灌云、灌南三个县在 40%~50%，丰县、泗洪两个地区仅在 30%~40%，农村工业化水平还较低，农村城镇化缺少产业支撑(表 1-7)。

表 1-7　江苏省分区县农村非农就业与非农户籍人口比重

区县	非农户籍 (2010)/%	非农就业 (2012)/%	区县	非农户籍 (2010)/%	非农就业 (2012)/%
全省	5.33	67.80	淮安市辖区	1.45	56.45
南京市辖区	16.69	76.17	涟水县	0.86	53.01
溧水县	4.11	74.75	洪泽县	2.54	61.35
高淳县	2.53	72.48	盱眙县	4.78	59.78
无锡市辖区	16.48	90.52	金湖县	4.69	59.07
江阴市	4.83	84.50	盐城市辖区	3.16	64.60
宜兴市	6.10	71.84	响水县	2.00	56.12
徐州市辖区	4.11	58.87	滨海县	2.17	59.80
丰县	1.12	39.31	阜宁县	2.41	55.39
沛县	2.65	62.66	射阳县	3.69	59.50
睢宁县	1.25	57.28	建湖县	6.47	66.67
新沂市	1.38	52.50	东台市	3.82	52.88
邳州市	1.43	63.45	大丰市	5.28	65.53
常州市辖区	4.82	84.82	扬州市辖区	5.61	87.48
溧阳市	3.85	70.55	宝应县	2.58	71.08
金坛市	5.48	72.31	仪征市	3.53	83.40
苏州市辖区	12.51	80.47	高邮市	3.86	73.68
常熟市	10.95	89.75	江都市	3.28	78.09
张家港市	13.37	87.53	镇江市辖区	8.41	72.83
昆山市	15.19	90.89	丹阳市	5.84	73.65
吴江市	4.62	86.52	扬中市	8.55	80.22
太仓市	7.93	79.16	句容市	3.38	66.83

续表

区县	非农户籍 (2010)/%	非农就业 (2012)/%	区县	非农户籍 (2010)/%	非农就业 (2012)/%
南通市辖区	5.48	77.88	灌南县	1.91	42.03
海安县	6.45	78.77	泰州市辖区	6.27	86.09
如东县	4.25	81.65	兴化市	2.60	64.00
启东市	4.79	71.62	靖江市	5.14	78.56
如皋市	3.25	73.24	泰兴市	3.97	79.02
海门市	4.15	74.14	姜堰市	5.42	81.13
连云港市辖区	16.59	52.69	宿迁市辖区	3.25	64.81
赣榆县	11.81	52.50	沭阳县	2.75	63.09
东海县	0.84	46.97	泗阳县	2.18	57.36
灌云县	1.10	44.69	泗洪县	1.67	35.85

资料来源：非农户籍人口比重来自江苏省 2010 年人口普查数据，非农就业来自 2013 年江苏省统计年鉴

其次，农村城镇化也存在很大区域差异。我们这里仍采用农村非农户籍人口比重来反映农村城镇化水平，根据江苏省第六次人口普查资料，全省农村地区非农户口比重为 5.33%，远低于全省农村劳动人员 75.49%[①]的非农就业水平，而苏南地区农村地区非农户口比重为 9.61%，苏中地区农村这一比重为 4.26%，而苏北地区仅为 2.97%。三大地区之间的农村城镇化存在很大差异。分区县来看，苏南地区农村城镇化水平较高的地区以苏州的昆山、张家港、常熟以及各地级市辖区为主，农村地区非农户籍比重均在 10% 以上，最高的为南京市辖区 16.69%，高淳、溧阳、句容则相对较低，如高淳县农村地区非农户籍比重仅 2.53%。苏中地区农村城镇化水平较高的地区以海安县、靖江市、姜堰市以及各地级市辖区为主，农村非农户籍比重均在 5% 以上，而兴化、宝应则较低。苏北地区农村城镇化水平较高的区县以连云港市辖区、赣榆、建湖、大丰为主，农村非农户籍比重均在 5% 以上，其中连云港市辖区和赣榆

---

① 江苏省人口普查资料数据与江苏统计年鉴数据有出入。

县达到 10%以上，农村城镇化水平已经到达一些苏南地区的水平，这与连云港港区和赣榆港区的发展密切相关。而苏北地区大部分区县农村城镇化水平都很低，较低的地区以泗洪、丰县、睢宁、新沂、邳州、东海、灌云、涟水等为主，农村非农户籍比重均在 2%以下，有些地区如东海、涟水不足 1%。可见苏北地区内部农村城镇化也存在着较大差异。总体来看，农村城镇化的区域差异与农村工业化的区域差异基本一致，农村工业化较高的地区农村城镇化水平也较高，这也反映了农村工业化是农村城镇化的核心动力这一观点。

3. 农村第三产业发展相对较弱，推进农村服务业发展是未来农村城镇化的重要任务之一

首先，农村第三产业近几年发展缓慢，第三产业是未来农村发展的重点。根据农村就业人员分行业的历年变化趋势来看(图 1-12)，2000~2004 年，江苏省农村就业人员中第三产业从业人员比重上升较快，从 19.31%上升到 26.24%，这与农村居民生活水平提高导致对生活服务业需求增加有关。但是到了 2004年以后，与工业和建筑业从业人员比重上升相反，农村第三产业从业人员比重就开始呈现下降趋势，从 2004 年的 26.24%下降到 2012 年的 24.75%，这说明农村第三产业近几年的发展十分缓慢。当然，这与农村工业化过程具有很大关系，一般来说在工业化初期阶段，随着工业和建筑业就业比重的增加，第三产业就业比重会出现一段时间的下降过程，也就是说第三产业的发展与工业化过程相比具有一定的滞后性，只有当工业化到达一定阶段的时候，才会带动第三产业的迅速发展。因此，第三产业是未来农村城镇化的重要产业支撑。

其次，农村第三产业具有较好的发展潜力和前景。当前江苏省农村地区已经有 70%以上的劳动力从事非农生产活动，人民生活水平也得到了较大提高，其对第三产业的需求也进一步提高，但是很多农村及周边集镇的

第三产业供给相当薄弱，缺少规模较大的餐饮、娱乐、文化服务场所，很多居民要去当地县城进行消费活动。另外，很多农村地区还缺少农村合作组织，与农业生产相关的种子及农产品销售、加工等农业服务业还没有形成规模。根据我们对江苏省 3 个地级市的调研结果，仍有 53%的农户没有参与到农村合作组织，还有 62%的农户出售农产品采用的是自己到市场上去的途径。

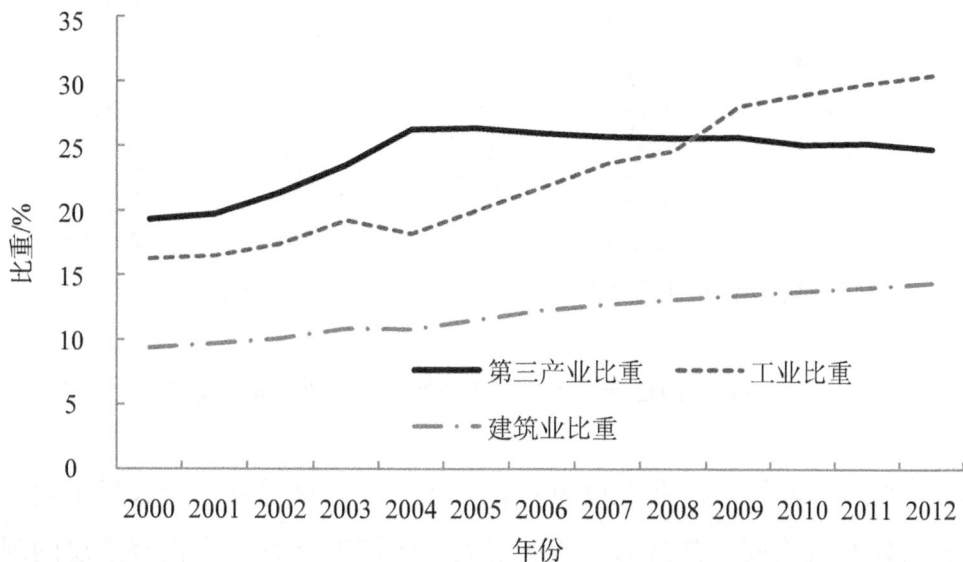

图 1-12　江苏省农村就业人员分行业变化趋势图

第三，农村第三产业以低端为主。从结构上看 2012 年江苏省农村第三产业就业比重较大的行业包括批发零售业、交通运输仓储及邮政业、居民服务业以及住宿餐饮业,基本与全国农村第三产业就业结构一致(图 1-13)。其中批发零售业比重最高，达 41.42%，居民服务业和交通仓储邮政业分别占 15.72%和 14.90%。较为高端的金融、地产、广告、信息服务等第三产业发展滞后，当然这与第三产业的空间布局规律有很大关系，高端的第三产业一般布局在较为发达的大城市。但从目前农村第三产业的就业结构来

看，住宿餐饮和居民服务业占比明显偏低，未来应成为农村第三产业发展的重点。

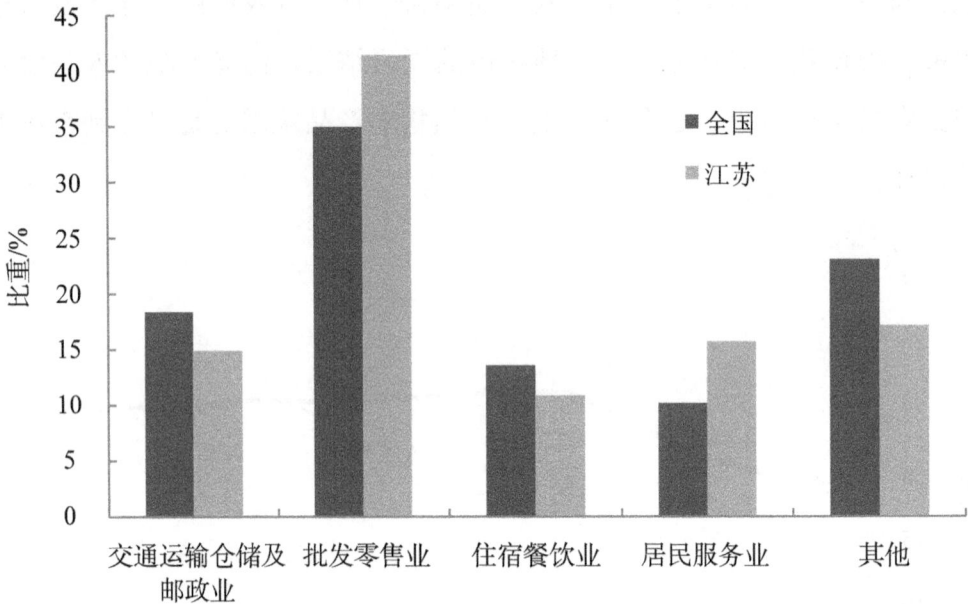

图 1-13　2012 年江苏农村第三产业分行业就业比重图

第四，农村第三产业发展也存在着较大的区域差异。与农村工业化的区域差异有所不同，农村第三产业发展的区域差异有一个很有意思的现象是苏南地区农村第三产业比重相对较低，为 21.48%，而苏中地区的农村第三产业比重是最高的，为 30.44%，苏北地区居中，为 23.98%（表 1-8）。分析其原因，可能是苏南地区工业较为发达，大部分非农就业人口分布在工业和建筑业，2012 年苏南地区农村就业人员中 58.73%分布在第二产业，分别比苏中和苏南地区高 12.5 个百分点和 26.4 个百分点。分区县来看，也存在很大差异，最高的兴化市农村第三产业就业比重高达 41.98%，而最低的丰县这一比重仅为 9.73%。

表 1-8　2012 年分区县江苏省农村第三产业就业人员比重

地区	区县	第三产业就业比重/%	地区	区县	第三产业就业比重/%	地区	区县	第三产业就业比重/%
	全省	25.47		如东县	30.84		新沂市	17.34
	南京市辖区	28.24		启东市	27.62		邳州市	23.17
	溧水县	25.87		如皋市	25.35		连云港市辖区	19.62
	高淳县	19.60		海门市	30.61		赣榆县	14.24
	无锡市辖区	20.66		扬州市辖区	33.99		东海县	17.29
	江阴市	18.65		宝应县	25.14		灌云县	21.66
	宜兴市	15.97	苏中地区	仪征市	31.67		灌南县	21.06
	镇江市辖区	22.14		高邮市	23.24		淮安市辖区	24.20
	丹阳市	12.95		江都市	27.43		涟水县	38.08
	扬中市	16.19		泰州市辖区	31.77		洪泽县	18.59
苏南地区	句容市	16.75		兴化市	41.98		盱眙县	39.01
	常州市辖区	27.00		靖江市	23.39		金湖县	29.50
	溧阳市	19.02		泰兴市	35.17		盐城市辖区	29.65
	金坛市	17.31		姜堰市	26.98	苏北地区	响水县	25.07
	苏州市辖区	23.40		合计	30.44		滨海县	39.24
	常熟市	22.91		宿迁市辖区	22.81		阜宁县	30.02
	张家港市	19.69		沭阳县	26.64		射阳县	33.76
	昆山市	21.96		泗阳县	20.06		建湖县	26.89
	吴江市	22.20		泗洪县	11.19		东台市	23.79
	太仓市	13.22	苏北地区	徐州市辖区	21.63		大丰市	35.44
	合计	21.48		丰县	9.73		合计	23.98
苏中地区	南通市辖区	32.27		沛县	24.16			
	海安县	31.78		睢宁县	17.84			

三、江苏农村工业化与农村城镇化关系的定量分析

由于缺少江苏省分地区农村的统计数据,这里采用县域城镇化水平与县域工业化水平来代替农村城镇化水平和农村工业化水平进行分析。这也比较符合我们调研过程中发现的实际情况,实际农村地区的非农就业都是在附近

的县城或者小城镇，农村的工业化与县域经济的发展密切相关，因此在考察农村城镇化时采用县域城镇化水平比较合适。具体指标选取如图 1-14。

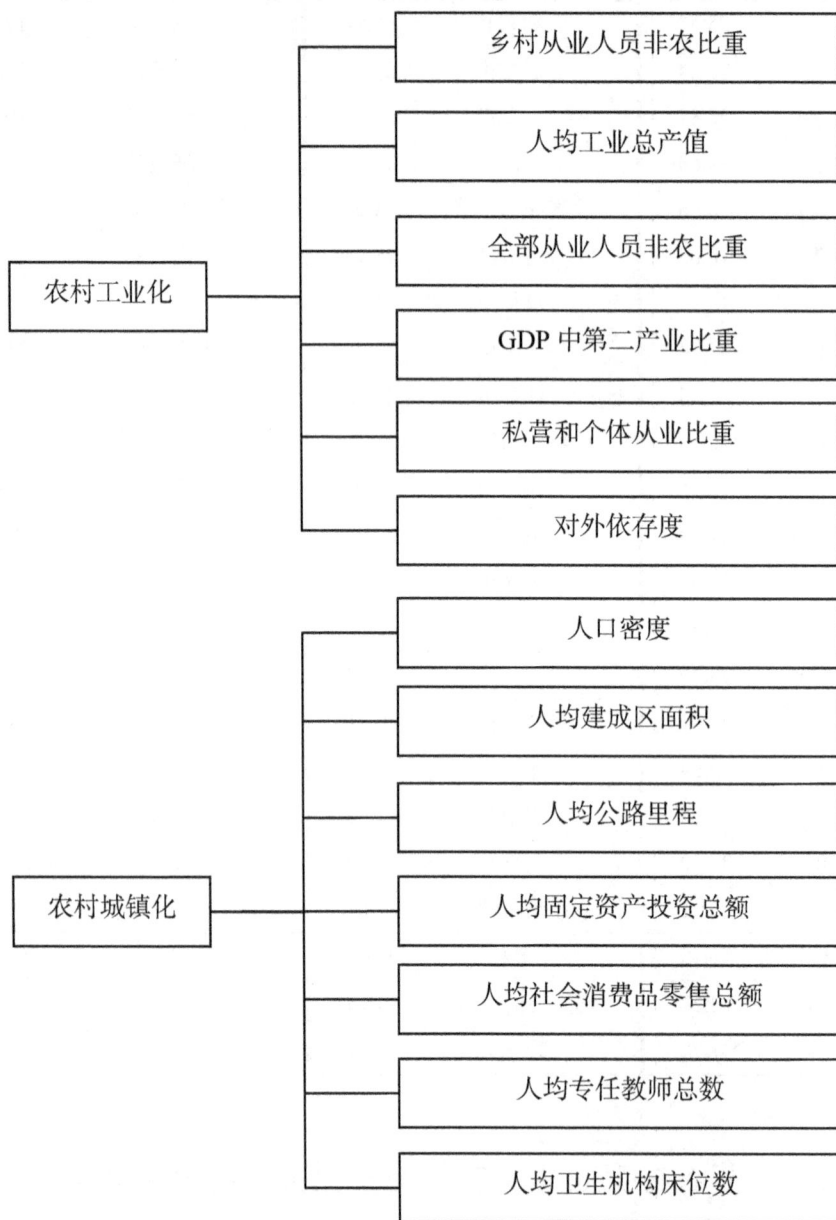

图 1-14　农村工业化与城镇化综合评价指标体系

1. 县域城镇化水平综合评价

根据江苏省统计年鉴 2013 可以整理出分县市县域城镇化指标数据,如表 1-9 所示。

表 1-9 江苏省 2012 年县域城镇化原始数据

地区	区县	人口密度/(人/平方公里)	人均建成区面积/(平方公里/万人)	人均公路里程/(公里/万人)	人均固定资产投资/(万元/人)	人均社会消费品零售总额/(万元/人)	人均专任教师数/(人/万人)	人均卫生机构床位数/(张/万人)
苏南地区	溧水县	393	0.549	38.032	8.364	2.465	74.056	29.384
	高淳县	531	0.406	35.672	7.206	2.865	71.582	38.941
	江阴市	1646	0.339	14.542	5.136	3.174	75.725	42.307
	宜兴市	625	0.561	18.598	3.851	2.975	69.712	32.131
	溧阳市	495	0.316	33.000	4.909	2.608	74.970	34.079
	金坛市	572	0.394	36.193	3.939	2.807	78.797	36.658
	常熟市	1181	0.650	20.994	3.995	3.315	63.698	42.824
	张家港市	1255	0.540	12.297	5.565	2.985	65.228	48.422
	昆山市	1758	0.439	12.270	4.684	3.012	46.983	30.771
	太仓市	859	0.651	17.898	6.507	2.760	56.593	45.048
	丹阳市	930	0.267	21.520	2.880	2.078	70.842	29.528
	扬中市	1027	0.353	28.550	4.323	2.656	70.567	24.846
	句容市	449	0.370	38.766	2.803	1.500	54.645	24.510
苏中地区	海安县	782	0.277	27.194	3.726	2.101	73.903	43.776
	如东县	569	0.213	25.396	3.152	2.051	62.880	28.722
	启东市	795	0.229	36.604	3.745	2.383	68.750	34.385
	如皋市	845	0.198	25.079	2.618	1.824	71.429	37.032
	海门市	961	0.244	27.230	4.110	2.628	78.688	37.493
	宝应县	514	0.399	29.197	2.632	1.403	280.921	25.589
	仪征市	657	0.693	26.355	4.398	2.039	239.915	32.060
	高邮市	385	0.325	33.681	3.170	1.496	265.223	28.985
	兴化市	524	0.279	20.981	1.510	0.899	74.960	31.467
	靖江市	1046	0.496	18.300	4.132	1.797	80.198	46.107
	泰兴市	920	0.223	19.191	2.427	1.329	85.502	32.361
	姜堰市	786	0.315	25.850	2.957	1.675	72.682	37.781

续表

地区	区县	人口密度/(人/平方公里)	人均建成区面积/(平方公里/万人)	人均公路里程/(公里/万人)	人均固定资产投资/(万元/人)	人均社会消费品零售总额/(万元/人)	人均专任教师数/(人/万人)	人均卫生机构床位数/(张/万人)
苏北地区	丰县	657	0.253	19.046	1.341	0.722	97.967	34.994
	沛县	825	0.323	20.546	2.626	1.118	83.550	34.013
	睢宁县	580	0.312	23.836	1.495	0.831	109.279	28.120
	新沂市	578	0.374	30.816	2.980	0.914	85.875	27.414
	邳州市	687	0.293	21.073	2.747	0.796	100.446	28.767
	赣榆县	626	0.306	29.100	2.134	1.142	123.405	28.140
	东海县	466	0.295	30.371	1.994	1.136	103.201	26.801
	灌云县	429	0.342	32.067	2.082	0.996	89.885	29.523
	灌南县	607	0.354	30.616	2.622	0.868	101.302	37.868
	涟水县	500	0.382	30.138	1.663	0.770	96.682	38.506
	洪泽县	239	0.511	43.733	2.775	1.770	84.160	37.692
	盱眙县	257	0.467	40.995	2.696	0.972	107.309	39.798
	金湖县	238	0.604	40.718	2.577	1.683	66.405	26.411
	响水县	344	0.417	34.492	2.821	0.838	93.384	31.313
	滨海县	493	0.328	22.163	1.983	0.741	77.265	25.730
	阜宁县	583	0.465	21.820	1.941	0.978	80.991	31.086
	射阳县	313	0.247	27.640	1.886	1.233	71.733	28.637
	建湖县	636	0.325	23.858	2.410	1.468	77.267	31.192
	东台市	306	0.345	31.382	2.824	1.604	66.944	43.027
	大丰市	229	0.371	43.297	3.088	1.552	74.159	35.539
	沭阳县	676	0.386	21.816	1.662	0.698	86.929	31.475
	泗阳县	599	0.412	19.670	2.173	0.749	96.584	34.782
	泗洪县	338	0.347	25.861	1.741	0.707	88.841	35.309

第一步，对原始数据进行标准化处理。这里采用标准差标准化方法，使各指标的均值为 0，方差为 1。

第二步，计算标准化后的样本相关矩阵 R，求 R 的特征值 λ 及特征向量 T，并按 $\lambda_1 \geqslant \lambda_2 \geqslant \cdots \geqslant 0$ 排序。根据特征值大于 1 及累计贡献率大于 75% 的原则，提取主因子 F_1，F_2，F_3，$F_4 \cdots$。如果确定的主成分不能很好地说明问题，则对其进行旋转，直到能较好地说明问题为止，经过几次尝试，本书最终采取具有 Kaiser 标准化的正交旋转法对原矩阵进行旋转，并得到 3 个主成分，结果如表 1-10 所示。

表 1-10　主因子的特征值及贡献率

主成分序号	特征值	贡献率/%	累计贡献率/%
1	2.813	40.179	40.179
2	1.531	21.868	62.047
3	1.005	14.356	76.404

第三步，根据对应的特征向量确定各主因子的荷载矩阵。由荷载矩阵(表 1-11)可知，主成分 1 在固定资产投资、社会消费品零售总额、建成区面积等因子上荷载均较高，主要反映城镇化的经济因素和建设因素，我们称为景观城镇化因子；主成分 2 在人口密度上荷载最大，主要反映城镇化的人口集中因素，我们称之为人口城镇化因子；主成分 3 则在专任教师数上荷载较高，主要反映城镇化的文化教育内涵因素，我们称为文化教育城镇化。

表 1-11　主因子荷载矩阵

因子	主成分		
	1	2	3
人口密度	0.273	0.882	−0.202
建成区面积	0.745	−0.066	0.298
公路里程	0.086	−0.943	0.003
固定资产投资	0.881	0.064	−0.182
社会消费品零售总额	0.800	0.269	−0.291
专任教师数	0.001	−0.053	0.928
卫生机构床位数	0.468	0.253	−0.390

最后，根据各主因子荷载矩阵，计算县域城镇化水平得分，并以各主因子的信息贡献率为权数，计算综合评价值。最后排序结果如表 1-12 所示。

表 1-12　江苏省县域城镇化综合评价结果一览表

地区	区县	景观城镇化		人口城镇化		文化教育城镇化		综合得分	
		得分	排名	得分	排名	得分	排名	得分	排名
苏南地区	溧 水 县	4.407	4	−1.777	41	−0.375	29	1.328	8
	高 淳 县	4.059	5	−0.562	28	−1.486	43	1.295	9
	江 阴 市	3.685	6	5.125	1	−2.338	48	2.266	4
	宜 兴 市	2.514	10	1.243	10	−0.391	30	1.226	10
	溧 阳 市	1.456	12	−0.683	30	−0.933	37	0.302	15
	金 坛 市	1.863	11	−0.771	31	−0.830	35	0.461	13
	常 熟 市	4.804	3	2.974	4	−1.459	42	2.371	3
	张家港市	5.121	2	4.458	3	−2.186	47	2.719	1
	昆 山 市	3.055	7	5.116	2	−1.865	46	2.078	5
	太 仓 市	5.613	1	2.503	6	−1.651	45	2.566	2
	丹 阳 市	−0.683	23	1.425	8	−0.674	32	−0.060	17
	扬 中 市	1.065	14	0.860	14	−0.606	31	0.529	12
	句 容 市	−1.267	32	−2.358	44	0.104	24	−1.010	41
苏中地区	海 安 县	0.945	15	0.986	13	−1.528	44	0.376	14
	如 东 县	−1.204	28	0.003	22	−0.713	33	−0.585	31
	启 东 市	0.322	17	−0.365	25	−1.250	40	−0.130	19
	如 皋 市	−0.964	24	1.029	12	−1.140	39	−0.326	23
	海 门 市	1.149	13	1.402	9	−1.457	41	0.559	11
	宝 应 县	−1.240	30	−1.311	38	4.576	1	−0.128	18
	仪 征 市	2.839	8	−0.147	24	3.545	3	1.617	6
	高 邮 市	−1.087	26	−1.935	42	3.844	2	−0.308	21
	兴 化 市	−2.775	45	0.019	21	0.153	23	−1.089	45
	靖 江 市	2.541	9	2.638	5	−1.117	38	1.437	7
	泰 兴 市	−1.778	37	1.532	7	−0.347	28	−0.429	27
	姜 堰 市	−0.169	20	0.711	15	−0.825	34	−0.031	16

续表

地区	区县	景观城镇化		人口城镇化		文化教育城镇化		综合得分	
		得分	排名	得分	排名	得分	排名	得分	排名
苏北地区	丰　县	-2.849	48	0.677	16	0.315	19	-0.951	40
	沛　县	-1.183	27	1.072	11	-0.133	26	-0.260	20
	睢宁县	-2.827	47	-0.390	26	1.120	5	-1.060	43
	新沂市	-1.466	35	-1.170	36	0.651	12	-0.751	35
	邳州市	-2.133	41	0.315	18	0.649	13	-0.695	33
	赣榆县	-2.085	40	-0.773	32	1.164	4	-0.840	39
	东海县	-2.465	43	-1.388	39	0.944	6	-1.158	47
	灌云县	-2.062	38	-1.628	40	0.685	11	-1.086	44
	灌南县	-1.017	25	-0.668	29	0.271	20	-0.516	30
	涟水县	-1.551	36	-0.955	33	0.427	18	-0.771	36
	洪泽县	0.761	16	-2.981	46	0.222	21	-0.314	22
	盱眙县	-0.201	21	-2.789	45	0.716	9	-0.588	32
	金湖县	0.224	18	-3.167	48	0.886	7	-0.476	28
	响水县	-1.221	29	-2.135	43	0.845	8	-0.836	38
	滨海县	-2.807	46	-0.506	27	0.709	10	-1.137	46
	阜宁县	-1.266	31	-0.002	23	0.639	14	-0.417	26
	射阳县	-2.746	44	-1.308	37	0.157	22	-1.367	48
	建湖县	-1.292	33	0.166	20	-0.052	25	-0.490	29
	东台市	-0.068	19	-1.053	35	-0.865	36	-0.382	24
	大丰市	-0.318	22	-3.018	47	-0.138	27	-0.807	37
	沭阳县	-2.084	39	0.195	19	0.615	16	-0.706	34
	泗阳县	-1.402	34	0.397	17	0.621	15	-0.388	25
	泗洪县	-2.214	42	-1.005	34	0.503	17	-1.037	42

　　从评价结果可以发现，首先，在景观城镇化方面，苏南地区的太仓、张家港、常熟、溧水、高淳、江阴、昆山等县市排在前列，苏中地区的仪征、靖江紧跟其后，苏北地区除洪泽县和东台市位列前 20 之外，其余的大部分区县均较为落后。

其次，在人口城镇化方面，苏南地区的江阴、昆山、张家港、常熟等县市排在前列，而景观城镇化较高的高淳、溧水在人口城镇化方面表现较差，分别位列第 28 位和第 41 位，与其位于前列的景观城镇化相比极不相称，这也证明了 2013 年高淳、溧水撤县设区是科学的选择。苏中地区的靖江、泰兴、海门等区县人口城镇化水平也相对较高，而苏北地区除沛县、丰县、邳州、泗阳、沭阳等县市以外，其余县市的人口城镇化相对落后，其中沛县、丰县等人口城镇化水平分别位列第 11 位和第 16 位，人口城镇化水平已经相对较高，而其景观城镇化相对落后，究其原因可能是这两个县域内有些工矿企业单位，如沛县大屯煤电公司、徐州李堂煤矿公司等，其就业人员基本属于城镇人口，但因距离县城较远，因此对于县城的景观城镇化促进力度有限，因此未来丰县和沛县应加强县城基础设施建设，增加县城吸引力。

第三，在文化教育城镇化方面，我们可以发现与前述截然相反的结论，即苏南地区的文化教育城镇化落后于苏中甚至苏北地区。从表 1-12 中可以发现，苏中地区的宝应、高邮、仪征分别位列文化教育城镇化水平的前三名，其次为苏北地区的赣榆、睢宁、东海、金湖、响水、盱眙、滨海等县分别位于前 4~10 位。而苏南地区的大部分县市都较为落后，没有一个县市位于前 20 位之列。特别是经济最发达、人口城镇化和景观城镇化水平都较高的昆山、江阴、常熟、张家港、太仓等县市的文化教育城镇化却最为落后。这也凸显了苏南地区在快速城镇化过程中软环境建设的步伐严重滞后问题。因为随着苏南地区快速的农村工业化和城镇化，大量外来人口涌入这些城镇，但因财力、物力等原因，这些小城市的人口承载力却十分有限，不可能一下子接纳大量人口，外来人口子女教育问题成为这些苏南小城镇面临的突出问题之一。因此未来苏南地区的县域城镇化应加大学校、医院、文化体育设施建设，重点解决人口增加导致的文化、教育、卫生资源严重缺乏的问题，以保证苏南县域经济城镇化健康快速发展。

第四，综合来看，苏南地区的县域城镇化水平明显高于苏中和苏北地区，苏南地区的张家港、太仓、常熟、江阴、昆山县市分列综合城镇化水平的前5位。其他县市除句容外，也都位于前20位。而苏中地区除仪征、靖江城镇化水平较高而兴化市城镇化水平较低以外，其他县市基本居中。苏北地区综合城镇化水平明显偏低，没有一个县市位于综合水平前20位，其中射阳、东海、滨海、灌云、睢宁、丰县、泗洪等县城镇化水平最低，提高这些落后地区的城镇化水平是亟待解决的问题之一。

2. 县域工业化水平综合评价

根据江苏省统计年鉴2013可以整理出分县市工业化指标数据，如表1-13所示。

表1-13　江苏省2012年县域工业化原始数据

地区	区县	非农从业人员比重/%	乡村非农从业人员比重/%	GDP中第二产业比重/%	人均工业产值/(万元/人)	个体和私营就业比重/%	对外依存度/%
苏南地区	溧水县	85.96	77.51	60.1	14.851	28.57	5.80
	高淳县	79.27	73.49	52.9	14.590	31.88	5.80
	江阴市	94.78	85.13	57.0	36.417	37.90	48.00
	宜兴市	87.70	71.55	53.5	21.593	37.81	28.80
	溧阳市	84.62	73.84	54.8	17.831	32.61	12.70
	金坛市	86.90	73.39	52.9	10.232	33.60	27.10
	常熟市	96.00	90.16	53.3	22.356	38.72	66.70
	张家港市	95.90	89.18	57.4	37.853	43.62	98.40
	昆山市	97.81	91.14	59.9	46.902	36.15	200.50
	太仓市	92.61	79.95	54.5	25.918	32.75	83.40
	丹阳市	89.27	77.12	53.9	19.834	37.13	20.20
	扬中市	92.86	82.32	56.3	25.802	40.08	8.40
	句容市	71.38	66.20	52.8	14.408	33.59	11.50
苏中地区	海安县	75.99	79.87	51.3	14.521	34.26	19.70
	如东县	75.18	81.26	50.8	12.613	31.38	16.90
	启东市	68.77	73.30	52.0	12.051	27.96	21.70
	如皋市	70.45	75.62	54.0	10.801	39.96	38.40

续表

地区	区县	非农从业人员比重/%	乡村非农从业人员比重/%	GDP中第二产业比重/%	人均工业产值/(万元/人)	个体和私营就业比重/%	对外依存度/%
苏中地区	海门市	70.87	74.79	56.9	15.793	44.70	16.10
	宝应县	71.03	74.53	47.0	8.089	19.28	12.10
	仪征市	75.85	84.66	57.5	18.658	24.35	15.90
	高邮市	71.72	75.01	46.4	9.835	27.17	6.10
	兴化市	64.01	67.05	43.4	7.632	18.22	7.20
	靖江市	86.58	78.86	55.9	25.177	28.99	36.90
	泰兴市	77.17	81.59	53.6	13.287	23.09	23.60
	姜堰市	86.42	82.36	51.9	10.977	26.43	12.00
苏北地区	丰县	47.30	48.88	45.4	3.464	10.31	4.70
	沛县	58.59	64.57	47.3	8.995	15.33	5.50
	睢宁县	65.81	58.09	43.8	5.463	12.41	15.10
	新沂市	49.35	55.30	42.7	9.671	29.43	7.80
	邳州市	53.56	65.62	43.6	10.483	13.18	17.70
	赣榆县	67.67	55.34	50.1	8.607	9.17	7.40
	东海县	66.67	54.21	45.9	5.067	13.25	6.30
	灌云县	58.56	48.29	46.4	4.964	8.67	6.70
	灌南县	53.43	47.33	50.0	6.609	11.80	4.80
	涟水县	66.90	56.82	41.0	5.169	12.43	9.10
	洪泽县	79.29	62.85	43.1	11.039	29.01	7.80
	盱眙县	71.68	62.56	43.5	7.553	12.74	12.00
	金湖县	77.06	59.75	41.0	9.164	22.37	13.70
	响水县	63.66	56.15	49.5	8.707	17.39	15.90
	滨海县	62.73	60.39	44.0	4.515	29.47	5.10
	阜宁县	63.01	57.26	47.9	5.204	29.94	3.90
	射阳县	65.38	62.16	40.4	5.213	17.77	4.80
	建湖县	68.41	68.42	47.6	7.180	31.14	6.30
	东台市	69.10	57.45	45.8	7.592	27.34	5.60
	大丰市	67.21	66.43	44.2	8.046	36.92	13.60
	沭阳县	60.16	64.88	45.9	4.403	31.00	7.00
	泗阳县	59.87	60.64	50.4	4.451	16.34	13.70
	泗洪县	41.18	40.79	42.0	3.745	13.53	8.50

第一步，对原始数据进行标准化处理。这里采用标准差标准化方法，使各指标的均值为 0，方差为 1。

第二步，计算标准化后的样本相关矩阵 R，求 R 的特征值 λ 及特征向量 T，并按 $\lambda_1 \geqslant \lambda_2 \geqslant \cdots \geqslant 0$ 排序。根据特征值大于 1 及累计贡献率大于 75% 的原则，提取主因子 F_1，F_2，F_3，$F_4 \cdots$。如果确定的主成分不能很好地说明问题，则对其进行旋转，直到能较好地说明问题为止，经过几次尝试，本书最终采取具有 Kaiser 标准化的正交旋转法对原矩阵进行旋转，并得到 2 个主成分，结果如表 1-14 所示。

表 1-14　主因子的特征值及贡献率

主成分序号	特征值	贡献率/%	累计贡献率/%
1	3.048	50.802	50.802
2	2.020	33.665	84.468

第三步，根据对应的特征向量确定各主因子的荷载矩阵。由荷载矩阵(表 1-15)可知，主成分 1 在个体和私营从业人员比重、乡村非农从业人员比重、非农从业人员比重以及 GDP 中二产比重等因子上的荷载较高，反映了人口非农化程度，我们称之为人口工业化主因子；主成分 2 在外贸依存度、人均工业总产值等因子上荷载最大，反映了对外贸易和工业经济发展水平，我们称之为外贸工业化主因子。

表 1-15　主因子荷载矩阵

因子	主成分	
	1	2
非农从业人员比重	0.786	0.453
乡村非农从业人员比重	0.836	0.397
GDP 中第二产业比重	0.753	0.403
人均工业总产值	0.591	0.760
个体和私营就业比重	0.877	0.132
外贸依存度	0.215	0.948

最后，根据各主因子荷载矩阵，计算县域工业化水平得分，并以各主因子的信息贡献率为权数，计算综合评价值。最后排序结果如表 1-16 所示。

表 1-16　江苏省县域工业化综合评价结果一览表

地区	区县	人口工业化		外贸工业化		综合评价	
		得分	排名	得分	排名	得分	排名
苏南地区	溧水县	3.030	11	1.223	11	1.951	10
	高淳县	1.648	18	0.361	20	0.959	19
	江阴市	6.065	3	4.613	3	4.634	3
	宜兴市	3.184	9	1.927	8	2.267	9
	溧阳市	2.551	12	1.159	12	1.687	13
	金坛市	2.092	15	0.895	16	1.364	15
	常熟市	5.278	4	3.957	5	4.014	4
	张家港市	7.375	2	6.455	2	5.920	2
	昆山市	8.552	1	10.345	1	7.827	1
	太仓市	4.369	6	4.295	4	3.665	5
	丹阳市	3.484	7	1.790	9	2.373	8
	扬中市	4.929	5	2.435	7	3.324	6
	句容市	0.857	21	0.028	22	0.445	21
苏中地区	海安县	1.968	16	0.768	17	1.258	16
	如东县	1.560	19	0.477	19	0.953	20
	启东市	0.515	22	0.144	21	0.310	22
	如皋市	2.114	14	0.959	14	1.397	14
	海门市	3.059	10	0.982	13	1.884	11
	宝应县	-1.023	27	-0.820	24	-0.796	27
	仪征市	2.521	13	1.473	10	1.777	12
	高邮市	-0.282	23	-0.756	23	-0.398	23
	兴化市	-2.586	34	-1.753	36	-1.904	35
	靖江市	3.466	8	2.713	6	2.674	7
	泰兴市	1.453	20	0.901	15	1.041	18
	姜堰市	1.868	17	0.628	18	1.160	17

续表

地区	区县	人口工业化		外贸工业化		综合评价	
		得分	排名	得分	排名	得分	排名
苏北地区	丰　县	-5.471	47	-3.259	47	-3.877	47
	沛　县	-2.703	36	-1.701	35	-1.946	36
	睢宁县	-3.627	43	-1.977	39	-2.508	41
	新沂市	-3.226	39	-2.344	42	-2.428	40
	邳州市	-3.443	40	-1.663	33	-2.309	39
	赣榆县	-2.973	38	-1.550	30	-2.032	38
	东海县	-3.564	42	-2.195	41	-2.550	42
	灌云县	-4.763	46	-2.675	46	-3.320	46
	灌南县	-4.264	45	-2.491	45	-3.005	45
	涟水县	-4.095	44	-2.386	44	-2.883	44
	洪泽县	-0.890	26	-0.974	25	-0.780	26
	盱眙县	-2.888	37	-1.577	31	-1.998	37
	金湖县	-2.172	31	-1.371	29	-1.565	30
	响水县	-2.458	33	-1.341	28	-1.700	32
	滨海县	-2.270	32	-2.134	40	-1.871	33
	阜宁县	-1.853	30	-1.911	38	-1.585	31
	射阳县	-3.463	41	-2.359	43	-2.554	43
	建湖县	-0.578	24	-1.148	26	-0.680	24
	东台市	-1.845	29	-1.651	32	-1.493	28
	大丰市	-0.651	25	-1.148	27	-0.717	25
	沭阳县	-1.710	28	-1.867	37	-1.497	29
	泗阳县	-2.616	35	-1.675	34	-1.893	34
	泗洪县	-6.524	48	-3.801	48	-4.594	48

根据计算结果我们可以发现：

首先，从人口工业化来看，苏南地区明显较高，苏中居中，苏北最差。苏南地区的昆山、张家港、江阴、常熟、扬中、太仓、丹阳分别位于全省县域工业化水平前七位，其余县市除句容以外，也均位于前20位。苏中地区除了靖江、海门分别居第 8 位和第 10 位，以及兴化市人口工业化水平较差以外，其余县市基本位于第 10~25 位。而苏北地区基本所有县市工业化水平均相对落后，没有一个县市位列前二十位，其中泗洪、丰县、灌云、灌南等县最差，虽然这些县市也有一些工业，但其工业基本以煤炭、石化等采掘和重工业为主，对劳动力的吸纳能力有限，而建湖、沭阳、大丰等县因近几年承接了苏南地区的纺织服装等产业，人口工业化在苏北地区相对较高。

其次，从外贸工业化水平来看，苏南、苏中、苏北同样存在着较大的梯度差异。苏南地区的昆山、张家港、江阴、太仓、常熟等发达县市的对外贸易工业化分别位列前 5 位。除句容位于第 22 位以外，其他县市都位列前二十位。苏中地区相对居中，其中靖江较高，位列第 6 位，兴化最低，仅位列第 36 位，其余各县市基本位于第 10~23 位。而苏北地区县市外贸工业化水平普遍较差，同样没有一个县市位列前 20 位，其中泗洪、丰县、灌云、灌南最差，建湖、大丰等县相对较好。

第三，综合来看，江苏省县域工业化水平也基本与人口工业化和外贸工业化水平的区域差异相似，苏南最好，苏中居中，苏北最差。至此我们可以发现，综合工业化水平、外贸工业化水平与人口工业化水平的区域差异基本相似，这也说明了江苏省县域经济工业化的外向型特征，即对外贸易是县域工业化发展的重要动力。未来进一步扩大内需，充分发挥两个市场的重要作用是江苏省县域工业化发展的重要任务。

3. 县域工业化与城镇化协调分析

根据前述对江苏省县域工业化水平和城镇化水平综合评价结果我们可以将县域城镇化水平综合评价结果作为横轴，将县域工业化水平综合评价结果作为纵轴，可以做出如图 1-15 所示的散点图，从图中可以发现，首先江苏省县域工业化与城镇化基本呈正相关关系，从相关系数看，二者的相关系数

r =0.869, 相关系数较高, 也就是说随着工业化水平的提高, 县域城镇化也相应提高, 这也反映了江苏省县域城镇化的核心动力来源于工业化的发展。其次, 县域工业化与城镇化的协调发展存在较大的区域差异。分区域来看, 苏南地区的县市基本位于第 I 象限, 具有较高的县域工业化和城镇化水平; 苏中地区县市基本居于原点附近, 县域工业化与城镇化居中; 而苏北地区则居于第 III 象限, 说明工业化和城镇化水平均较落后。从分区域的相关系数来看, 苏中、苏南地区的县域工业化与县域城镇化相关系数相对较高, 分别为 0.736 和 0.717, 而苏北地区这两个指标之间的相关系数则较低, 仅为 0.517。可见苏北地区工业化对城镇化的促进作用还没有苏南和苏中地区大, 进一步加大苏北地区的工业化, 特别是劳动密集型工业, 是推进其城镇化的重要途径。

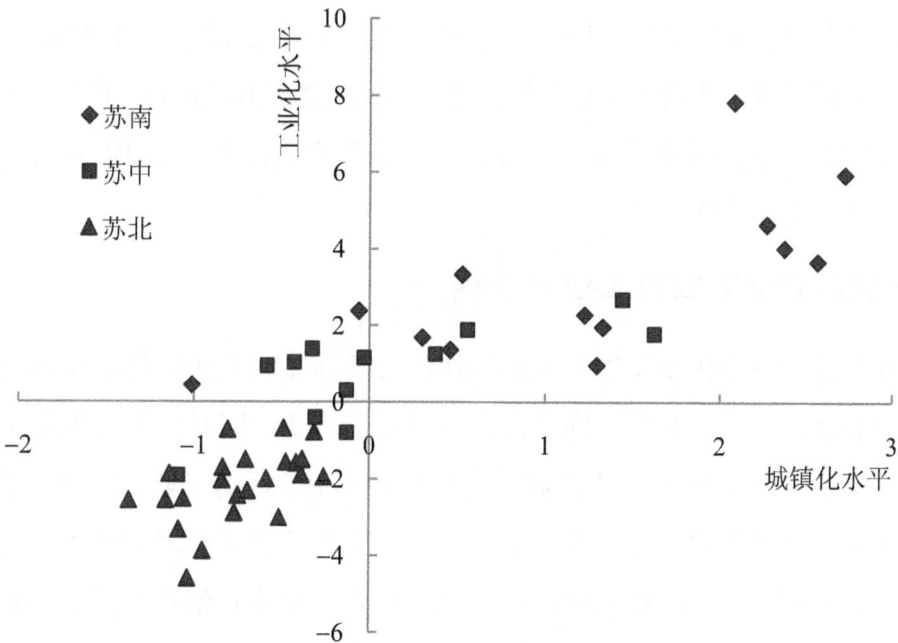

图 1-15　江苏省县域工业化与城镇化相关关系散点图

四、江苏农村工业化与城镇化协调发展的政策措施

1. 进一步提升苏南地区农村城镇化质量

在过去较长时期里，苏南的农村城镇化快速发展存在的缺陷就是速度有余、质量不足。一些城镇沿袭我国大城市"摊大饼"式、人为扩容的外延扩张模式，城镇的规划区大幅度地扩展，城镇变大了，人口变多了，城镇化率提高了，但教育文化卫生等公共设施配套不足，导致交通拥堵，污染严重，看病难，上学难等问题。这样的城镇化给城市居民日常生活带来不便，而且弱化了城镇带动农村的内在功能和承载能力，适应不了"减少农民、致富农民"的迫切需要。客观形势要求我们必须坚持以科学发展观为指导，突出内涵式城镇化的发展理念，切实抓牢转变经济发展方式这条主线，按照统筹规划、合理布局、完善功能、以大带小的原则，着力提升城镇文化功能，下工夫进一步扭转城镇建设中偏重规模扩张、忽视功能提升的倾向，切实治理"城镇化虚胖症"，使城镇化由偏重速度向着力提升质量转变，走向资源利用集约化和城镇功能良性化。

2. 加快苏北地区农村工业化进程

苏北地区城镇化要发展首先必须加快发展苏北的工业，目前江苏的经济工作重心已由"沿江开发"向"沿海经济带"转变。同时江苏实施多年的苏南-苏北之间的产业转移促进措施也使得许多苏南地区的工业，特别是劳动密集型工业大量向苏北地区转移。以上全省的发展趋势对苏北的经济发展和城镇化、工业化发展都是很好的契机。一方面，苏北应重点依靠连云港的崛起，依靠港口优势，通过大力发展临港工业，带动苏北整个地区工业的发展。另一方面，淮安、宿迁、徐州等地区应积极承接苏南地区劳动密集型产业转移，按照高标准、高起点规划相应产业园区，通过工业发展带动农村人口向工业

区和中心城镇转移，提高城镇化水平。徐州还应积极整合布局工矿城镇，合理规划，将零散的城镇功能集中在几个重要的中心城镇，进一步扩大乘数效应，提高工矿业发展对城镇化的带动作用。

3. 大力推进产业集群发展，提升中心城镇产业竞争力

产业集群在我国充满活力，不仅吸收了当地的剩余劳动力，加快了农村工业化与城镇化的进程，还推动了整个区域的经济增长，提高了区域竞争力。近几年随着苏北地区工业的发展，已经发育了众多的产业集群雏形，如泗阳石材产业、丰县果蔬产业、沭阳木材加工、泗阳化纤纺织等，在这些雏形产业集群的基础上进行有力的集群引导，其必将会得到迅猛发展，进而带动县域第二、三产业的发展，创造更多的就业机会，带动县域城镇化发展。而苏南地区的产业集群，应该进一步提高产业集群的质量，提升产业创新能力和整体竞争力，为推进区域产业转型升级做出贡献。

4. 进一步促进苏南、苏北之间的产业联动发展

苏南与苏北的资源禀赋存在一定差异，经济技术水平存在明显差距，两地主导产业也存在不同，具有很强的互补性，实施产业联动具备一定的客观基础。为实现全省经济共同发展，近年来，江苏省不断加大对南北产业联动的政策支持力度。苏南面临产业升级的压力。必然要把部分劳动密集型产业转移出去，而苏北恰好具备土地、劳动力资源丰富的优势，能够接受苏南产业的转移。随着南京二桥、江阴长江大桥等的建成，江苏南北的交通运输联系越来越紧密，越来越便捷。同时，苏北地方政府积极转变思想观念，不断创新投资发展环境，大力营造重商、亲商、富商、安商的社会氛围，为江苏南北产业联动发展带来极大方便。因此，未来苏南与苏北要统筹规划，联合投资建设，联合开发与经营，要加强交通和通信等基础设施的共建共享，以此带动区域间产业联动发展。

第四节 江苏农村商贸及消费市场分析

一、江苏农村商贸服务业发展态势

2012 年，江苏省社会消费品零售总额达到 18 331.30 亿元，比上年增长 15%。伴随着国家商务部"万村千乡市场工程"以及"双百市场工程"的逐步实施，近年来江苏省制定了一系列推动乡村市场发展以及规范市场行为的政策措施，在积极的政策措施引导下，农村农家店、连锁超市、农产品市场以及旅游业市场等快速成长与发展，不仅提升了农村商贸服务业的发展水平，也带来了农民收入的大幅度提升，并有效拓展了农民的就业渠道。在新型城镇化背景下，随着农村居民生活、生产方式的改变以及农村社会管理体系的进一步完善，农民各方面的消费需求将急速提升，未来农村地区消费市场发展潜力巨大。

2013 年上半年，江苏省城镇市场实现零售额 9025.8 亿元，同比增长 12.9%，占全省社会消费品零售总额的 89.9%。其中，乡村市场实现零售额 1013.6 亿元，增长 13%，占全省社会消费品零售额的 10.1%。江苏省"万村千乡市场工程"从 2005 年开始，计划用 3 年时间，在全省发展 1 万家"农家店"和一批配送中心，形成以城区店为龙头、乡镇店为骨干、村级店为基础的农村现代流通网络，逐步缩小城乡消费差距。2005 年底，江苏省共建立 2200 多家农家店，农村流通体系初步形成，农村消费条件有所改善。至 2011 年江苏省在全国各省直辖市的"万村千乡市场工程"考核排名中名列第 23 位(表 1-17)。考核指标包括政策执行指标，如工作机制、资金配套、企业选择、管理措施等；项目建设指标，如农家店外部形象、"万村千乡市场工程"专用标志使用、内部设施等；实施效果指标，如销售额及增长率、统一配送率、农家店存活率、连锁化率(覆盖率)、农家店 POS 普及率、经营规范性等。同年江苏省信息化改造试点农家店指标分配数达到 5000 家(表 1-8)。

表 1-17　2011 年度"万村千乡市场工程"考核排名

排名	地区
1	宁波
2	浙江
3	厦门
4	大连
5	河南
6	山西
7	内蒙古
8	河北
9	重庆
10	上海
11	陕西
12	天津
13	北京
14	辽宁
15	四川
16	云南
17	山东
18	宁夏
19	湖北
20	西藏
21	湖南
22	吉林
23	江苏
24	新疆
25	海南
26	青岛
27	安徽
28	青海
29	江西

续表

排名	地 区
30	甘肃
31	福建
32	兵团
33	黑龙江
34	广东
35	广西
36	贵州

注：由于语言缘故，西藏地区的抽查数据由西藏商务厅提供

表 1-18　2011 年"万村千乡市场工程"信息化改造试点指标分配表

地区	信息化改造试点农家店指标分配数
南京市	480
无锡市	95
徐州市	470
常州市	395
苏州市	175
南通市	490
连云港市	450
淮安市	455
盐城市	585
扬州市	205
镇江市	375
泰州市	490
宿迁市	335
合计	5000

自 2005 年以来，江苏省持续加快"农改超"的步伐，以连锁企业为龙头，实现农贸市场经营主体的组织化，经营方式的超市化，产品的标准化和服务的规范化。以江苏省苏果超市为例，在商务部"万村千乡市场工程"和相关

政策措施的鼓励下，苏果超市作为供销社系统的企业，经营产品 70%与农村和农产品关系密切，其中 70%的网店扎根县城和乡镇。不仅给农村带来了现代化的流通方式，也改善了农村消费环境，吸纳众多农村就业人口。城市连锁超市设施不断向农村地区延伸。以农村消费品连锁经营为主要形式的农村商贸服务业得到大力发展。

2006 年为加强农产品现代流通体系建设，商务部在全国实施"双百市场工程"。在此工程的引导下，江苏省农产品市场建设取得了很大的进展，特大型和大型市场成为农产品批发市场的骨干。至 2012 年 10 月，经认定的省级重点农产品批发市场共 68 家，包括南京农副产品物流配送中心有限公司、无锡朝阳股份有限公司、新沂市北方农副产品批发市场有限公司、南通丰源食品城有限公司、淮安市清江农副产品批发市场、宿迁南菜市农副产品批发市场管理有限公司等，覆盖了苏南、苏中、苏北三大片区。

另一方面在乡村旅游市场的发展方面，江苏省是全国乡村旅游发展较早，产品和市场成长比较成熟的地区之一。至 2011 年江苏省有一定规模的乡村旅游景点已突破 2000 家，年接待游客突破 7000 万人次，占全省旅游业接待游客人次的 20%。已拥有全国农业旅游示范点 124 个，总数居全国第一。全省三、四星级乡村旅游区(点)99 家，此外，还有各具特色、业态丰富的农庄、农户型休闲点 5000 余个。发展乡村旅游市场不仅能够拓宽农民增收的途径，也能够增加农民就业岗位，对于扩大农民的消费需求有重要的促进作用。

二、江苏农村消费水平现状分析

1. 江苏省农民收入及消费总体情况

根据 2012 年江苏省农村住户收入的统计调查，农村居民人均总收入 15 069 元，纯收入达 12 202 元，比上年增长 12.9%，扣除物价上涨因素，实际增长 10.1%；农村居民人均纯收入中位数 10 396 元，同比增长 13%。人均纯收入大于 10 000 元的占到 51.3%, 同比增长 8%。人均生活消费支出 8655 元, 增长 12.5%, 其中食品支出占人均生活消费支出的比重为 37.4%。2012 年农村居民人均收入增长比例高于城镇居民人均收入增长比例, 城镇居民人均收入与农村居民人均收入比自 2009 年的 1：2.57 逐步降低为 1：2.43, 城乡收入结构呈良性发展态势。

2. 江苏省农民收入及消费构成情况

2012 年农村家庭收入的结构中, 工资性收入 6474 元, 占 53.07%, 家庭经营性收入占 34.26%, 随着农村就业结构的变化, 工资性收入逐渐成为家庭收入结构中的主体要素和重要的来源, 农业收入在总收入结构中失去了主体地位。从 2012 年家庭经营收入本身构成情况来看, 农业收入占比仍较高, 达到 40% (图 1-16, 图 1-17)。

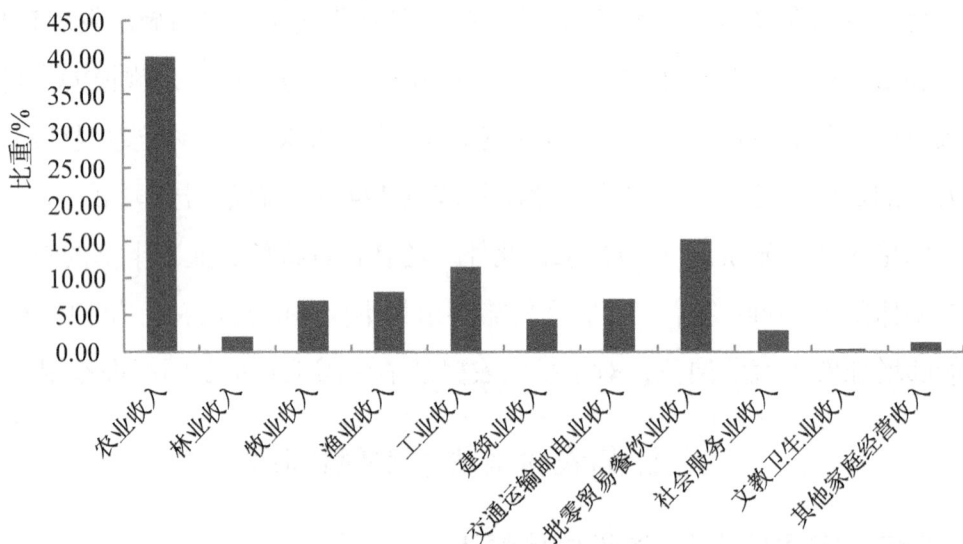

图 1-16　2012 年农村居民家庭性收入结构

数据来源：《江苏统计年鉴 2013》

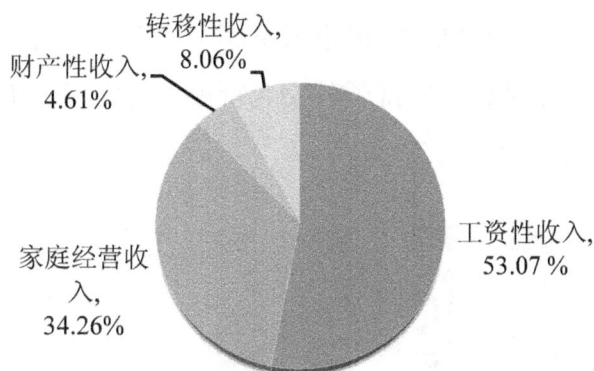

图 1-17　2012 年农村居民人均家庭收入结构
数据来源：《江苏统计年鉴 2013》

农村人均家庭支出结构中各项指标均有一定程度的增长，其中食品、居住和文教娱乐用品和交通通信为主要构成要素，同时家庭消费中农村居民家庭恩格尔系数为 37.35，与城镇居民的差距进一步缩小，2012 年城镇居民恩格尔系数为 35.4 (图 1-18)。

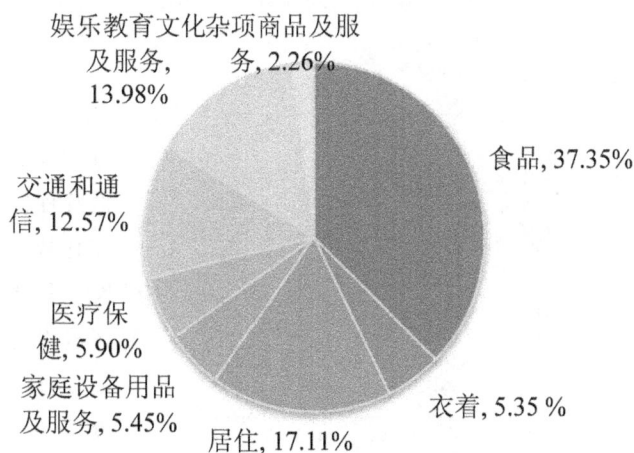

图 1-18　2012 年农村人均家庭支出结构
数据来源：《江苏统计年鉴 2013》

不同收入的农村家庭在家庭收入构成方面也略有差异，其中收入水平在较高的 20%中的农村居民家庭经营收入与其他收入组分相比明显增多，主要源于现代农业、高效农业的发展使得一部分农民回归到农业，农业规模化发展的优势逐步凸显，不仅为农民带来了高于外出打工的工资性收入，同时也进一步改善了农村风貌，保持了其农业特色。与之相比中等收入农户仍旧以打工收入为主(图 1-19)。

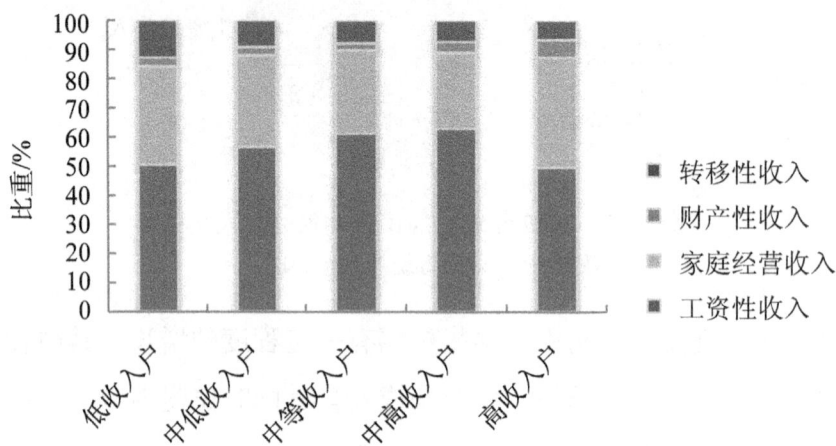

图 1-19　2012 年农村不同收入组分人均家庭收入构成
数据来源：《江苏统计年鉴 2013》

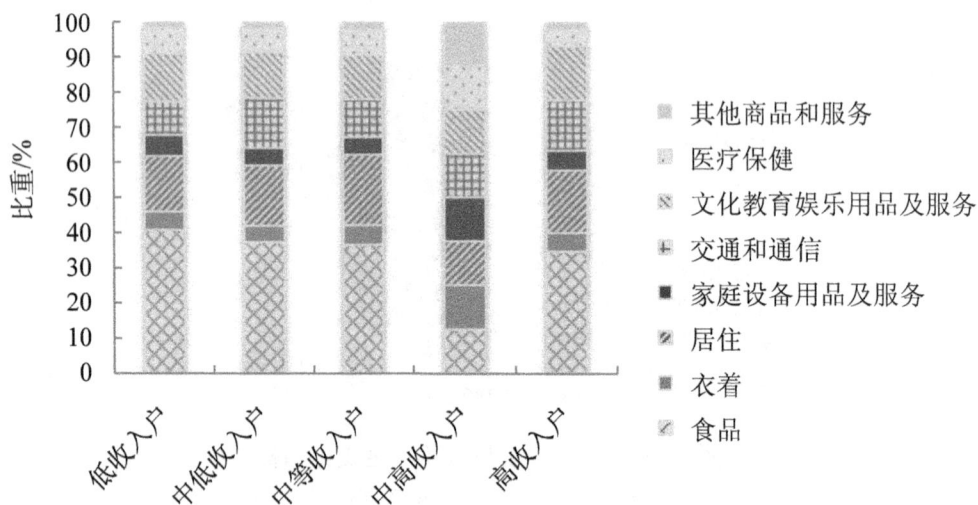

图 1-20　2012 年农村不同收入组分人均家庭消费构成
数据来源：《江苏统计年鉴 2013》

不同收入的农村家庭在家庭生活消费支出构成方面主要表现在食品和居

住两个方面，食品消费随着收入提升有所下降，而这部分减少的支出一方面转移到改善居住，另一方面转移到交通和通信设备的改善中。由图 1-20 可知，高收入农户年消费支出为 14 453 元，低收入农户为 5989 元。从不同收入人群的消费总量来看高收入农户的消费支出是低收入农户的 2.4 倍。

3. 分地区及典型城市、地区农村收入及消费现状

江苏省苏南、苏中、苏北三大地区不仅在收入和消费总量上，在收入和消费构成中都表现出明显的地区性差异。

1) 分地区农村收入及消费现状

从江苏省三大片区的发展中，苏南的工资性收入是苏北地区的 2.2 倍，是苏中地区的 1.5 倍，约占总收入的 65%，而苏北地区工资性收入与家庭经营收入基本持平，苏中地区介于两者之间(图 1-21)。

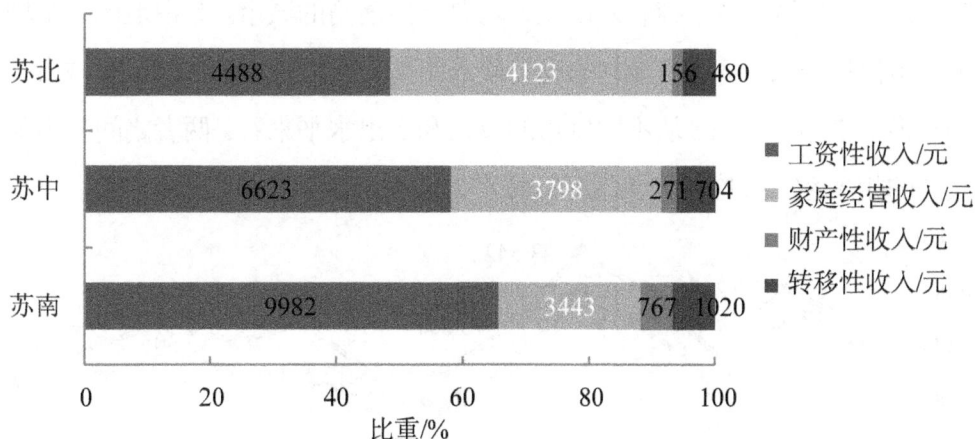

图 1-21 2012 年苏南、苏中、苏北人均收入构成情况
数据来源：《江苏统计年鉴 2013》

2012 年江苏省三大片区的人均总支出从苏南到苏北分别为 16 945 元、13 347 元、10 593 元。生活性消费构成也表现出相似比例下的总量差距，苏南地区在各项支出中大多高于苏中和苏北地区(图 1-22)。

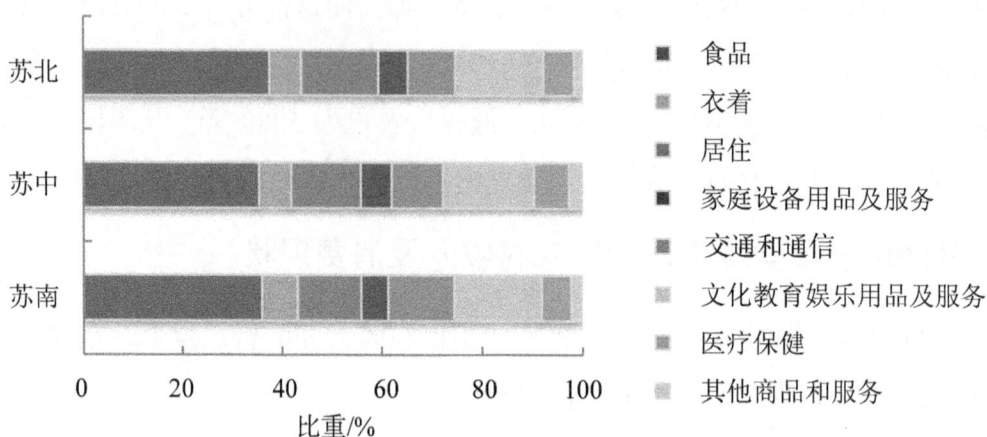

图 1-22　2011 年苏南、苏中、苏北人均生活性消费构成

数据来源：《江苏统计年鉴 2013》

2) 典型城市农村收入及消费现状

江苏省 13 个城市中，苏州市人均家庭总收入接近 25 000 元，成为苏南地区农村地区人均家庭收入、纯收入以及人均总支出最高的城市。苏中地区三个城市水平基本保持一致，南通市人均家庭总收入略高；苏北地区 5 个城市盐城市的收入和支出水平相对较高。从不同城市的收入和支出水平来看，两者之间基本保持了较高的相关性，人均纯收入越高的城市，总支出水平也越高(图 1-23)。

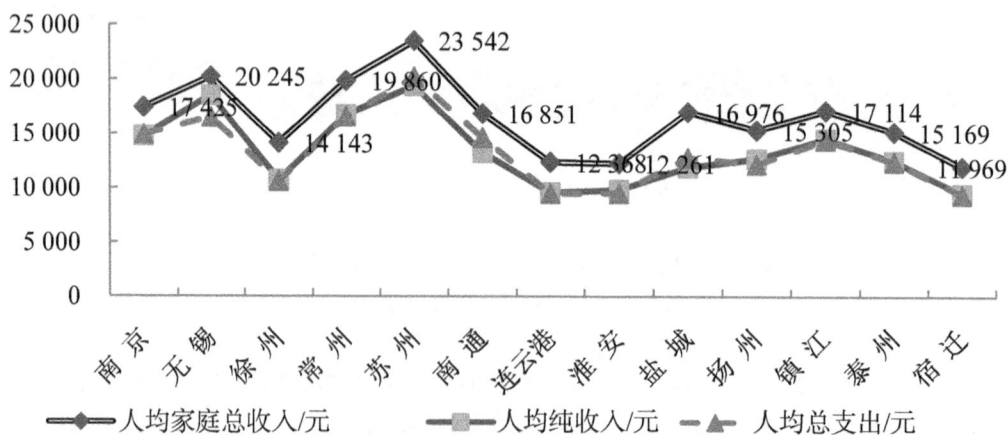

图 1-23　2012 年江苏省 13 个城市农村人均收入、支出情况

数据来源：《江苏统计年鉴 2013》

三、江苏农民收入与消费水平发展趋势分析

进入 21 世纪以来，农民收入和消费水平不断提升，年平均增长水平超过 10%。在 2011 年第十一届全国人民代表大会第四次会议的推动下，增加农民收入成为未来几年社会发展的重中之重，缩小城乡收入差距也成为维护社会公平与稳定的重要保障。

1. 总体趋势

自 2003 年到 2012 年，江苏省农民收入与消费水平呈线性增长态势，收入水平从 2003 年的 4239 元增长到 2012 年的 12 202 元，消费水平从 2003 年的 2704 元增长到 2012 年的 8655 万元。第一，从城乡居民差距来看，以 2009 年为转折点，城乡居民收入比在 2009 年达到峰值，之后有所回落，城乡居民收入差距逐渐减小。第二，从城乡居民家庭消费恩格尔系数来看，农村居民逐渐回落，与城镇居民的差距也逐渐缩小。

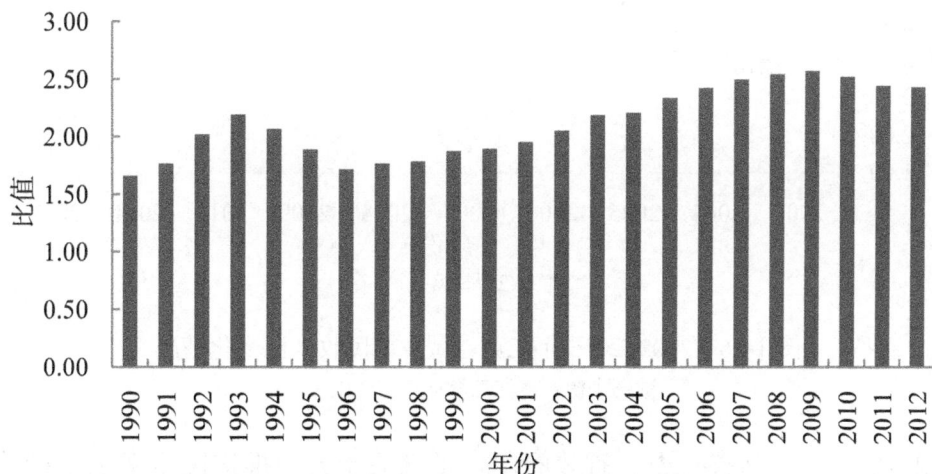

图 1-24　1990~2012 年江苏省城乡居民收入比
数据来源：《江苏统计年鉴 2013》

农村居民人均收入增长比例在 2011 年达到峰值为 18.5%，首次突破万元大关，且增幅继 2010 年之后持续超过城镇居民，随之带来的即农村居民人均

生活消费支出的增长比例的持续增加(图 1-25)。

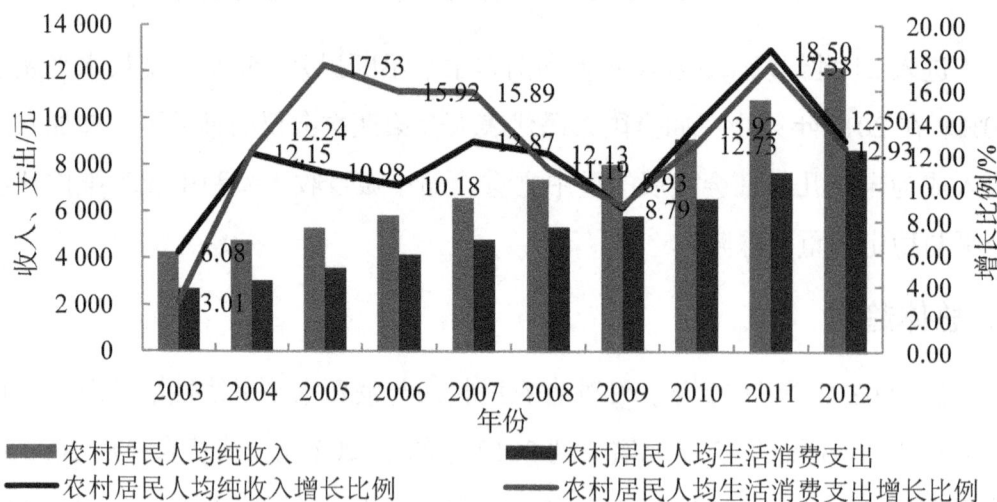

图 1-25 2003~2012 年江苏省农民人均纯收入、生活消费支出及其增长比例

数据来源：《江苏统计年鉴 2013》

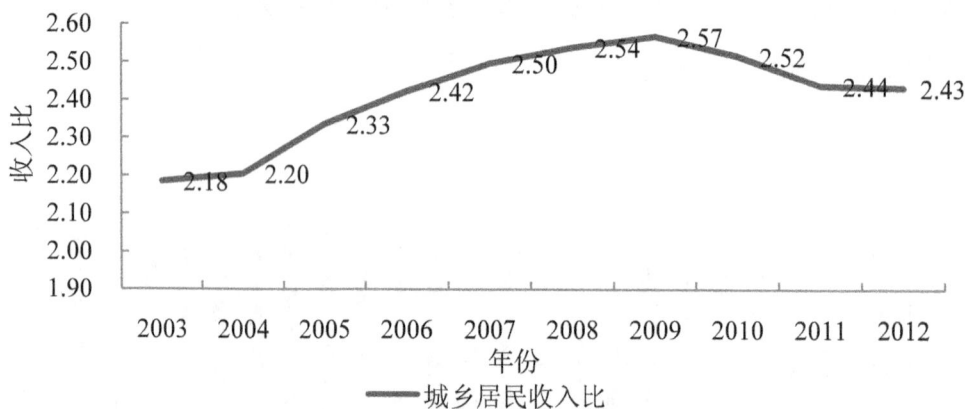

图 1-26 2003~2012 年江苏省城乡居民收入比变化情况

数据来源：《江苏统计年鉴 2013》

2010 年，江苏省省委、省政府出台了《关于大力推进民生幸福工程的意见》，意见中江苏省的民生幸福工程以"七年倍增计划"为核心，突出农民、企业职工、中低收入和困难家庭四个群体的增收，其中促进农民收入的增加是重中之重。同时 2011 年第十一届全国人民代表大会第四次会议的召开也提

出要巩固和加强农业基础地位，确保农产品供给，多渠道增加农民收入。特别强调了农民收入的增长是实现社会公平尤其是收入分配公平的一个极为重要的方面。2011 年农产品的收购价大幅度提升，同时，国家也进一步推进户籍制度改革，着力解决农民工生活和工作存在的一系列问题，这些政策都促进了农民收入的进一步提高。

2. 分结构发展趋势

2000 年江苏省农村居民工资性收入总量小于家庭经营性收入总量，在总收入中家庭经营性收入仍旧为农户收入的重要组成和稳定来源，也就是说农业收入依旧作为农民收入的主体而存在，2000 年之后即从 2001 年起农村居民工资性收入逐年迅速增长并在总量上超过家庭经营性收入，尤其是在 2012 年在收入构成中已超过 50%成为农户的首要收入。同时农民财产性收入也处于稳健上升的态势，包括土地征用补偿收入、租金收入以及红利收入等几个方面(图 1-27，图 1-28)。

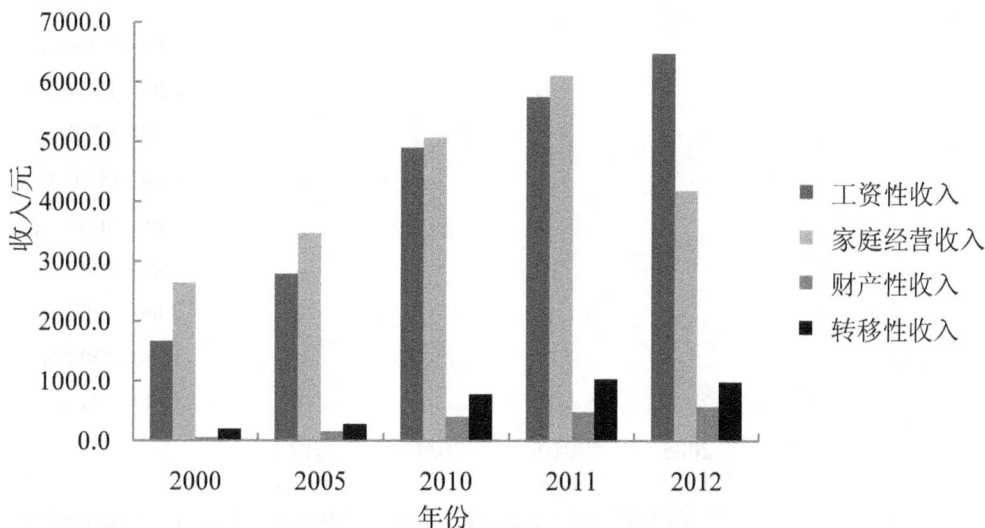

图 1-27　2000~2012 年江苏省农民各项人均纯收入统计

数据来源：《江苏统计年鉴 2013》

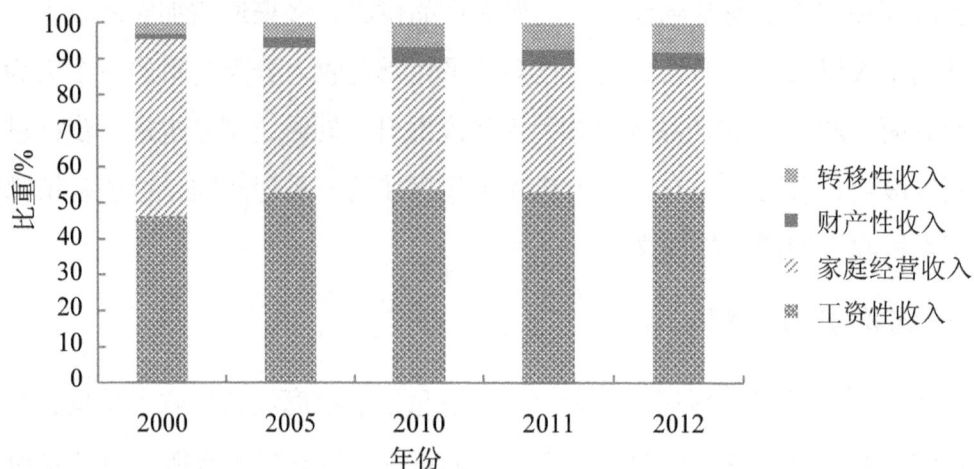

图 1-28　2000~2012 年江苏省农民各项人均纯收入占比

数据来源：《江苏统计年鉴 2013》

　　2000 年农民人均纯收入 5000 元以上的总共占到 20%，而到 2012 年 5000 元以上的人数接近 80%，其中 10 000 元以上的占到总数的 50%以上，增长幅度巨大(图 1-29)。

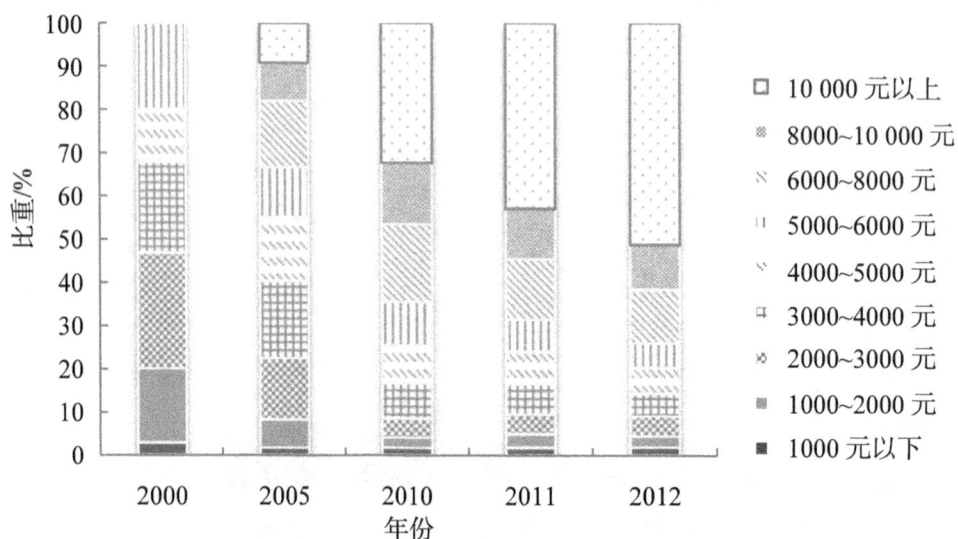

图 1-29　2000~2012 年江苏省农民人均纯收入水平分组的户数占调查总户数的比重

数据来源：《江苏统计年鉴 2013》

　　农民人均全年支出结构比例变化不大，近三年来基本保持一致。从数量上来看，生活消费支出、家庭经营性费用支出以及转移性支出增加，购置生产性固定资产支出减小(图 1-30)。

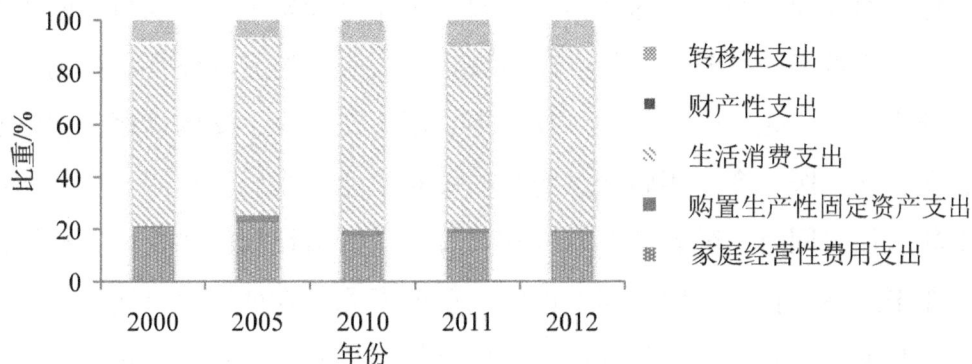

图 1-30　2000~2012 年江苏省农民人均全年支出结构比例变化

数据来源：《江苏统计年鉴 2013》

3. 农村消费市场潜力

按照国际上对恩格尔系数的划分，江苏省从 2011 年已经达到富裕型生活水平的标准。近年来，自行车、彩电、洗衣机等耐用消费品的普及率在农村地区大幅上升，已经成为农村家庭必不可少的生活用品。同时，电脑、电冰箱、微波炉、汽车等高档产品的拥有率也开始提升，在苏南农村地区汽车拥有率已经超过 30%。伴随着一系列家电下乡等政策的影响，农村地区消费品更新换代的速率也开始加快，农村消费市场的发展呈现良好的态势，随着农村居民收入水平的提升，农村消费市场的完善以及新农村建设环境下农村居民自身消费心理、消费观念的变化等，未来农村消费市场的发展潜力巨大。

1) 收入水平的提升对消费的带动作用

收入是决定消费行为的重要因素，近几年来江苏省农村居民的收入水平持续增加，尤其是在 2011 年第十一届全国人民代表大会第四次会议的推动下农民收入水平的增加达到了峰值。2009 年之后，农村居民人均收入水平与消费支出之间存在着明显的正相关关系。农村居民的恩格尔系数逐步减小，按照马斯洛需求，随着农民收入水平的提高，农民生活消费结构中满足基本生活需要的食品和衣着的绝对量保持平稳，在消费结构中所占比重呈现下降趋势。而医疗保健、交通通信、文教娱乐比重开始上升。农村家庭小型化、核心化带来的家务活动社会化对现代生活服务的需求使得农民消费支出中排序发生变化，开始由吃、住、穿、用、文、医、交的顺序，向吃、住、文、交、医、穿、用转变。农村居民对交通、娱乐、休闲、文化的需求不断增加。同时，随着江苏省农村居民收入倍增计划的实施，农村居民的就业渠道逐步扩大，农村居民的收入渠道多元化发展，农村居民的工资性收入和家庭经营收入都将在一定程度上得到提升，这将大大带动农村消费市场的发展。

2) 相关政策和规划的出台不断完善对农村消费市场的发展

近几年来，各项相关政策出台也进一步完善农村消费市场的发展。《商务部办公厅关于 2013 年加强农产品流通和农村市场体系建设工作的通知》提出 2013 年中央财政将继续支持加强农产品流通和农村市场体系建设，并围绕这两个体系的建设开展"集中连片推进农产品流通和农村市场体系建设""跨区域或反季节农产品产销衔接链条建设""农超对接""万村千乡市场工程" 4 个项目。这四个项目提升了农村市场体系的信息化、标准化和规模化发展，推进了连锁超市与农产品生产基地的有效对接，畅通了农产品跨区域流通渠道，增强了农产品错峰上市的能力，完善了农村现代化流通网络，分别从改善农村地区消费环境、消费安全、消费网络、消费种类、消费便捷度等方面完善和优化了农村消费市场环境，大力推动并保障了农村地区居民消费的增长。

3) 新农村建设的进一步推进对农村消费市场的带动

三中全会提出要进一步加强农村基层组织建设，完善村民自治制度，切实保障农民民主权利；随着新农村建设的进一步推进，农村居民的生活将逐步向城市居民靠拢，生活习惯和消费观念都会发生改变，伴随着生产方式的变化，农村地区的生活水平进一步提高，乡村生活方式正在由传统的"日出而作、日落而息"型的农村生活方式向现代型生活方式转变。伴随着生活、生产方式的转变，乡村居住模式也进一步分化，农村居民开始由传统的分散型村庄居民点向城市、镇集中居住区、新型农村社区转变。在这一转变的过程中，各项政策都积极的推动着新型农村社区的完善与发展，包括三中全会中提出的城乡基本公共服务均等化明显推进，农村文化的进一步繁荣，农村人人享有接受良好教育的机会，农村基本生活保障、基本医疗卫生制度更加健全，农村社会管理体系进一步完善；资源节约型、环境友好型农业生产体系基本形成，农村人居和生态环境明显改善，可持续发展能力不断增强。社会生活的进一步和谐稳定将提升农村居民的消费信心，同时生活习惯的改变以及交通网络和通信技术的发展，将使得农村居民快速接受城市文化、新思想、新技术，改变农民的消费观念，这些变化将会有力的带动农村消费市场的发展。

四、江苏农民收入水平与农村工业化、城镇化的关系分析

农村工业化、城镇化是现代农村社会经济现代化发展的重要动力，工业化与城镇化两者之间存在着相互促进和相互阻碍的关系，工业化的水平与城镇化的推进与农村居民收入紧密相关。江苏省农村工业化发展呈现明显的南强北弱的特征，苏南地区早在 20 世纪 80 年代便在全国创立了农村工业化、城镇化的典型发展模式即"苏南模式"，这种模式通过以乡镇企业为代表的农村工业的蓬勃发展，延长了农村产业链，吸纳了大量的农村剩余劳动力，加快了农村城镇化的进程，同时也增加了农村居民的工资性收入，提升了农民的收入水平，成功实现了农村居民的非农化转型。从农村居民的收入发展来看，2010 年之前，农民收入增幅一直落后于城镇居民，但从 2010 年开始农村居民人均收入的增长比例开始超过城镇居民人均收入的增长比例，城乡差

距逐渐缩小，江苏走向缩小城乡差距的拐点(图 1-31)。这个拐点标志着江苏省城乡结构、农村劳动力就业结构、农村产业结构和农民收入结构正在发生积极变化。这些变化都与江苏省农村工业化和城镇化的发展紧密相关。

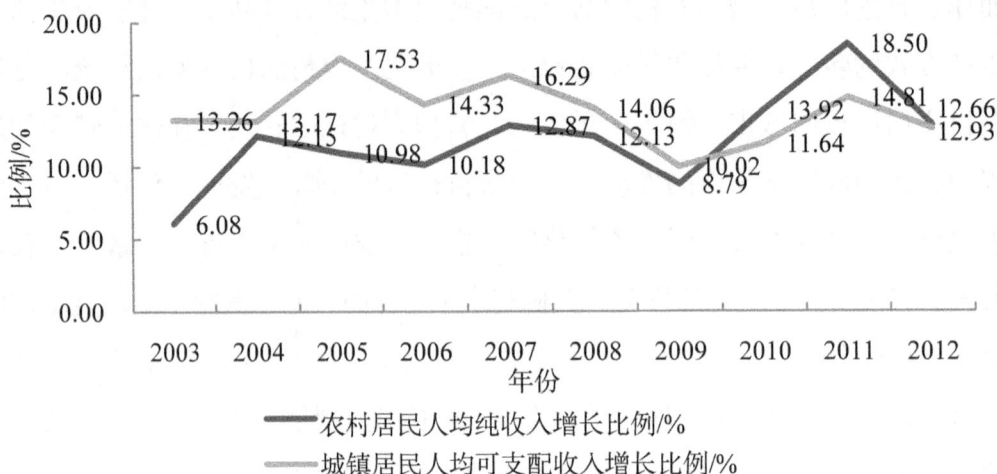

图 1-31　2003~2012 年江苏省各市乡村从业人员与人均收入统计

数据来源：《江苏统计年鉴 2013》

1. 农村工业化促进农民收入的提升

从 2012 年江苏省各市乡村从业人员以及农村人均收入之间的相互关系可以看出，农村地区非农业就业的人员占比越高，或者说非农业就业人员中工业人员的占比越高，人均纯收入的份额越大(图 1-32)。这一方面说明农民目前的收入与其外出打工的工资性收入紧密相关；另一方面也说明了乡镇企业的发展为农民的增收起到了重要的作用。尤其是在苏南地区，农村城镇化的发展在很大程度上获益于乡镇企业，乡镇企业提供了农村地区基础设施建设所需要的大部分资金，同时乡镇企业的发展也导致了农村人口向城镇的不断集中。

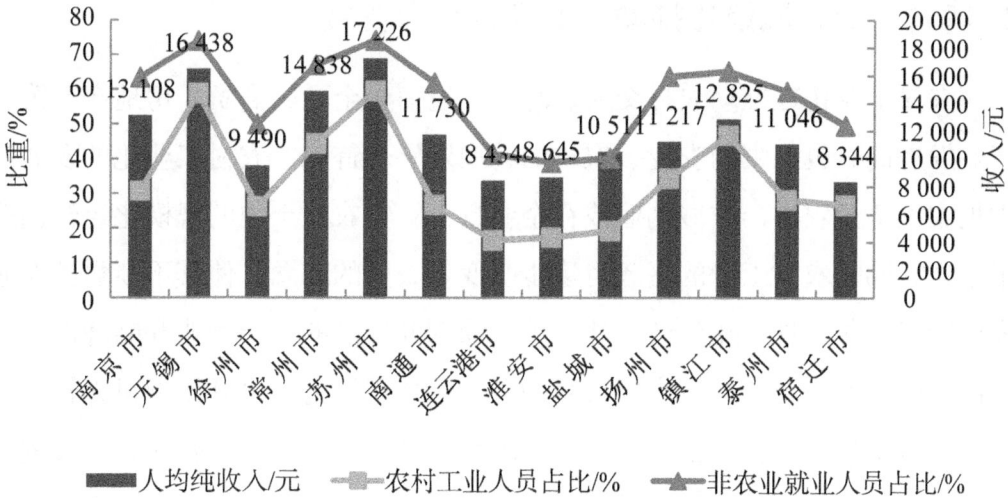

图 1-32　2012 年江苏省各市乡村从业人员与人均收入统计

数据来源：《江苏统计年鉴 2013》

江苏省苏北五市的农业和牧渔业乡村农业从业人员仍旧大于工业从业人员数，农业从业人员大于工业从业人员也说明苏北地区的农村工业化的发展要落后于苏南、苏中地区，仍旧以农业发展为主，其收入也低于苏南苏中几个城市农村居民的人均纯收入(图 1-33)。

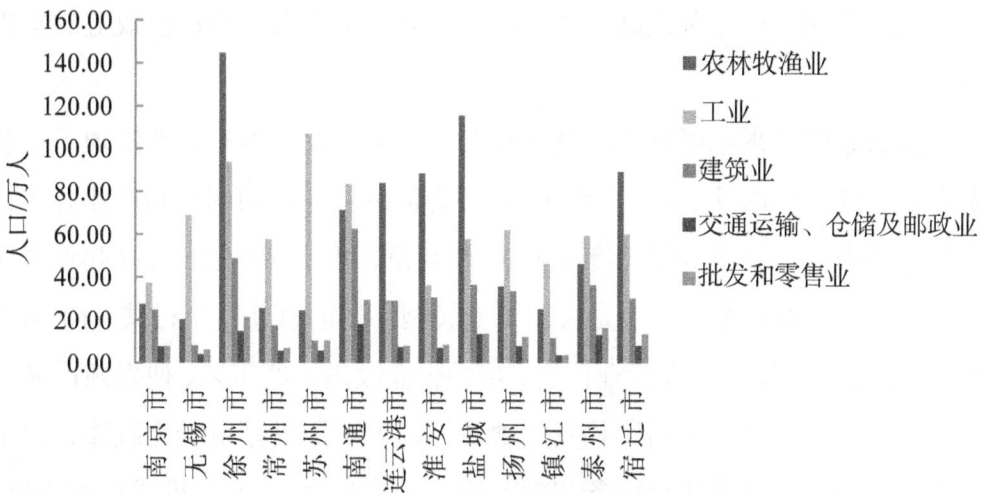

图 1-33　2012 年江苏省各市不同行业乡村从业人员统计

数据来源：《江苏统计年鉴 2013》

2. 农村工业化城镇化推动农业农村转型发展

农村工业化在推动农村交通、邮电、通信、金融、商贸、房地产等第三产业发展同时也能带动农业、农村的转型发展。首先，农村工业化的发展使大批农民离开农村，进城创业或在企业打工，为农村土地的规模化经营创造了条件；同时农村工业的兴起也逐步改变着农民的观念，使其不断尝试农业发展的专业化、现代化生产，并开始主动创办自己的主导产业和品牌产品。其次，一些农民企业家在完成自身的资金原始积累之后也开始把目光转向农村、把资金投向农业，投资农业开发项目或创办农产品加工企业，这又进一步推动了农村地区的工业发展水平，在提供更多就业岗位的同时，提高了农村居民的收入，也带动了农村城镇化的发展。

伴随着农村企业的发展，农业生产方式由主要依赖自然生产向设施生产和机械化转型升级，大幅度提高了土地产出率和劳动生产率。同时农业产业的功能也开始从单纯注重农产品生产向生产、生活和生态多功能并重，江苏省苏南、苏中、苏北三大地区都出现了众多新兴农业的类型，将农业发展与工业、旅游业相结合，大力发展集生产、生态、文化、休闲、观光于一体的新兴农业，实现三产协调发展，实现经济效益、生态效益和社会效益的有机统一。

江苏省泰州市兴化市戴南镇董北村在近几年的发展中有效地实现了工业农业和旅游业的协调发展。一是农业示范。为促进农业结构调整和产业升级，建设国家级农业高效示范园，流转土地 2000 亩，投资 1.2 亿元，高起点高标准打造国家级农业示范园。二是突出工业转型。目前董北村全村共 110 家民营企业，村里组建了钢丝绳行业协会，帮助企业改进生产工艺、研发新产品、拓展销售市场。三是狠抓商贸致富。董北村以不锈钢废品市场为载体，以十二大公司为抓手，努力实现服务和效益的"双轮驱动"。四是推进旅游兴村。利用水乡特色传统文化，规划了"现代乡村旅游"，总投资两亿元。建成水上娱乐岛，筹建 68 米高的水乡之星，打造新世纪公园，建设地下生态商场。

无锡市滨湖区马山街道和平社区近几年全力进行产业转型，实现了对村级企业的全面转制，工业企业也已从原村辖区迁入工业园区，村级经济由依靠工业支撑转型到依托新型生态农业休闲旅游创新。在现有国家级生态园的基础上，社区成立了慕湾生态园有限公司。和平社区从当年单纯依靠工业的发达村，成长为现在多元发展的幸福村。

苏北地区盐城市盐都区郭猛镇的杨侍村在农村工业化的发展基础上也开始注重乡村旅游特色产业和设施观光高效农业的发展，在不断培大育强支柱产业的基础上，大力发展乡村旅游特色产业。江苏杨侍农业生态园由商务服务区、体验互动区、休闲娱乐区、旅游观光区和科技示范区五个部分组成，截至 2013 年 9 月已接待游客 50 多万人次。同时，不断做特做优设施观光高效农业，杨侍路两侧千亩连片设施果蔬基地现已建成，全村形成了"一业特强，多业跟进"的态势，给杨侍村的建设注入了新的活力。

原有以农业发展为主的农村地区伴随着农村发展多元化的转型，形成了农业、旅游业协调发展的态势，而原来以工业为主的地区则开始注重农村地区的工业化转型，将工业发展和农业发展相结合，并延伸拓展特色旅游业的发展。

3. 农村工业化、城镇化与新农村建设

农村工业化和城镇化是建设新农村，实现农村现代化的原始动力和持续推动力。而新农村的形成和发展，动力主要来源于乡村经济的发展。随着农村工业化的推进，工业企业在农村地区的发展引起了农村社会结构的变化、农村的生产领域拓宽、农村经济结构调整、生产方式改变、农村地区开始由传统的单纯农业社会向工业社会演进，大量农民向产业工人转变。新农村的发展使得农村居民具有了更好的平台，而且随着农民收入的提升，更多的农村居民开始选择在本地就业，在一定程度上拉动本地经济的发展，农村的发

展和产业的扩大为城镇化奠定了物质基础。但同时农村工业化的发展也制约和影响新农村建设，苏南模式下乡镇企业的发展使得土地资源过度浪费，环境受到污染，原有的乡村环境遭到破坏，乡村景观千篇一律，缺乏特色。2011年江苏省的村庄建设和环境整治规划即针对农村环境脏乱差的问题所提出，这一规划是改善农村环境的重要举措，是加快新农村建设，优化农村产业发展环境的重要手段。可以说农村工业化带来了农村经济的快速发展，并推动了农村城镇化的进程，新农村建设在此基础上应运而生，与农村工业化和城镇化是相生相伴，相互促进又相互影响的关系。

第五节　江苏农村城镇化区域差异分析

一、江苏农村城镇化发展空间演化影响因素

城镇化作为一种复杂的经济社会现象，其影响因素是多方面的。城镇化是一个历史范畴，是一个动态过程。城镇化作为伴随区域经济社会发展水平提高而出现的一种城乡结构关系的变动过程，具体体现为随着非农业的发展和区域经济中非农业经济比重的提高，越来越多的人在经济特征上由农业转向非农业，在空间上由农村转向城镇，在社会组织方式上，越来越多地纳入到城市型的社会组织关系之中。在城乡结构变化上呈现为城镇人口比重不断增大，城镇数量不断增多、城镇实体地域面积不断扩大。城镇化过程中城镇建设和城镇经济发展要以区域自然条件为基础，以经济社会发展为支撑，因此受到自然、经济、社会等多方面要素的影响。在城镇化进程中，由于各种影响因素在空间上的差异，城镇化水平、速度和具体的表现形式在空间上呈现出不同的特征。

1. 自然环境因素

首先应该认识到，城市发展和城镇化进程推进的最根本的决定因素在于

生产方式和技术水平。只有当生产力水平发展到一定程度，人类对环境和资源利用的技术达到一定程度，产业资源的利用和城市建设与发展才能成为可能，城镇化才能得到发展。

城镇是坐落在具有一定自然地理特征的地表上，地理位置、地质、地形地貌、气候、水文、资源等自然环境要素相互组合在一起，共同构成城镇存在和发展的物质基础。自然空间环境在以下两个方面对城镇化产生影响。首先会影响城镇的形成和发展，比如与城镇建设和发展直接相关的地形地貌、工程地质条件，土地和水等关键要素条件以及生态环境容量等这些条件影响着一个城镇的最初的形成与后来的发展。其次是气候条件、水热组合状况、地形地貌、工程地质条件、自然资源状况等会影响城镇所在的区域的综合发展，包括人口和产业的分布，作为区域发展基础的农业的发展和区域整体水平的提高。前者通过影响城镇自身的形成、建设和扩展，直接影响城镇的容纳能力和城镇在区域发展的作用与地位。后者通过影响区域发展条件，间接地影响城镇的形成和发展。两种影响作用皆不可忽视。区域是城镇的腹地，为城镇的发展提供各种要素支撑，并为城镇产品和服务提供市场；城镇是区域的中心，为区域提供各种服务。在自然空间环境支撑下，城镇和区域相互依赖，共同发展，城镇化水平才能得到逐步提高。

自然环境各要素在区域之间差异显著。不同的自然空间环境要素的组合状况形成了自然空间要素错综复杂的空间差异，从而使得不同地区的城镇发展和城镇化的必备条件千差万别，城镇化在空间上几乎不可能按照同样一种模式同时或者亦步亦趋地推进。按照一般的发展规律，城镇化总是从自然空间要素适宜产业发展的地区开始起步，形成区域增长极，城镇化进程首先得到推进。在自然资源条件和环境条件较好的地区得到发展以后，城镇和经济发展要素再通过梯度推进、点轴扩展、跳跃式扩展等多种形式向其他地区扩散，其他条件较好的地区城镇化水平会逐步提高。从这个意义上讲，一个国家或地区的城镇化在空间上一般都是从不均衡发展向均衡发展转变，进而推进全区域城镇化水平共同提高的。

2. 区域地理位置

城镇是一个开放的复杂巨大系统，保持密切的经济社会联系。各种资源要素和产品的对外交流，需要在空间上展开。城镇化是一个人口和产业不断向城镇集中的过程，在城镇发展和城镇化过程中，各种生产生活要素无时无刻不处在密切的对外交流联系之中。区域的经济发展也很难在封闭的环境内进行。

在开放的背景下，任何城市和区域都要形成与外部地区的经济社会交流联系网络，在经济要素不断联系中获得发展机遇和发展动力。而各种经济社会要素的对外交流联系必然产生联系成本，区域位置则直接影响了各区域对外联系和区域发展过程中的必要要素。良好的区域位置会给城市和区域带来更多的发展机会和较低的发展成本，为区域带来比较优势，可以明显促进较快发展。在开放条件下，便于与外部区域联系的区域，尤其是临近决定区域经济社会发展要素的地区，会获得更好的发展机会，该地区的城镇发展往往会处于领先地位，该区域的城镇化水平也往往先起步。比如苏南地区，位于长江三角洲，凭借改革开放后乡镇企业发展的先机和十分明显的地缘优势，吸引外资，率先推进城镇化进程，城镇化水平得到了极大的提高。

3. 经济社会发展阶段

城镇是生产力发展到一定阶段的产物，城镇化也是经济社会发展到一定阶段之后才开始的。一般认为，现代意义上的城镇化进程是工业革命之后伴随着机器大生产的推广带来城市迅速发展才开始的。因此，就整个城镇化的历史地位和发展背景来看，城镇化是取决于经济社会发展程度和发展水平的一种城乡结构的变动过程。

从城镇化与经济社会发展的关系来看，已有研究证明，城镇化水平与经济发展水平之间呈正相关关系，二者相互促进，共同发展。就城镇化发展的速度来看，在城镇化起步的初期，由于乡村劳动力就业压力不大，城市非农产业刚刚起步而提供的劳动就业岗位不是很多，城镇化进程较慢；在城镇化发展的中期，随着农业技术水平的提高和人均资源的减少，农村富余劳动力增多，而同时期城市非农产业发展加快，吸引力加大，城镇化处于快速发展阶段；在城镇化发展的后期，随着人口从乡村转移过程的推进，农村富余劳动力减少，城市非农产业也越来越多地依靠技术水平而提高，进入缓慢的人口城乡迁移动态平衡阶段。

就经济社会发展与城镇化之间的互动关系来看，在城镇化进程的前期，城市经济发展提供的就业岗位吸引人口进入城镇，更多地体现为经济社会发展促进城镇化；在城镇化进程的后期，当城镇化进程推进到一定程度，城镇聚集了较多的人才和技术，更多地体现为城镇化带来技术创新进而推进经济社会发展。

正是因为不同经济社会发展阶段城镇化动力机制和表现形式不同，因此，区域间发展阶段的差异会导致城镇化空间发展格局及其变动形式的多样性。

4. 市场组织关系和政府管理体制

市场组织关系和政府管理体制都会通过影响城乡经济运行而影响区域城镇化进程。

区域经济社会发展和城乡经济联系过程中，按照市场组织规律会有城乡间、区域间劳动力、资金、土地资源的空间匹配和要素流动。各种经济要素资源组合条件较好的地区城镇发展优越，城镇化进程也较快，而条件较差的地区则反之。在城镇化进程中，要素集聚和城镇化互动发展。大城市一旦形成，会提供较好的基础设施条件和产业发展条件，会吸引劳动力和资金向大城市等优越地区集中，形成区域增长点。当大城市或优先发展地区发展到一定程度，会进入扩散阶段，通过产业、资金和人才的扩散，带动其他地区发展。

城镇化进程中，城乡产业发展对劳动力和人口由乡村向城镇转移提出要求并提供载体，但人口的流动则涉及必要的社会保障和管理体制。同样，城乡经济发展也需要有相应的管理体制提供保障。必要的人口流动制度(户籍制度)、土地开发和流转制度、促进城镇区域发展的政策支持、金融制度，都会对城镇化进程的顺利推进产生影响。

总体来看，经过改革开放以来三十余年的发展，江苏省早已建立起对外开放格局和相对完善的社会主义市场经济体制，这为江苏各地工业化和城镇化的推进提供了有利的制度保障。但与城镇化有关的户籍制度、土地制度和社会保障制度等体制改革仍在不断探索和推进过程之中。不同地区在推进城镇化和区域经济社会发展中遇到的相关问题有共性特征也有不同方面，各地为促进城乡健康发展所采取的各有侧重点的改革探索在对城镇化影响方面有所不同。

作为区域经济社会发展的结果和体现，城镇化进程的推进受到自然、经济、社会、技术、制度等多方面各种因素的直接或间接影响。这些因素在空间上的不同表现会对城镇化产生综合影响，从而使得区域城镇化水平和进程在空间上表现出不同的特点。

二、江苏农村城镇化发展的空间特征

1. 江苏城镇化整体概况

截至 2012 年底，江苏省人口规模为 7919.98 万人，城镇人口达 4990 万人，城镇化率已经达到 63%。全省以特大城市和大城市为核心，与中小城市相结合，以小城镇为纽带，初步形成基本健全的城镇体系结构和"三圈五轴"的城镇空间结构。从1978年到2012年,江苏省城镇化率由14.8%提升至63%,平均每年提高约 1.42 个百分点。在这期间，江苏城镇化进程历经两次重要转折。第一次转折出现在 1997 年，在总人口增加 38 万的情况下，城镇人口增加 196 万，乡村人口则相应减少 157 万，城镇人口增长绝对规模首次超过总人口增长绝对规模。第二次转折出现在 2005 年，城镇化率达到 50.5%，城镇人口的比重首次超过 50%，城镇人口的绝对量超过乡村人口。一般来说，出现这两种情况，特别是城镇人口的比重超过 50%，这是农业社会走向城市社会演变的规律性表现。从图 1-34 江苏省主要年份城镇化率的曲线图可以看出上述的两次转折特别是第二个转折曲线比较陡峭，这个表明江苏城镇化进入良性循环、持续推进的势头走向强劲。

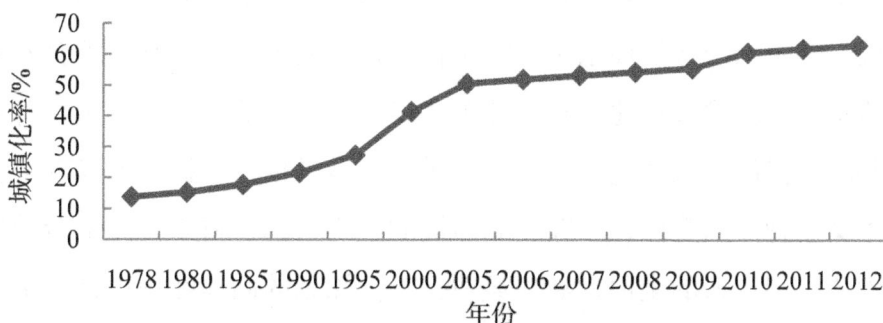

图 1-34　江苏省主要年份城镇化率

数据来源《江苏省统计年鉴 2013》

2. 江苏省城镇化质量空间差异及结果分析

1) 新型城镇化质量的内涵

党的十八大报告指出，坚持走中国特色新型工业化、信息化、城镇化、农业现代化道路，促进工业化、信息化、城镇化、农业现代化同步发展。新型城镇化建设要以可续发展观为引领，坚持以人为本，以新型工业化为动力，以统筹兼顾为原则，推动城市现代化、集群化、生态化、农村城镇化，全面提升城镇化质量和水平，走科学发展、集约高效、功能完善、环境友好、社会和谐、个性鲜明、城乡一体、大中小城市和小城镇协调发展的城镇化建设新路。

城镇化质量是个内涵丰富的综合性概念，叶裕民认为城镇化的质量包括城镇现代化和城乡一体化(叶裕民，2001)；方创琳认为城镇化质量应该是经济、社会、空间的有机统一(方创林，2011)；李明秋则认为城镇化的质量应该包含城镇自身发展的质量、城镇化推进的效率以及实现城乡一体化的程度三个方面的内涵(李明秋，2010)；而袁晓玲则从物质文明、精神文明和生态文明等三个角度对城镇化质量进行解释(袁晓玲，2008)。

根据新型城镇化的内涵及新型城镇化建设的要求，结合我国当前城镇化建设过程中出现的主要问题以及在国内外学者对城镇化质量研究的基础上，笔者认为城镇化质量的具体涵义应该包括以下几个方面的内容：一是城镇的经济发展水平。新型城镇化必须要以信息化为引擎，以工业化为动力，以农业为基础，城镇的经济发展水平是城镇化的物质基础。二是城镇社会发展和居民生活水平。新型城镇化道路要体现"以人为本"的精神，注重改善人居和生产环境，提高人们的生活品质；注重保障居民权益，提升保障水平；注重社会主义精神文明建设，不断提高居民的思想道德、科学文化、劳动技能和身体素质，促进人的全面发展。城镇化丰富深刻的内涵在城镇社会生活方面有着深刻的体现，伴随着人口、经济等城镇化进程，人们的生产方式、行为习惯、社会组织方式乃至精神要素不断地向城市转化。城镇居民生活水平是居民的幸福指数的重要体现，作为城镇化过程有机的组成部分，也是城镇化发展的最终目的。三是城乡统筹发展水平。城镇化是城乡一体化的基础，城乡统筹发展是城镇化的最终目的。通过城乡资源及生产要素的自由流动，充分发挥城镇和乡村各自的优势和作用，协调发展，达到城乡之间在经济、社会、文化、生态上协调发展。四是环境资源可持续利用水平。新型城镇化是资源集约型条件下的城镇化，是循环经济指导下的城镇化，通过环境资源集约化提升城镇化质量，这也是城镇化持续健康发展的保障。

2) 江苏省城镇化质量评价

(1) 江苏省城镇化质量评价指标体系的建立。

为能全面而准确地综合评价江苏省城镇化质量，结合新型城镇化以及新型城镇化质量的内涵，参考其他学者在新型城镇化方面所取得的研究成果，根据江苏省经济社会发展特点并遵循综合指标体系的构建原则，构建江苏省城镇化质量评价指标体系(表 1-19)，设四级指标、25 项具体指标，涵盖经济发展、人口就业、城乡建设、社会发展、居民生活水平和环境生态等方面。

表 1-19　江苏省城镇化质量评价指标体系

一级指标	二级指标	三级指标	四级指标
城镇化质量	经济发展水平	发展水平	人均 GDP/(元/人)
			GDP 增长率/%
			二三产业产值占 GDP 的比重/%
			当年人均实际使用外资金额/(美元/人)
		经济效益	城镇经济密度/(亿元/km^2)
			GDP 与城镇固定资产投资的比重/%
			各类技术人员与二三产业从业人员的比重/%
	社会发展和居民生活水平	居民生活	城镇居民人均可支配收入/(元/人)
			城镇居民人均消费支出/(元/人)
			城镇居民文教娱乐消费支出占总支出的比重/%
			城镇居民人均住房面积/(m^2/人)
		社会服务	城镇居民万人拥有公交车辆(辆/万人)
			城镇居民万人拥有医生数/(人/万人)
			城镇互联网宽带用户普及率/%
	城乡统筹发展水平	城乡统筹	城镇人口占总人口的比重/%
			城镇用地占土地面积的比重/%
		城乡发展差距	城乡居民人均可支配收入之比
			城乡居民人均生活消费支出之比
			城乡住民人均住房建筑面积之比
	资源环境可持续发展水平	资源节约	城镇人均土地面积/(m^3/人)
			城镇人均固定资产投资/(元/人)
			城镇人均绿地面积/(m^3/人)
		环境友好	工业废水排放达标率/%
			工业固体废物综合利用率/%
			城市生活垃圾无公害处理率/%

(2) 评价方法

综合评价法

综合评价法是在确定研究对象评价指标体系的基础上，运用一定方法对各指标在研究领域内的重要程度及其权重进行确定；根据所选择的的评价模型，利用综合指数的计算形式，定量地对某现象进行综合评价的方法。目前该方法已在环境污染综合评价研究、生态环境质量评价等领域得到广泛的应用，其具体评价模型为

$$ESI = \sum_{i=1}^{m} W_i \cdot C_i \tag{1-1}$$

式中，ESI 为综合评价指数；W_i 为第 i 个指标的权重值；C_i 为其无量纲量化值；m 为评价指标个数。

在应用综合评价法时，在评价模型确定的前提下，最关键的就是确定各评价指标的权重。确定各评价指标权重的方法比较多，常用的有层次分析法、主成分分析法和专家评分法等。专家评分法中由于主观因素、专家个人认识程度不同导致对评价指标中权重的赋值会不同，主观因素较多，最终得出的权重有时候很难真实体现研究对象的实际情况；而主成分分析法会丢失部分信息。

熵值法

熵值法是一种在综合考虑各种因素提供信息量的基础上计算一个综合指标的数学方法。作为客观综合确定权重的方法，其主要根据各指标传递给决策者的信息量大小来确定权重。熵值评价法是一种比较客观、全面、无需检验结果的综合评价方法。本书拟采用熵值法对江苏省城镇化质量进行测评。

熵值法的计算步骤如下。

① 构建原始指标数据矩阵：有 h 个年份，m 个城市，n 项评价指标，则原始指标矩阵为 $X = \{x_{\lambda ij}\}_{h \times m \times n} (1 \leqslant \lambda \leqslant h, 1 \leqslant i \leqslant m, 1 \leqslant j \leqslant n)$，$x_{\lambda ij}$ 是第 λ 个年份

第 i 个城市第 j 项指标的指标值。

② 原始指标值的标准化处理。

③ 各项指标的归一化处理：

$$p_{\lambda ij} = x_{\lambda ij} / \sum_{\lambda=1}^{h} \sum_{i=1}^{m} x_{\lambda ij} \qquad (1\text{-}2)$$

④ 计算各项指标的熵值：

$$e_j = -k \sum_{\lambda=1}^{h} \sum_{i=1}^{m} p_{\lambda ij} \ln p_{\lambda ij} \qquad (1\text{-}3)$$

其中

$$k = 1 / \ln(h \times m)$$

⑤ 计算各项指标熵值的冗余度：

$$d_j = 1 - e_j \qquad (1\text{-}4)$$

⑥ 计算各项指标的权重：

$$w_j = d_j / \sum_{j=1}^{n} d_j \qquad (1\text{-}5)$$

⑦ 计算每年各个城市城镇化质量的综合得分：

$$C_{\lambda i} = \sum_{j=1}^{n} w_j \times x_{\lambda ij} \qquad (1\text{-}6)$$

3. 江苏省城镇化质量空间差异结果分析

根据上面建立的江苏省城镇化质量评测指标体系，运用熵值法对江苏省各地市 2005~2012 年城镇化质量进行测评得出各地市城镇化质量的综合得分，如表 1-20，其中原始指标数据来自 2005~2012 年《江苏省统计年鉴》和 2005~2012 年各地市统计年鉴。

表 1-20   江苏省分年度各地市城镇化质量综合得分

区域	城市	2005 年	2006 年	2007 年	2008 年	2009 年	2010 年	2011 年	2012 年
苏南	苏州	0.5483	0.5644	0.5817	0.5886	0.5971	0.6198	0.6416	0.6625
	无锡	0.5528	0.5539	0.5631	0.5721	0.5847	0.6048	0.6230	0.6312
	南京	0.5526	0.5592	0.5671	0.5709	0.5786	0.5931	0.6177	0.6298
	常州	0.5283	0.5381	0.5525	0.5644	0.5768	0.5938	0.6025	0.6246
	镇江	0.5099	0.5211	0.5339	0.5415	0.5553	0.5647	0.5855	0.6043
苏中	扬州	0.4986	0.5228	0.5271	0.5525	0.5484	0.5553	0.5764	0.5844
	南通	0.4787	0.4967	0.5034	0.5173	0.5329	0.5356	0.5545	0.5634
	泰州	0.4747	0.4867	0.4861	0.4969	0.5077	0.5211	0.5366	0.5533
苏北	徐州	0.4573	0.4736	0.4822	0.5041	0.5212	0.5276	0.5451	0.5491
	淮安	0.4634	0.4871	0.4837	0.4927	0.5029	0.5119	0.5239	0.5389
	盐城	0.4523	0.4708	0.4715	0.4845	0.4943	0.5013	0.5222	0.5347
	连云港	0.4460	0.4627	0.4716	0.4989	0.5083	0.5153	0.5243	0.5323
	宿迁	0.4541	0.4791	0.4767	0.4996	0.4979	0.5061	0.5189	0.5280
省平均		0.5018	0.5137	0.5219	0.5331	0.5393	0.5527	0.5700	0.5845

1) 趋势分析

根据江苏省城镇化质量综合测评结果(表 1-20)及趋势图(图 1-34)可以得出，江苏省城镇化质量总体上处于上升趋势。全省的平均得分由 2005 年的 0.5018 上升至 2012 年的 0.5845，平均综合得分每年上升 1.03 个百分点。从表 1-20 和图 1-35 均可以看出，13 个地级市的城镇化质量均处于上升状态，其中苏南 5 市苏州、无锡、南京、常州和镇江城镇化质量综合得分均超过全省的平均得分，苏中 3 市扬州、南通和泰州城镇化质量综合得分与全省平均得分大约相近，苏北 5 市徐州、淮安、盐城、连云港和宿迁的城镇化质量综合得分均低于全省的平均得分。

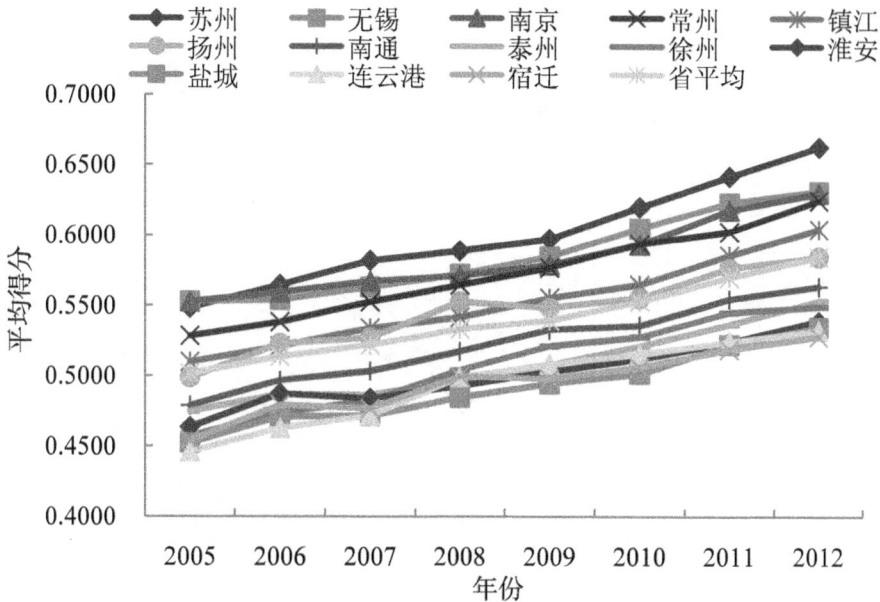

图 1-35　江苏省分年度城镇化质量趋势图

2) 空间差异

将 2012 年江苏省 13 个地市城镇化质量的综合测评结果进行聚类分析，城镇化质量可以分为较高、中等和较低三大类，江苏省 13 地市城镇化质量类型划分如表 1-21。

表 1-21　江苏省城镇化质量类型划分

类型	城市
城镇化质量较高	苏州、无锡、南京、常州
城镇化质量中等	镇江、扬州、南通、泰州
城镇化质量较低	徐州、淮安、盐城、连云港、宿迁

为了更直观地展现江苏省 2012 年城镇化质量空间差异，利用 ArcGIS 软件将聚类结果进行可视化，得出江苏省 2012 年城镇化质量分级图，如图 1-36 所示。

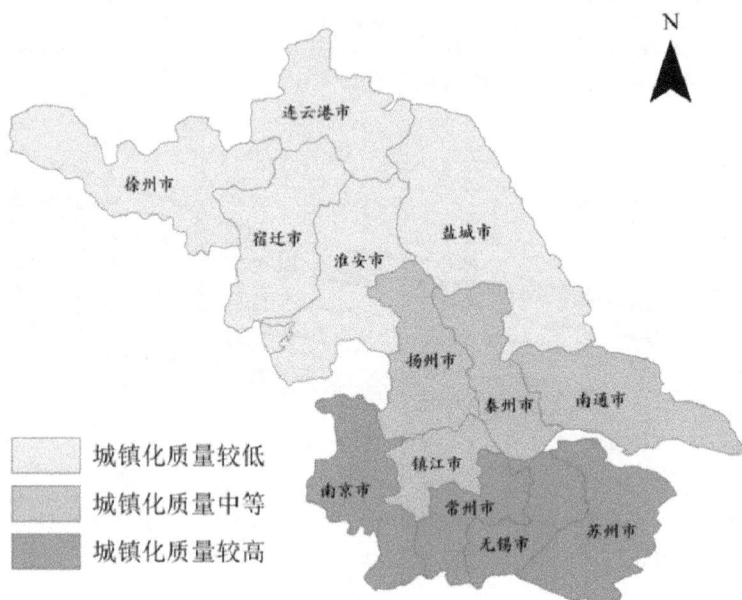

图 1-36　2012 年江苏省城镇化质量空间差异

　　由于江苏省社会经济发展呈现比较明显的区域差异，使得江苏省的城镇化质量水平在空间上存在着明显的差异。2012 年苏南、苏北、苏中城镇化质量大致呈由高到低的阶梯状分布。苏州、无锡、常州城镇化进程起步于改革开放之初，20 世纪 80~90 年代初，在乡镇企业快速发展时期，以小城镇建设为标志的城镇化阶段，乡镇企业的蓬勃兴起使苏南百万农民实现了非农转移。20 世纪 90 年代初，在经济国际化进程中以开发区建设载体的城镇化建设快速发展阶段，苏州、无锡、常州凭借紧邻上海的地理优势，吸引外资，先后建立起一大批各类各级开发区，在此基础上注重城镇民生建设，改善环境和城乡关系，顺利地成为城镇化质量较高的地区。南京作为江苏省的省会，在各方面都具有得天独厚的优势，在努力发展经济的同时注重城镇民生建设，改善环境和城乡关系，也成为城镇化质量较高的成员之一。镇江、扬州、南通和泰州凭借临江的地理位置和紧邻苏锡常的区位优势成功地接受了产业转移并注重改善城镇居民生活质量、环境和城乡差异，城镇化质量处于中等的位置。徐州、淮安、盐城、连云港和宿迁 5 市由于自身发展的基础较差且没有突出的优势条件，在城镇化发展过程中动力不足，城镇化质量处于较低的位置。

3) 各组成部分测评结果分析

根据新型城镇化质量的内涵，从新型城镇化质量的四个组成部分即经济发展水平、社会发展和居民生活水平、城乡统筹发展水平和资源环境可持续发展水平对测评结果进行分析，各地市在四个组成部分的得分及综合得分如图 1-37 所示。从图 1-37 中可以看出，各个组成部分得分和综合得分的趋势并不一致，这说明城镇化质量水平高的地方各个组成部分不一定都高。由图 1-37 还可以看出城镇化质量的四个组成部分在城镇化质量中不同，社会发展和居

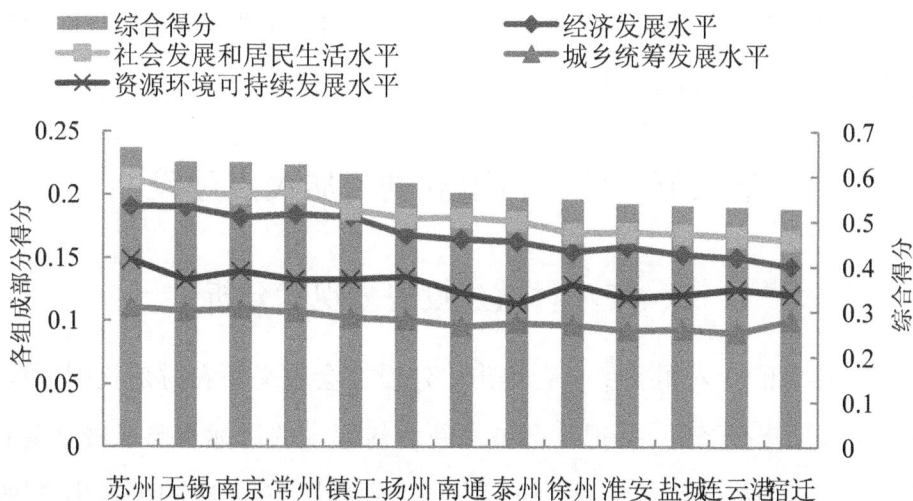

图 1-37　2012 年江苏省城镇化质量各组成部分得分和综合得分

民生活水平、经济发展水平这两个部分在城镇化质量综合得分中的贡献作用比较大，而资源环境可持续发展水平和城乡统筹水平对当前城镇化质量的贡献作用较小。由此可见，在今后的城镇化质量建设过程中，应该重点发展城乡统筹建设，提高资源环境可持续发展水平。

通过对江苏省城镇化质量空间差异的研究可以看出江苏省城镇化质量的空间差异与江苏省社会经济区域发展水平差异完全一致。因此，对于经济基

础较差的苏北地区而言，加快经济发展是其提高城镇化质量水平的内在要求，同时需要注重改善基础设施条件，提高居民的生活质量，提高城乡统筹发展水平。苏中三市地处长江北岸，地域优势比较明显，有着良好的社会经济基础，但与长江南岸的苏南地区有着明显的差异，对于苏中地区要充分利用好优越的自然条件和苏南经济的辐射作用，积极参与沿江区域的开发开放和承接苏南的产业转移，以增强城镇化的经济基础，同时要加强公共服务质量、城乡统筹发展和环境品质的建设，以促进城镇化质量的提高。苏南地区城镇化进程开始较早，城镇化质量水平较高。苏南地区应该继续强化特大、大城市的核心功能，积极地发展区域内的中小城镇，并与苏中地区共同构建沿江城镇带；积极发展创新型经济和低碳经济，提升公共服务质量，注重环境品质的文化内涵，走健康的城镇化道路。

第六节　江苏村镇规划与居民点建设

一、江苏村镇建设规划现状分析

2005 年党的十六届五中全会提出"建设社会主义新农村是我国现代化进程中的重大历史任务"，并把社会主义新农村建设的目标和要求概括为："生产发展、生活宽裕、乡风文明、村容整洁、管理民主"。在中央提出推进社会主义新农村建设的战略决策后，江苏把加快新农村建设作为实现"两个率先"的重中之重，在统筹城乡发展的思路下，按照五中全会的目标要求，贯彻以工促农、以城带乡的方针，提出以工业化致富农民、以城市化带动农村、以产业化提升农业，全面实施一系列支农扶农的新举措，全面推进农村经济、政治、文化、社会、党建"五大建设"。并进一步解决在快速城市化进程中农村地区基础设施和公共设施薄弱，布局散乱以及环境脏乱差等突出的矛盾，改变农村落后的面貌。同时也在 2005 年，全省统一部署开展镇村布局规划，在全国率先开始了镇村布局规划的编制，为社会主义新农村建设奠定了基础。

1. 江苏省镇村布局规划

江苏省镇村布局规划遵循"适度集聚、节约用地、有利农业生产、方便农民生活"的原则，注重城镇与农村建设的协调，有效实现农村与城市统筹发展、城市化与工业化联动发展，统筹了城乡空间利用；规划符合科学发展、集约发展的要求，可以有效地节约土地，最大限度地优化配置各类生产要素，增强农村发展后劲，提升发展层面，更快更好地实现农村的可持续发展。第一，按照镇村布局规划，全省近25万个自然村将合并为4万多个农村居民点；第二，通过合理的村庄布点，完善村庄的基础设施，提高公共设施配套水平，改善村容村貌，改善农村人居环境，促进社会和谐；第三，通过规划明确村庄空间布局，引导长期稳定从事二、三产业的人员进城进镇，加强对农民建房的规划引导与控制；第四，整合城乡空间资源，为农业规模化生产创造有利条件。一方面以镇村布局规划为依据进行农村建设用地整理，严禁在村镇规划建设用地以外私搭乱建；另一方面，根据镇村布局规划转移村级工业，集中布局工业企业，便于污染集中治理。

2. 江苏省镇村布局规划案例

本节选择苏南地区南京市高淳区以及苏北地区徐州市贾汪区的镇村布局规划进行案例分析。

1) 南京市高淳区镇村布局规划

高淳区地处苏皖边境，属南京市管辖，距南京市区106公里，是南京市域最南端的县，属南京一小时都市圈范围。它北接溧水区，东邻溧阳市，西南部与安徽省郎溪、宣州、当涂三县(市)毗连。

规划目的：贯彻落实科学发展观，引导农民集中居住、工业向镇以上工业片区集中，促进村庄适度集聚和土地等资源节约利用，促进农村基础设施和公共设施集约配置，促进整合农业生产和生态空间，促进城市化加快推进。

规划原则共六点：①积极引导以从事第一产业为主的农户在村庄集中居住，鼓励以从事二、三产业为主的农户进城镇居住，合理推进城市化进程；②基础设施以县为单位，可以跨镇形成网络，按照"线路最短、管径最小、覆盖最广"的原则进行配置；③村庄布局应因地制宜，体现"保护、利用、改造、发展"的原则，保护农村生态环境，合理利用资源；有利于现代农业生产的组织，尊重地方习俗，满足农民小康和现代化生活的需求，促进集约经营；以规模大、区位好的现有村庄进行整治、集聚为主，以新建村庄为辅，村庄选址应考虑地质、基础设施条件和防洪、历史文化和生态保护的要求，便于农业机械化作业，耕作半径合理；④充分考虑丘陵、平原、水网等不同自然地理条件的要求，因地制宜，灵活选址；保留古村落，保护历史文化遗址，充分利用地形地貌和历史文化遗存，突出地方特色；⑤按照公共设施、基础设施的经济配置规模以及村庄布局规划要求进行公共设施布局和基础设施配置；规划保留村庄应加强配套完善，规划撤并村庄以维持基本设施条件为原则。落实好清理、整理、保护的任务，对多余的基础设施进行清理，对农业生产空间进行整理，对生态文化进行保护；⑥以人为本，根据各镇的经济水平和社会实际情况，分阶段实施镇村布局规划，保障社会稳定发展。

高淳区原有 989 个自然村，村庄分布比较零散，该规划对有特色、特殊地形地貌、有历史文化遗存的保留村庄均予以了保留，规划保留村庄 377 个，社区 8 个，共计 385 个。基本按照约 0.6~1.0 公里的耕作半径布置，规划村庄密度为 56 个/100 平方公里，平均每个村庄规划人口为 367 人。具体各镇的相关数据详见表 1-22。

表 1-22　高淳区各镇规划村庄一览表

镇名	规划村庄个数/个	规划村庄密度/(个/100 平方公里)
淳溪镇	12	18
东坝镇	85	83
固城镇	44	53

续表

镇名	规划村庄个数/个	规划村庄密度/(个/100 平方公里)
桠溪镇	92	62
漆桥镇	19	36
阳江镇	91	75
砖墙镇	28	42
古柏镇	14	40
合计	385	56

2) 徐州市贾汪区镇村布局规划

贾汪区位于徐州市区东北 38 公里，苏鲁交界处，属边缘区位。东部与邳州燕子埠镇、宿羊山镇相邻；东南部、南部及西北部与铜山区和徐州市区接壤；北部和东北部与山东省枣庄市的微山县及台儿庄区毗连，贾汪区是徐州市区东北方向与山东省相联系的重要通道。

规划目的：为加快乡村城镇化进程，协调贾汪区域内城乡建设发展，促进村庄适应集聚和土地资源的合理利用，科学布局村庄和工业用地，完善镇村公共设施和基础设施的集约配置，实现城乡统筹发展，特编制本规划。

规划原则：①贯彻党和国家关于实现富裕型小康社会的战略目标和关于"三农"的有关政策决定，实现城乡统筹发展的原则；②坚持可持续发展战略，实现人口、经济、环境协调发展的原则；③坚持城镇村经济、社会一体化，区域基础设施和公共设施集约化配置的原则；④坚持集聚、集约发展的原则，工业向工业小区集聚，从事二、三产业的人口向城镇集聚，小村向大村集聚，耕地向种田大户集聚等；⑤坚持立足贾汪、因地制宜、科学布局、突出特色的原则。

贾汪城市规划区内实际 78 个自然村全部撤掉。贾汪区共有自然村 404 个，经规划后保留 218 个，撤并 186 个，占原自然村数的 54% (表 1-23)。

表 1-23 贾汪区各镇规划村庄一览表

建制镇名称	现状总人口/万人	规划总人口/万人	现有自然村数	保留自然村数	撤并自然村数	现有村庄人口/万人	规划村庄人口/万人	2020年前迁出村庄人口/人
大吴镇	7.54	9.2	28	11	17	3.44	2.9	9681
青山泉镇	5.46	5.17	46	27	19	3.56	2.67	9011
紫庄镇	5.87	5.09	58	48	10	4.58	3.79	9551
汴塘镇	5.13	5.04	74	58	16	4.33	3.54	9253
塔山镇	6.7	6.28	120	74	46	5.293	4.28	12 486
合计	30.7	30.78	326	218	108	21.2	17.18	48 942

3. 江苏省新农村建设案例

在镇村布局规划的指引下，新农村建设也如火如荼地展开，在新农村建设过程中，江苏引导各地从实际出发，因地制宜，形成各具特色的发展路径。例如，在村庄建设上，各地或是规划导向，或是典型引路，分类引导，循序推开。苏州从抓各具特色的示范点入手，总结出城郊社区型、集中居住型、乡村别墅型、古村保护型、老村落改造型、自然生态型等多种模式。镇江、常州、扬州、盐城的一些县特别注重老村改造，对农民住宅，按照总体规划，区别建筑质量，该保留的保留，该拆除的拆除，统一功能配套，将老村整治一新。在全省层面上，按照区域共同发展的战略思路，大力倡导南北协作，推动发达地区支持欠发达地区，在全省形成了南北挂钩合作的新热潮。苏南市县在苏北、苏中先后建立了苏州宿迁工业园、张家港(宿豫)工业园、昆山常熟(泗洪)工业园等十多个工业园区。针对全省还有农民可支配收入不足 2500元的 1011 个经济薄弱村的情况(全部分布在苏北 25 个县区)，大力实施"千村万户帮扶"工程，进一步加快了苏北的工业化、城市化进程，使以工哺农、以城带乡由南到北在全省范围迅速扩展。

近年来，江苏省坚持依靠工业化来致富农民、依靠城市化带动农村、依靠产业化提升农业、城乡二元分割的格局正在逐步打破。通过统筹城乡发展规划，推进城乡经济融合、产业联动、设施共享。各个村镇根据自身的不同发展特点选择适合自己的发展道路与模式，出现了很多典型的发展案例。

1) 以乡镇企业带动农村全面发展——江阴华西村

华西村是以农村工业化成功带动城镇化和现代化发展的典型实例。华西村位于江苏省江阴市，1996 年，全村共有 80 户，1520 人，面积 0.96 平方公里。从 2001 年起，华西村合并了周边的 16 个村，组成面积达 30 平方公里，人口达 3 万多人的大华西村。目前，华西村已经形成钢铁、纺织、旅游三大支柱产业，并拥有八家上市公司，1000 多个产品，固定资产达 62.77 多亿元。2004 年，华西村人均工资收入 12.26 万元，是全国农民收入的 41.76 倍、城镇居民收入的 13.01 倍。全村农民已经住进了第五代、第六代别墅，并且全村已实行农村养老、医疗保障和免费教育、口粮补贴、职工送股等制度措施，使农民生老病死有了保障。华西村还建设了各种文化娱乐设施，建立了全国独一无二的精神文明开发公司、华西特色艺术团、华西之路展廊等宣传教育载体，丰富了农民的精神文化生活，提高了农民思想道德素质。

2) 以工带农发展——张家港永联村

永联村位于江苏省张家港市南丰镇东北角，面积 7.6 平方公里，辖 64 个村民组，常住人口 8134 人，暂住人口 3000 多人。在 20 世纪 70 年代，永联村用农业积累的集体资金兴办村集体企业，后又通过贷款办起了永联钢厂，也就是目前的永钢集团，实现了落后农村的跨越式发展。到 2005 年底，永钢集团已具有轧钢 252 万吨和炼钢 193 万吨的年生产能力，销售收入达 127 亿元，利税达 9.5 亿元，居全国冶金行业 30 强，在全国 500 强企业中名列第 206 位。

发展起来的永钢集团，确立了"工农互动、以工带农、以工奖农、以工促农"的发展方针。一是实施农业产业化。投资 2300 万元组建"永联苗木公司"，将全村可耕地经营权全部流转到集体，由苗木公司统一运作。农民除每亩地每年获得 1200 元流转金外，土地经营权和劳动力还作为股份，参与苗木公司利益分红。农民也可进入苗木公司上班，按月领取工资。二是实行辐射带富。2005 年永联村将邻近 3 个村 21 个村民组和长江岸边的一个渔业队并入，通过辐射带动使更多群众走上了富裕道路。三是推动农村社区化。永联村充分利用永钢集团的经济实力优势，统一规划，互动发展，积极推进社区化建设。总投资 4 亿元的现代化农村小区——"钢村嘉园"正在实施，该小区建成后可供 8100 多名村民住上联体别墅和公寓楼。永联村还投资 1500 万元将原来永钢商场改造成"社区服务中心"，为村民提供高档娱乐、休闲和系列社区服务。永联村通过以工哺农实现了农业产业化生产和集约化发展，也使农民收入水平和生活水平得到了很大的提高。同时合作医疗、社会保障、文明家庭奖、老年人及老年党员生活补贴、农民最低生活保障、不流转土地的补贴等政策措施的实行使农民生活更加有了保证。

3) 农业、旅游业协调发展——南京竹镇大泉村

大泉村位于南京市六合区竹镇中部，自然环境优美，生态旅游资源丰富，拥有以大泉湖-止马岭为核心的休闲旅游度假区。大泉村以建设"都市美丽乡村、农民幸福家园"为目标，以创建美丽乡村为载体，以增加农民收入为基础，大力实施特色产业发展工程，形成了万亩鲜桃、万亩有机大米、万亩彩色苗木基地、千亩茶园、千亩紫心山芋、千亩冬瓜等一批现代农业生产基地。拥有"金万方"、"润泉"等品牌；依托青山绿水，打造旅游品牌，开发鲜果采摘、生态观光、乡村体验、民族风情、特色美食等。2012 年实现集体收入 526.31 万元，同比增长 26.5%；2012 年农民人均收入 15 012 元，同比增长 28%。

在美丽乡村建设过程中，按照规划，全面实施环境整治工程，新建绿地面积 8600 平方米，完成大泉中心路、同心路、下大路等道路亮化、绿化、美

化工程；新建徐庄、蔡井等生产组 5 个电灌站，铺设了 6 公里渠道硬质化，清理河塘淤泥 3 万余方；对生活污水、生活垃圾实行集中收集处理，村庄生态环境得到有效保护，太阳能路灯、便民超市、停车场、休闲广场等各项服务设施配套齐全。如今，整个村庄山清水秀，居民的生活方式更加文明健康，形成了"村在园中、房在林中、人在景中"的独特宜居环境。

4）工、农、旅游业协调发展——泰兴黄桥镇祁巷村

祁巷村位于中国历史文化名镇——黄桥镇南首，东临如皋市，南界靖江市，西濒姜八线，北接 334 省道。2001 年，全村由东小湖、丁庄、周堡、祁巷四个自然村合并而成，现有 25 个村民小组，1498 户，5516 人，耕地面积 6341 亩，养殖水面 600 亩。2012 年，村集体经济收入 135 万元，GDP 9.23 亿元，农民人均纯收入 13 968 元，超过全镇平均水平 2000 多元。近年来，祁巷村依托传统猪鬃加工基础产业，充分发挥村庄核心区四面环水的区位优势，大力发展"一村一品"，初步形成现代生态农业观光旅游特色产业。

坚持以人为本，强化乡村在创建工作中的主体地位，坚持把农民群众利益放在首位，发挥农民群众的积极性和创造性，尊重农民群众的知情权、参与权、决策权和监督权，引导发展生态经济、自觉保护生态环境、加快建设生态家园。按照人与自然和谐发展的要求，遵循自然规律，切实保护农村生态环境，彰显农村生态特色，统筹推进农村生态人居、生态环境、生态经济和生态文化建设。规划先行，因地制宜，制定各类乡村的创建目标，统筹编制"美丽乡村"建设规划，形成模式多样的"美丽乡村"建设格局。

以创建"美丽乡村"为契机，大力推进村庄环境综合整治工作，不断加快美丽乡村的建设步伐。2011 年，投资 260 万元建成了集办公、健身、文体活动、学习培训、议事、服务为一体的村综合大楼，580 米的景观河工程、村综合服务中心、农民健身广场相继建成，农民河滨休闲公园、农家书屋、社区卫生服务站等基础设施已全部到位。娱乐健身为一体的乡村观光旅游景

点，使得村庄面貌焕然一新。如今的祁巷，村组道路硬化、河塘整洁、超过95%的主体路道绿化，景色宜人，构成了一幅美丽乡村风景园区。

二、江苏村镇建设规划存在的问题

江苏省镇村建设规划在有效指导村庄建设的过程中也暴露了很多问题，包括村镇管理体制，村庄撤并规划方法，村庄特色的保留，规划协调等几个方面。

1. 村镇规划人员和经费没保障，村庄规划管理空白多

许多地方乡镇无村镇规划管理机构，承担村镇规划管理工作的多为无编制、无经费的建管所或规划站临时人员，人力严重不足且经费没有保障。同时，许多乡镇只对乡镇驻地规划进行管理，村庄农民建房没有按照要求进行报批及规划管理，乱规划、乱建设、严重违规现象比较突出。

2. 撤并力度难以把握，缺乏科学依据

镇村布局规划中需要在原有自然村的基础上进行撤并，村庄的撤并需要针对原有村庄的经济社会发展水平、设施配套情况、人口用地规模、生态安全情况等问题进行综合考虑建立评价体系，但由于村庄发展的复杂性，不仅涉及自然发展的差异，同时也受到行政管理的局限，难以完全按照统一的标准进行取舍。统一撤并标准和技术规范的缺乏使得村庄撤并力度存在很大的弹性空间，因此也很难得到村民的普遍认同。

3. 规划雷同性较强，缺乏对实地村庄特色和农民需求的深入调查

镇村布局规划多次强调需要注意与当地经济社会发展的要求相适应，充分考虑地形地貌，兼顾民风习俗，切实重视并保护村庄特色，防止千村一面。但是在实际的规划过程中，由于规划任务多，时间紧，规划编制单位大多缺乏对实地村庄特色和农民需求的深入调查，短平快的规划编制成果雷同性较强，缺乏对村庄特色的挖掘，不利于未来村庄的多样化发展。

4. 乡村领导规划意识不强，相关规划缺乏协调

根据城乡规划法规定，村镇规划在报送审批前，应当依法进行公告。但在实际操作中，许多乡镇村没有对编制的规划草案予以公示。在抽查中发现，许多村民不知道本村规划的内容及具体实施措施，特别是有的乡镇放弃村庄规划管理后，其规划实施管理权下放给了村委。由于村干部对规划法规理解不透，致使出现了不按规划建设或违规建设的现象。同时由于领导的重视度不够，很多村镇规划编制完成之后并没有在各部门得到重视，与其他相关规划进行协调，从而导致了很多规划矛盾的出现，成为未来村庄发展的隐患。

三、江苏农村居民点建设现状分析

本节分别从农村居民点建设的基本情况、市政公用设施、村庄房屋建设、建设投资几个方面对江苏省农村居民点的建设情况进行分析。

1. 基本情况

至 2012 年江苏省村庄现状用地面积 717 126.40 公顷，村庄户籍人口 3537.99 万人，暂住人口 288.51 万人，行政村 14 837 个。其中已编制村庄规划的行政村 13 062 个，占行政村比例的 88%，已开展村庄整治的行政村 10 022 个，占全部行政村的 67.55%。自然村 141 344 个，2012 年度被合并的自然村 3391 个，其中已编制村庄规划的自然村 47 044 个，占全部自然村比例的 33.28%。200 人以下的村庄 68 956 个，占村庄总数的 48.7%。2012 年一年合并的自然村 3391 个，其中被合并到城镇建成区的为 650 个（图 1-38）。

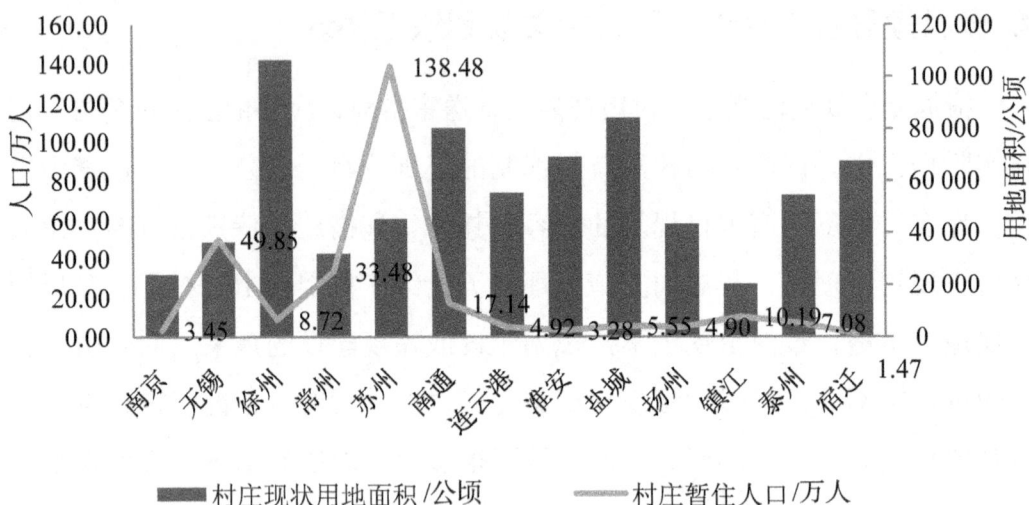

图 1-38　2012 年农村居民村庄房屋建设情况及人口数据

数据来源：《2012 年江苏省村镇建设年报》

　　从江苏省各市的发展情况来看，苏州市村庄暂住人口最多达到 138.48 万人，远远超过其他城市，但苏州市的村庄现状用地面积仅为 45 257.14 公顷，并不是最高，农村人口密度较高，与之相反苏北地区的徐州市村庄暂住人口仅为 8.72 万人，但村庄现状用地面积达到 106 346 公顷，农村人口密度远远小于苏州市。

2. 市政公用设施

　　2011 年 6 月，为推进江苏省社会主义新农村建设，提升村庄基础设施和公共服务水平，进一步改善村容村貌，建设农民安康宜居的美好家园，江苏省开展村庄建设与环境整治的试点。整治内容主要围绕生活垃圾、生活污水、乱堆乱放等六个方面。两年来通过各市的共同努力，村庄环境得到了大幅度的改善。

　　2012 年江苏省十三个城市集中供水行政村比例以及用水普及率除徐州市、连云港市之外，都达到了 90% 以上(图 1-39)。

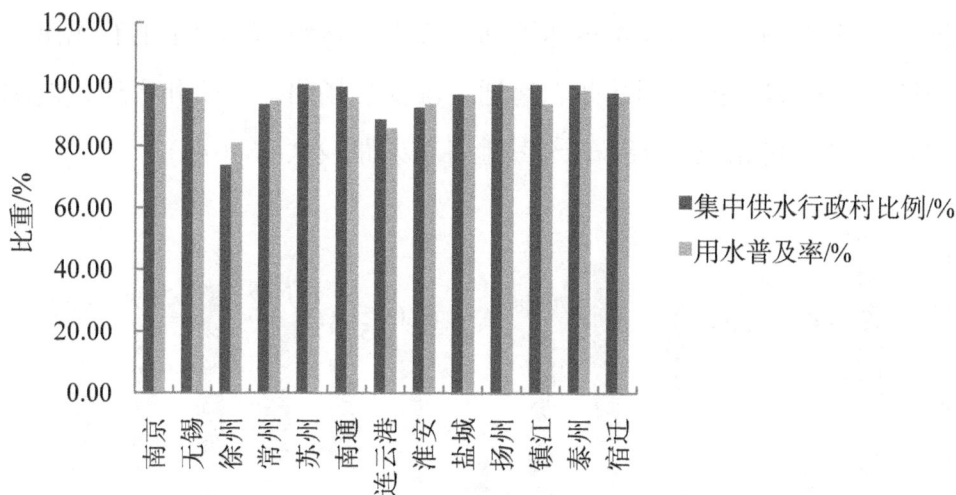

图 1-39 2012 年农村居民村庄供水及用水情况
数据来源：《2012 年江苏省村镇建设年报》

　　大部分城市都有超过 50%的行政村开展了生活垃圾的收集和处理。生活垃圾的收集和处理相关性较高，苏北几市生活垃圾处理的行政村比例略低于生活垃圾收集的行政村的比例，说明有一部分农村居民点的生活垃圾收集后还未进行有效处理。而对生活污水进行处理的行政村比例，南京、无锡和苏州达到80%以上，镇江超过 40%，其他均在 20%以下，还有待进一步的发展(图 1-40)。

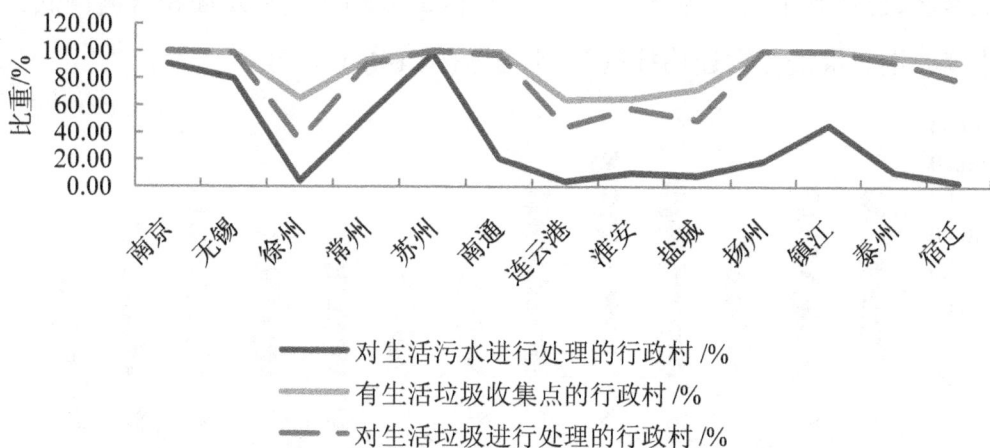

图 1-40 2012 年农村居民生活污水及生活垃圾处理情况
数据来源：《2012 年江苏省村镇建设年报》

燃气普及率，南京、苏州两市达到 98% 以上，达到 80% 以上的有无锡、常州、镇江；60% 以上的包括徐州、南通、淮安、扬州、泰州和宿迁；盐城接近 60%，而连云港市仅为 18%，与其他各市差距较大(图 1-41)。

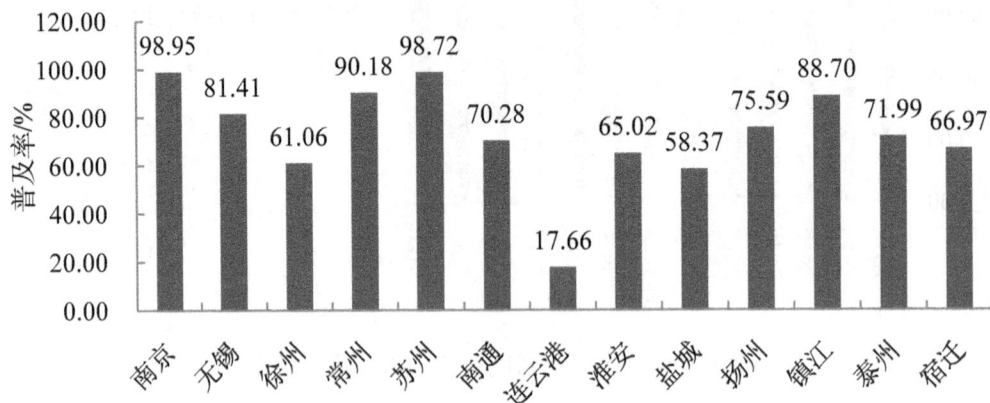

图 1-41　2012 年农村居民村庄燃气普及率

数据来源：《2012 年江苏省村镇建设年报》

3. 村庄房屋建设

人均住宅建筑面积，苏南五市均超过 50 平方米，南通市领先于其他苏中、苏北地区，也达到了 55.7 平方米。而苏北地区的人均住宅建筑面积普遍偏低，其中连云港、淮安和宿迁均接近 30 平方米(图 1-42)。

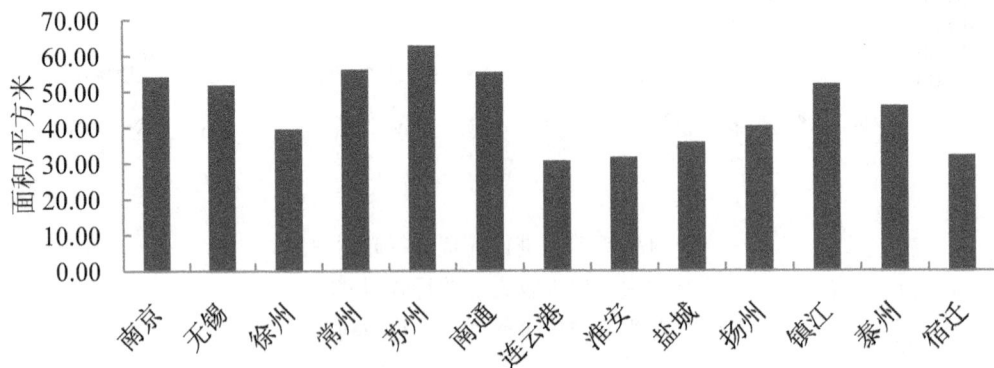

图 1-42　2012 年农村居民村庄房屋建设人均住宅建筑面积统计

数据来源：《2012 年江苏省村镇建设年报》

4. 村庄建设投资

在江苏省村庄建设和环境整治的过程中提出公共服务设施适度、实用，满足行政管理、便民服务、教育、医疗卫生、文化体育、社会福利与保障等基本公共服务的需求。提出了公益性公共服务设施的配套指标按每服务千人500平方米左右建筑面积配建。公共建筑的配套标准如表1-23所示。

表1-23　公益性公共服务设施配套指标

内容	设置条件	建设规模
村委会	村委所在地设置	$200\sim400m^2$
卫生室、计生站	结合村委会设置	单独设置时不小于$80m^2$
文化活动室	可结合公共服务中心设置	不小于$50m^2$
幼儿园、托儿所	可单独设置，也可附设于其他建筑	满足实际需求
便民服务中心	可结合公共服务中心设置	$70\sim150m^2$
农贸超市	可结合公共服务中心设置	$50m^2$以内
公共活动及健身场地	可与绿地或公共服务中心结合设置	总用地面积不超过$0.5m^2$/人

2012江苏省村庄建设投资中，无锡市村庄建设公共建筑投资占总投资比例最大，为16.35%，其次为徐州市，超过10%。环境卫生投资占总投资的比例，南京市排名第一，其次为扬州、无锡和常州(图1-43)。

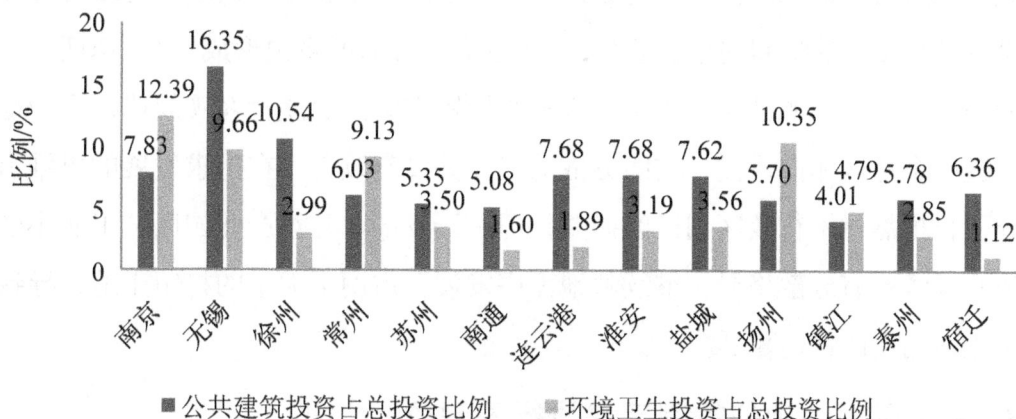

图1-43　2012年农村居民村庄建设投资公共建筑及环境卫生投资情况

数据来源：《2012年江苏省村镇建设年报》

四、江苏农村居民点建设存在的问题

1. 基础设施、公共服务设施不完善，居民生活质量有待提高

江苏省城乡人均基础设施投入差距在 10∶1 以上，农村基础设施没有固定的投资渠道，加上村庄基础设施和公共服务设施规模小、配置的经济性差，造成村庄基础设施严重短缺。目前公共服务设施的配套包括教育设施、医疗设施以及文化体育设施等大多停留在行政村层面，自然村层面的农村居民点公共服务设施及基础设施配套严重缺乏，虽然有些村庄有简单的私人卫生所，但设备简陋，医疗器械老化，医务人员的整体素质还有待提高。同时，农村地区通过大规模的撤并后带来教育设施使用的矛盾，学校的服务半径明显增大，小学的上学时间大多在 1 个小时左右，与城市地区的学校差距明显，很多学校也存在着师资不足以及教育乱收费的现象。

2. 农村居民点数量多，集约化水平低

目前，江苏省农村居民点仍存在着数量多、人口规模小、布局分散的特征。以行政村组织产业和人口布局不能形成合理的产业和人口规模，居民点规模小造成土地利用粗放，也难以发挥村镇的集聚和辐射效应。行政合并并没有带来预想的空间利用的整合，绝大多数合并后的乡镇形成了"一镇两区"的格局，为了照顾被撤并乡镇，许多小城镇空间拓展违背客观规律，人为地促进两个片区相向连接，空间分散的局面并没有改善。在追求发展的思维引导下，虽然村镇行政区划已经撤并，但是开发区、各类产业园区、工业小区依然延续原有分散格局，继续就地无序发展，占用了大量的村镇土地，导致了土地利用的快速蔓延。

3. 居民点用地规划的制定和执行不到位

由于受条件的限制和各方面因素的影响，长期以来农村居民点规划一直

未引起足够的重视，农村居民点基本上处于自然形成、自我发展的无序状态，导致了绝大多数农村居民点布局不合理。在乡镇撤并的执行过程中，虽然村镇行政建制密度有所下降，但是村镇建设用地的斑块密度依然较大，与撤并前相比变化不大，因此建设空间的分散、碎化依然严重。如圩区地区普遍存在的大量条状居民点，山区和丘陵地区存在的大量点状居民点，给建设和管理带来了很大的难度。与此同时，已有的土地利用总体规划或城镇规划通常只考虑城镇建成区范围内的用地，而对村镇规划很少提及，即使已编制了村镇规划的村庄，其落实规划的措施力度也不够，从而进一步带来村庄、民房选址的随意性。

五、江苏村镇规划与农村居民点建设的对策与耕地资源的关系

1. 科学规划推进乡村空间整理，引导乡村建设用地集约使用

以新一轮城乡统筹为抓手，以乡村空间整理为切入点，压缩撤并小而分散的农村居民点，集中开展"空心村、空心户"整治，重新梳理村庄居民点，引导农民居住向社区集中；清理整顿分散的小型工业集中区、工业作坊，引导工业向开发园区集中；通过农田标准化改造，引导农业向规模经营集中。通过"农地重整、镇村重建、要素重组"，引导乡村建设用地集约使用。按国家下达的耕地和基本农田保护目标，严格保护耕地和基本农田。

2. 促进公共服务均等化，实现公建指标达到要求

加大城乡基本公共服务投入，使乡村基础设施投入方面实现与城市同质、同权、同标准，努力实现城乡基本公共服务均等化。加大对各种公共设施、基础设施的投入力度，努力使人均道路面积、人均公共绿地面积、人均体育场馆面积达到国家相应标准，实现土地集约方面公建指标达到标准。有序引导乡村人口按规划居民点集聚，按功能和需求合理配置公共服务设施，充分

听取村民意见,尊重村民意愿,正确处理村庄的近期建设和长远发展的关系,使乡村居民享受优质便捷的公共服务,实现城乡基本公共服务均等化。

3. 完善土地流转制度，提高土地利用效率

农村土地流转是提高土地利用率、实现土地规模化、加快农村剩余劳动力转移的重要方式。在提升土地流转力度的同时应给农民创造更多的就业机会，提高农民工资性收入，减少农民对农地的依赖。同时进一步培育和完善农地流转制度和农村劳动力就业市场。通过积极的宣传和正确的引导，鼓励农民大胆探索，积极创新，协调发展现代高效农业，促进农业结构的调整，提高农业的市场化、组织化和规模化，提高土地利用效率。同时建立健全农村社会保障体系，做好失地农民的就业安置工作，加强技术培训和职业教育，为农民身份的转型奠定良好的基础。

第七节　江苏农村剩余劳动力转移与市民化分析

狭义上讲农村剩余劳动力，是指农村劳动力中没有从事农业生产也没有从事其他生产或服务活动的劳动力。但上述定义无法概括农村地区没有完全发挥其劳动能力的农村劳动力，引起广义上的农村剩余劳动力是指扣除农村生产需要的最低劳动力数量之外的农村人口，也有学者将农村剩余劳动力区分为显性剩余劳动力和隐性剩余劳动力。推进农村剩余劳动力向城镇有序转移是实现城镇化、工业化、农业现代化的重要内容之一，没有人口的迁移就无法实现城镇化，城镇工业也得不到持续的劳动力供给，更无法提高农业劳动生产率。因此，有序实现农村剩余劳动力转移对健康实现城镇化、工业化、现代化至关重要。

改革开放以后江苏省经济的持续快速发展，不仅带动了自身大量农村剩余劳动力向城镇的转移，而且还吸引了大批其他省份的农村剩余劳动力，为全国城镇化和农民收入的提高做出了很大的贡献。当前，随着国际和国内经

济环境的变化，江苏省经济的发展面临着转型和转移的"双转"特征，这不仅会给农村剩余劳动力转移的规模和方向带来影响，也给农村剩余劳动力的素质提出了新的要求。针对这一问题，本节重点从当前江苏省农村剩余劳动力的历史、现状特征、数量规模以及政策等方面给予分析和说明。

一、江苏农村剩余劳动力转移与市民化的简单回顾

20 世纪 80 年代中期，随着苏南乡镇企业的异军突起，在放活农村经济，推进农村工业化和农村城镇化迅猛发展，调整农村内部产业结构的同时，促使大量农村劳动力"离土不离乡、进厂不进城"，就近、就地转移到农村二、三产业就业。这个时期农村剩余劳动力转移还仅仅处于萌芽、自发阶段。进入 20 世纪 90 年代后，特别是 1992 年市场经济体制改革以来，全省特别是苏南地区调整生产力布局，大力发展外向型经济，推进农村城镇化、农业现代化，经济出现了快速发展，工业反哺农业、城市支持农村的力度加大，农村劳动力流动区域和转移规模迅速扩大。但是，在典型的二元社会结构框架下，农民选择外出务工经商、到城市寻找就业机会仅能增加收入，在就业机会、公共就业服务、就业权益保障、社会公共福利等方面还无法享受与城市居民平等的待遇，也无法改变农民身份，达到真正融入城市社会的目的。因此，这种转移实质上是一种自发的一次性转移，存在着盲目性和无序性。

进入 21 世纪，随着市场经济体制逐步完善，工业化、城镇化进程的加快，特别是党的十六大提出统筹城乡经济社会发展方略，江苏进一步加快了城乡统筹改革的步伐，着力点放在改变城乡二元经济结构，推进体制改革与创新，改善农民的生产生活条件上。实行了全省城乡统一的户籍管理制度，把劳务输出摆到了社会经济发展和农村工作更为突出的位置。组织开展并推动了苏北劳动力向苏南有序转移，启动了劳动力市场信息网"镇镇通"工程，建设城乡一体的劳动力市场，拨出专款用于资助百万农民工技能培训，加大培训和维权力度，大力改善劳务输出人员的就业环境和条件。由此，在市场调节

和政策引导下进行，伴随着就业的流动、身份的转换和居所的迁移，农村劳动力的思想观念、生活方式也在发生着质的变化，其身份逐步由"农民"向"市民"转变。这种转移是以城乡统筹就业为基础，就业岗位的转变为重点，职业技能和创业能力的提高为前提，在政府规划、引导、扶持下统一的、有规范的转移，也就是我们所说的真正意义上的农村剩余劳动力转移。

二、江苏农村剩余劳动力的现状特征

2012 年江苏省农村 2929.89 万人，比 2011 年减少 2.64%，占全省总人口的比重为 37%，比 2011 年下降了 1.1 个百分点。2012 年，农村人口总劳动力数量为 2620.82 万人，占农村总人口的 89.45%。

1. 农村劳动力逐年稳定递减，镇人口增加明显比城市慢

2012 年江苏省农村劳动力总量为 2620.82 万人，比 2011 年下降了 1.2%。从近几年农村劳动力的总量来看(图 1-44)，除 2009 年农村劳动力有所增加以外，近三年都呈逐步减少态势。农村劳动力的减少当然与农村总人口减少有很大关系。图 1-45 显示了近十几年江苏省农村劳动力减少趋势，2012 年江苏省农村人口 2929.89 万人，比 2002 年减少了 1165.36 万人，十年间减少了 28.46%，占全省总人口的比重也由 2002 年的 55.3%减少到 37%，十年间减少了 18.3 个百分点。

与农村人口减少相对应的就是城镇人口的增加。2012 年江苏省城镇人口总数为 4990.09 万人，占总人口的比重为 63%，比 2002 年提高了 18.3 个百分点，其中城市 3160.07 万人，占总人口的比重为 39.9%，比 2002 年提高了 12.5 个百分点，镇人口 1830.02 万人，占总人口的比重为 23.1%，比 2002 年提高了 5.8 个百分点，远低于城市人口的增加。因此，如何加快小城镇人口的集聚能力，促进农村人口向附近小城镇集中是未来农村城镇化的重点任务之一。

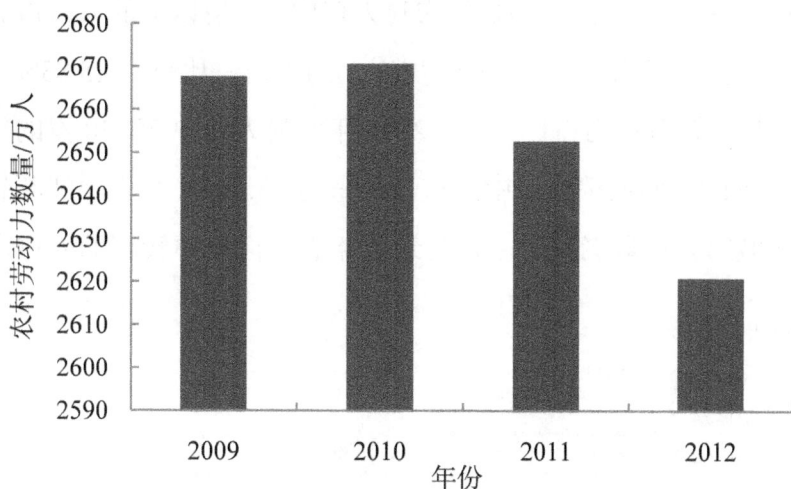

图 1-44　江苏省近几年农村劳动力总量图

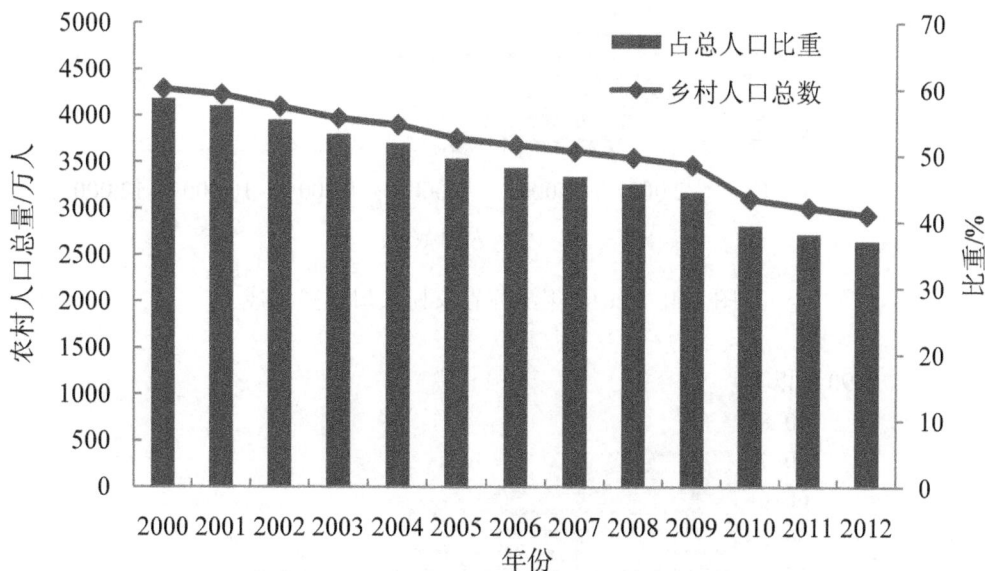

图 1-45　江苏省农村人口历年总量及比重

2. 农村人口年龄比城镇人口显老龄化

2012 年江苏省农村人口中占比重最大的年龄组是 45~49 岁，占农村人口的 9.99%；而城镇人口中占比重最大的年龄组是 40~44 岁，占城镇人口的 10.39%。从图 1-46 和图 1-47 也可以看出，农村人口的年龄构成明显比城镇人口的年龄构成显老龄化。2012 年农村人口中 60 岁以上的人口占农村人口的比重为 22.29%，而城镇人口中 60 岁以上的人口占比只有 15.83%，远低于农村地区。从年轻劳动力占比来看，2012 年农村人口中 20~40 岁的年轻劳动力占比为 24.44%，而城镇人口中的这一比重为 33.19%。因此，江苏省农村地区的人口比城镇人口显老龄化。这与近几年农村向城镇转移的人口多以青年

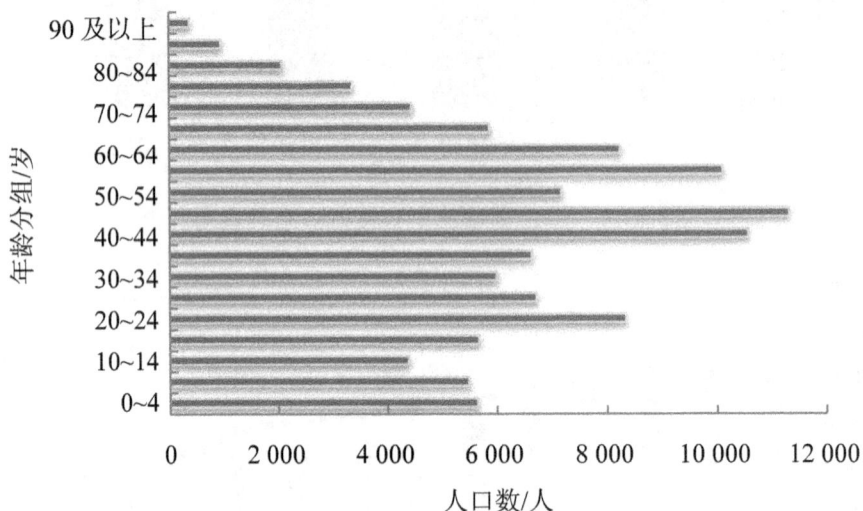

图 1-46　2012 年江苏省农村人口年龄构成

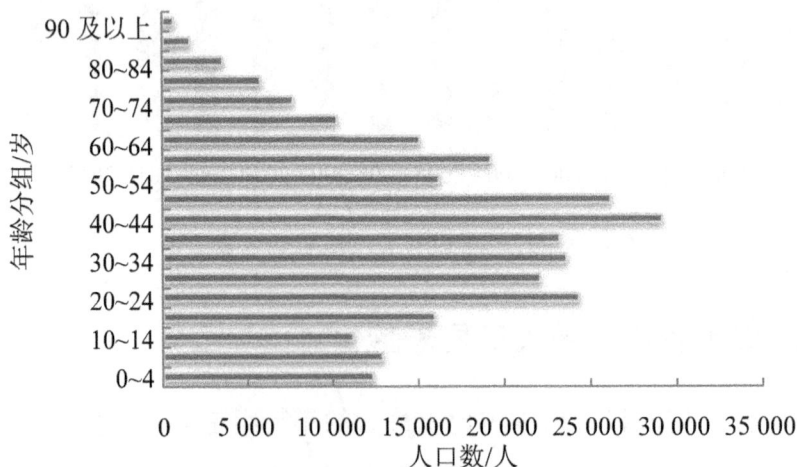

图 1-47　江苏省城镇人口年龄构成

劳动力为主有很大关系。但这给未来农村劳动力持续向城镇转移以及农村地区的养老等问题带来了很大的挑战，如何在实现农村劳动力顺利转移的同时解决好农村地区的养老问题是江苏省农村城镇化与工业化需要重点解决的问题之一。

3. 农村劳动力人口素质有所提高，但与城镇地区的差距仍在扩大

抽样调查结果显示，2012 年江苏省农村地区 6 岁以上人口具有高中以上文化程度的人口比重为 15.43%，比 2011 年提高了 1.17 个百分点，其中高中文化程度和大学以上文化程度分别占 11.67% 和 3.76%，分别比 2011 年提高 0.77 个百分点和 0.40 个百分点。而对于不识字或者识字很少的人口比重，农村地区约为 8.04%，比上一年减少了 0.14 个百分点(图 1-48)。这说明 2012 年农村地区人口文化素质水平有所增加。但是与城镇地区相比就相差很远了，2012 年江苏城镇地区高中以上文化程度人口占比达 37.49%，是农村人口这一比重的 2.43 倍，其中高中文化程度和大学以上文化程度占比分别为 21.00% 和 16.50%，分别是农村地区相应比重的 1.27 倍和 3.10 倍。而对于不识字或者识字很少的人口比重，农村地区约为城镇地区的 2 倍(图 1-49)。

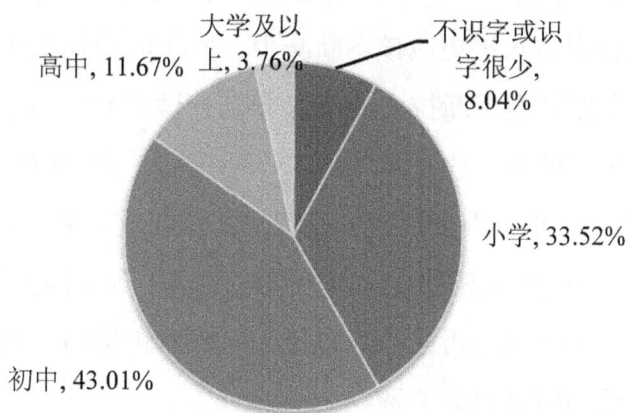

图 1-48 江苏省 2012 年农村地区人口受教育程度

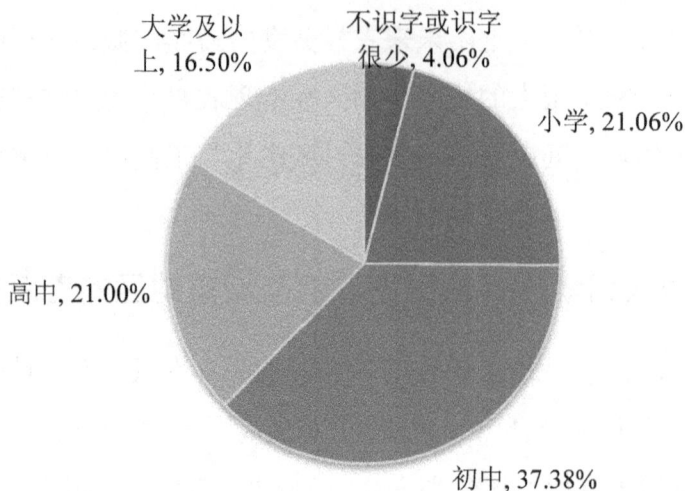

图 1-49　江苏省 2012 年城镇地区人口受教育程度

　　一般来讲，农村地区的人口素质与城镇地区之间都存在着一定差距，而且这种差距随着经济的发展过程一般呈现出先拉大再减少的一个过程，呈 U 形曲线。过去一段时间我国处于经济增长的初期阶段，为了支持城市和工业的发展，农村和农业在经济发展中一直承担付出角色。而当前正是我国推进城市支持农村、城乡一体化发展和工业反哺农业的阶段，因此城乡之间在人口素质上的差距应该不断缩小，特别是经济发展水平位于国家前列的江苏省，城乡之间的人口素质水平更应该不断减少。但我们看到，江苏省城乡之间人口素质水平的差距却在不断拉大。2012 年江苏城镇地区高中以上文化水平人口比重比农村地区的这一比重高 22.07 个百分点，而 2011 年这一差距还是18.25 个百分点。一年之内就扩大了近四个百分点，这种差距的扩大趋势还比较明显。其中的原因与城镇地区良好的教育资源、农村地区教育资源相对缺乏有很大关系，同时也与近几年农村地区向城镇转移的劳动力基本都是受教育水平较高的劳动力有很大关系。

4. 农村劳动力就业结构以非农业为主，但存在较大区域差异

　　2012 年，江苏省农村地区劳动力从事非农业活动的人口为 1824.79 万人，

约占农村从业人员的 69.63%，比上一年提高了 0.61 个百分点。而且近几年农村地区从业人员中从事非农业活动的人口比重基本都在三分之二以上(表1-24)。因此，农村地区大部分劳动力都是从事非农业活动。这也反映了江苏省农村地区存在着较高水平的工业化和城镇化现象。从行业分布来看，农村地区从事非农活动的人口一般集中在工业、建筑业、交通运输业以及批发零售业等行业。2012 年，江苏省农村从业人员中上述几个行业的比重分别为30.47%、14.41%、4.37%和5.95%，分别比上年提高了 0.65、0.37、0.11、0.17个百分点，其中工业就业比重增加最快。

表 1-24　近三年江苏省农村从业人员就业结构

年份	2010	2011	2012
农林牧渔业/%	32.20	30.98	30.37
工业/%	28.98	29.81	30.47
建筑业/%	13.76	14.04	14.41
交通运输、仓储及邮政/%	4.18	4.27	4.37
批发和零售业/%	5.57	5.78	5.95
其他服务业/%	15.31	15.12	14.43

虽然从整体上看，江苏省农村地区大部分劳动力都从事着非农活动，但其内部也存在着很大的区域差异。如表 1-25 所示，可以看出，苏南的农村地区从业人员中非农化比重相对较高，如南京市农村非农化就业水平为77.53%，无锡为82.91%，苏州为86.51%，常州为80.48%，镇江为74.93%。有的区县，如昆山、常熟，这一比重已经达 90%以上，几乎所有的农村人口都在从事非农业活动，也就是说基本完全实现了农村工业化和城镇化。而苏中的农村地区非农业就业水平也比较高，如南通市为77.16%，扬州市为80.27%，泰州市为78.02%，但有的区县，如兴化市，则相对较低。苏北的农村地区劳动力非农化水平最低。如徐州为59.50%，连云港为52.39%，淮安市为58.10%，盐城市为61.76%，宿迁市为60.39%，均达不到全省的平均水平。有的区县，如

泗洪县、灌云县、灌南县，这一比重只有 40%多。从各区县的分行业结构来看，有的区县以工业为主，如张家港、昆山、常熟、太仓、江阴、扬中等地，农村劳动力从事工业活动的比重均在 60%以上。有的区县建筑业比较突出，如高淳、溧阳、金坛、句容、海安、海门、宝应、仪征等县市，农村从事建筑业的人口比重均在 20%以上。而有的区县批发零售业则比较发达，如启东、海门，农村批发零售业从业人员比重都在 10%以上。

表 1-25　　2012 年江苏省分地区农村从业人员就业结构

地区	农林牧渔业 /%	非农业				
		合计/%	工业/%	建筑业/%	交通运输业/%	批发和零售业/%
南 京 市	22.47	77.53	30.74	20.09	6.24	6.32
溧 水 县	22.49	77.51	30.98	20.95	5.84	6.23
高 淳 县	26.51	73.49	23.77	30.14	7.56	4.64
无 锡 市	17.09	82.91	58.78	6.85	3.23	5.08
江 阴 市	14.87	85.13	59.57	7.03	4.00	5.65
宜 兴 市	28.45	71.55	46.75	9.95	3.22	4.57
常 州 市	19.52	80.48	44.34	13.30	4.13	5.22
溧 阳 市	26.16	73.84	26.95	28.10	5.53	5.50
金 坛 市	26.61	73.39	34.68	21.54	4.28	4.48
苏 州 市	13.49	86.51	59.51	5.73	3.13	5.74
常 熟 市	9.84	90.16	61.35	5.41	3.17	6.22
张家港市	10.82	89.18	64.57	5.47	4.24	5.31
昆 山 市	8.86	91.14	63.74	4.71	2.55	6.08
太 仓 市	20.05	79.95	62.31	3.71	2.10	2.54
镇 江 市	25.07	74.93	46.70	11.47	3.55	3.45
丹 阳 市	22.88	77.12	55.04	8.67	3.10	3.16
扬 中 市	17.68	82.32	60.75	5.45	2.88	3.82
句 容 市	33.80	66.20	29.14	21.12	3.71	2.59
南 通 市	22.84	77.16	26.71	19.97	5.73	9.36
海 安 县	20.13	79.87	28.80	22.17	7.60	8.86

续表

地区	农林牧渔业/%	非农业				
		合计/%	工业/%	建筑业/%	交通运输业/%	批发和零售业/%
如东县	18.74	81.26	31.32	18.85	6.23	6.57
启东市	26.70	73.30	23.89	18.20	5.09	11.37
如皋市	24.38	75.62	27.35	18.62	4.61	5.27
海门市	25.21	74.79	22.91	22.99	4.75	13.17
扬州市	19.73	80.27	34.36	18.39	4.25	6.67
宝应县	25.47	74.53	25.68	23.50	4.84	8.39
仪征市	15.34	84.66	31.68	20.73	3.55	4.69
高邮市	24.99	75.01	37.85	18.38	3.88	5.55
泰州市	21.98	78.02	28.20	17.32	6.16	7.71
兴化市	32.95	67.05	16.00	9.60	6.58	8.94
靖江市	21.14	78.86	48.92	8.78	6.27	5.19
泰兴市	18.41	81.59	27.06	20.59	5.82	9.59
姜堰市	17.64	82.36	30.03	28.09	6.85	5.57
徐州市	40.50	59.50	26.19	13.66	4.10	5.93
丰　县	51.12	48.88	22.60	12.93	2.67	3.83
沛　县	35.43	64.57	27.81	19.91	3.62	5.02
睢宁县	41.91	58.09	26.39	14.01	2.27	4.43
新沂市	44.70	55.30	20.58	17.54	4.09	5.89
邳州市	34.38	65.62	31.06	9.72	5.53	8.37
连云港市	47.61	52.39	16.45	16.35	4.09	4.43
赣榆县	44.66	55.34	17.56	22.80	3.59	3.76
东海县	45.79	54.21	16.81	18.49	4.63	4.10
灌云县	51.71	48.29	16.23	10.98	2.75	3.44
灌南县	52.67	47.33	12.64	12.45	5.55	4.46
淮安市	41.90	58.10	17.24	14.42	3.27	4.01
涟水县	43.18	56.82	9.34	9.38	2.08	3.37
洪泽县	37.15	62.85	28.95	15.90	4.05	3.53
盱眙县	37.44	62.56	17.56	10.00	3.57	4.08
金湖县	40.25	59.75	25.22	18.23	3.20	4.17

续表

地区	农林牧渔业/%	非农业				
		合计/%	工业/%	建筑业/%	交通运输业/%	批发和零售业/%
盐 城 市	38.24	61.76	19.19	12.07	4.45	4.47
响 水 县	43.85	56.15	25.29	5.89	3.25	3.72
滨 海 县	39.61	60.39	12.79	10.14	5.29	4.07
阜 宁 县	42.74	57.26	12.53	15.03	3.66	3.58
射 阳 县	37.84	62.16	14.98	10.60	4.87	5.59
建 湖 县	31.58	68.42	29.53	11.67	4.43	5.49
东 台 市	42.55	57.45	19.05	13.71	4.12	4.32
大 丰 市	33.57	66.43	23.07	8.68	4.56	4.34
宿 迁 市	39.61	60.39	26.70	13.29	3.56	5.96
沭 阳 县	35.12	64.88	31.34	10.59	4.20	5.66
泗 阳 县	39.36	60.64	27.49	14.63	2.75	4.90
泗 洪 县	59.21	40.79	15.46	11.97	2.30	4.37

三、江苏农村剩余劳动力的定量评估

1. 估算方法

在目前的自然、社会、经济和技术条件下，农业资源尤其是耕地资源对农业劳动力资源需求具有决定性的作用。因此我们这里采用劳均耕地方法对农业剩余劳动力进行估算。公式如下：

$$SL_t = L_t - S_t / M_t \tag{1-7}$$

SL_t 表示第 t 年农业剩余劳动力，L_t 表示第 t 年农业实际劳动力，S_t 表示第 t 年实有耕地面积，M_t 表示第 t 年劳均耕地面积。劳均耕地面积的计算一般假定 1957 年作为农业劳动力充分利用的固定期，然后根据以下公式进行估算：

$$M_t = 0.5792 \times (1 + \beta)^{(t-1957)} \tag{1-8}$$

式中，β 为经营耕地变动率(以描述农业生产技术进步对农业生产率的影响)。一般假设 1957 年我国不存在农业剩余劳动力，按照这一年的数据计算的劳均耕地面积为 0.5792 公顷。据国家统计局测算，我国农业集约化经营水平可以达到劳均耕地 0.67~1.0 公顷[①]。据此测算，β 的值在 0.0028~0.011。江苏省作为全国经济发达省份，且随着近几年的发展，农业生产技术又得到了进一步提高，因此，我们这里取 β 的值为 0.01。

2. 江苏省历年农业剩余劳动力估算

鉴于江苏省农村存在大量非农业劳动力，如果用农村从业人员来计算农村剩余劳动力势必造成估计过高，因此，我们这里使用第一产业从业人员数量对农业剩余劳动力进行估算。通过查阅江苏省统计年鉴，我们可以得到江苏省历年耕地面积和第一产业从业人员数量，如表 1-26 所示。根据上述公式可以计算出历年劳均耕地面积和农业剩余劳动力数量。

表 1-26　江苏省历年农村剩余劳动力估算

年份	耕地面积 /千公顷	第一产业从业人员 /万人	劳均耕地 /公顷	农业剩余劳动力 /万人	占从业人员比重 /%
1990	4557.86	2389.25	0.8043	1822.58	76.28
1991	4549.97	2405.68	0.8124	1845.60	76.72
1992	4521.77	2337.93	0.8205	1786.83	76.43
1993	4495.66	2228.06	0.8287	1685.57	75.65
1994	4464.00	2131.65	0.8370	1598.31	74.98
1995	4448.31	2057.08	0.8454	1530.88	74.42
1996	5061.70	2014.06	0.8538	1421.22	70.57
1997	5055.67	1981.54	0.8623	1395.27	70.41
1998	5036.54	1946.49	0.8710	1368.22	70.29
1999	5024.22	1908.64	0.8797	1337.50	70.08
2000	5008.39	1890.96	0.8885	1327.26	70.19

---

① 来源：周健. 中国农村剩余劳动力的界定与估算方法研究. 农业经济研究，2009 年第 12 期。

续表

年份	耕地面积/千公顷	第一产业从业人员/万人	劳均耕地/公顷	农业剩余劳动力/万人	占从业人员比重/%
2001	4974.12	1832.25	0.8974	1277.95	69.75
2002	4905.02	1744.41	0.9063	1203.22	68.98
2003	4858.34	1615.49	0.9154	1084.76	67.15
2004	4795.19	1506.31	0.9246	987.66	65.57
2005	4780.37	1414.83	0.9338	902.90	63.82
2006	4743.00	1323.88	0.9431	820.99	62.01
2007	4730.48	1230.28	0.9526	733.68	59.64
2008	4718.66	1179.94	0.9621	689.48	58.43
2009	4688.06	1120.19	0.9717	637.74	56.93
2010	4726.16	1060.29	0.9814	578.73	54.58
2011	4753.25	1023.02	0.9912	543.50	53.13
2012	4746.01	989.98	1.0012	515.93	52.12

注：由于缺少统计数据，2010~2012 年耕地面积是在 2009 年耕地面积的基础上根据各年农作物播种面积进行折算得出

根据计算结果可以发现，从 1990 年到 2012 年，江苏省农村剩余劳动力呈现不断减少的趋势，从 1823 万人减少到 2012 年的 516 万人。而且农村剩余劳动力占第一产业从业人员的比重也不断下降，从 1990 年的 76.28%下降到 2012 年的 52.12% (图 1-50)。农村剩余劳动力减少的原因主要有以下几个方面：首先，江苏省城市化的发展，1990~2012 年，江苏省城镇化率从 21.6%提高到 2012 年的 63.0%，一年提高将近 2 个百分点，每年有 160 万人口新增为城镇人口，苏锡常等苏南城市的发展是吸纳江苏省农村人口的主要原因之一。其次，就是农村工业化和农村城镇化的发展。乡镇企业是江苏省一开始农村工业化的主力军，而且创立了闻名全国的农村工业化的苏南模式，江阴市的华西村也成为全国农村城镇化的典范，当然农村工业化和农村城镇化是相辅相成的关系。2012 年乡村人口 2929.89 万人，其中从业人员为 2620.82 万人，而乡村从业人员中从事农林牧渔业的人口仅为 796.03 万人，占农村人

口的 27.17%，也就是江苏省农村地区 70%以上的人口都从事的是非农行业，可见农村工业化对农村剩余劳动力的吸纳能力。当然除了城镇化和农村工业化对农村剩余劳动力的吸纳之外，还有农村人口生育率的降低、农村劳动力省外务工等原因的影响，但主要原因是江苏省自身的城镇化和农村工业化。

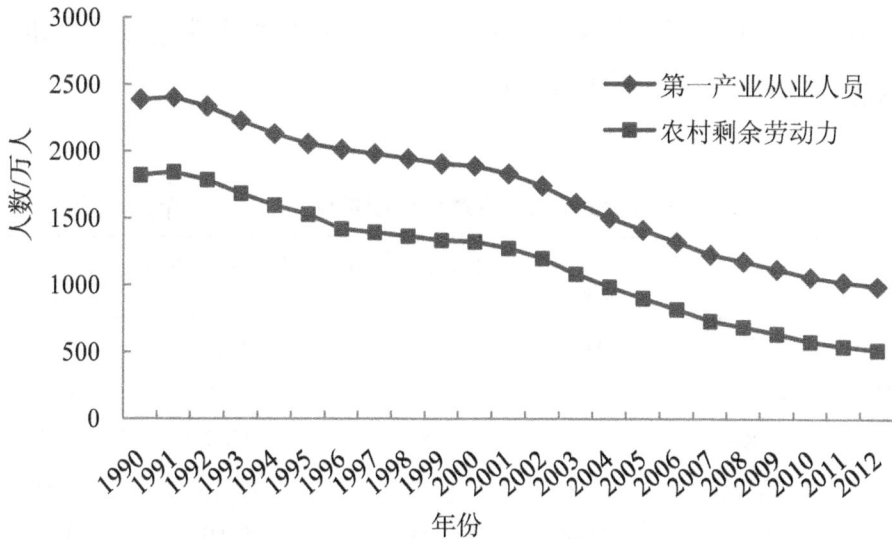

图 1-50　江苏省历年第一产业从业人员与农业剩余劳动力比较图

但我们也应该看到，目前全省第一产业从业人员中仍有一半以上的就业人员属于剩余劳动力，剩余劳动力的规模仍有五百多万，根据历史发展趋势，按照趋势外推的方法，我们可以拟合出全省农村剩余劳动力的变化曲线为

$$SL = -63.771t + 128\,784.40 \tag{1-9}$$

式中，R^2=0.988，拟合效果较好。按照上述拟合曲线，预计要到 2020 年农村剩余劳动力才能被完全吸纳。

3. 分地区农业剩余劳动力估算

由于 2010 年以后统计年鉴中不再统计耕地面积，因此，只能在 2009 年耕地面积的基础上，根据各地区农作物播种面积对 2012 年各地区耕地面积进行折算，折算方法是：

$$G_{2012} = G_{2009} \times (B_{2012}/B_{2009}) \tag{1-10}$$

式中，G_{2012} 是指 2012 年耕地面积，G_{2009} 是指 2009 年耕地面积，B_{2012} 是指 2012 年农作物播种面积，B_{2009} 是指 2009 年农作物播种面积。然后再根据 2012 年全省耕地数量对各地区耕地数量进行修正，以使各地区耕地数量总和与全省耕地数量相等。计算结果见表 1-27。

表 1-27　2012 年各地区耕地面积折算　　　　　　（单位：千公顷）

地区	2009 年耕地面积	2009 年农作物播种面积	2012 年农作物播种面积	2012 年耕地面积折算	2012 年耕地修正
南京市	242.07	341.88	335.28	237.40	236.72
溧水县	43.50	60.57	58.63	42.10	41.98
高淳县	36.48	53.76	52.28	35.47	35.37
无锡市	135.50	178.48	180.90	137.34	136.95
江阴市	32.33	43.48	43.84	32.60	32.51
宜兴市	65.81	89.74	95.24	69.85	69.65
徐州市	590.31	1056.60	1099.09	614.05	612.30
丰　县	75.67	133.81	134.92	76.29	76.08
沛　县	75.25	141.77	144.99	76.96	76.74
睢宁县	100.01	178.36	186.77	104.72	104.42
新沂市	78.46	141.56	153.10	84.86	84.62
邳州市	110.79	217.13	223.62	114.10	113.78
常州市	164.82	230.73	231.02	165.03	164.56
溧阳市	57.43	93.67	95.89	58.80	58.63
金坛市	32.04	56.85	56.62	31.91	31.82
苏州市	221.64	270.18	269.92	221.43	220.80
常熟市	56.44	75.87	75.65	56.27	56.11
张家港市	34.68	58.31	57.60	34.26	34.16
昆山市	18.70	27.42	26.61	18.15	18.10

续表

地区	2009 年耕地面积	2009 年农作物播种面积	2012 年农作物播种面积	2012 年耕地面积折算	2012 年耕地修正
吴 江 市	37.47	37.79	39.54	39.21	39.10
太 仓 市	25.86	49.46	50.06	26.18	26.10
南 通 市	468.17	852.65	854.96	469.44	468.10
海 安 县	54.70	103.57	103.27	54.54	54.38
如 东 县	109.14	173.46	173.00	108.85	108.54
启 东 市	69.02	152.59	153.41	69.39	69.19
如 皋 市	81.55	150.63	150.61	81.54	81.30
海 门 市	60.10	108.36	109.67	60.83	60.65
连云港市	369.74	580.56	591.88	376.95	375.88
赣 榆 县	67.45	102.72	106.08	69.65	69.46
东 海 县	130.67	187.04	192.98	134.82	134.43
灌 云 县	100.49	137.23	136.50	99.96	99.67
灌 南 县	59.19	97.58	98.59	59.80	59.63
淮 安 市	495.20	774.27	779.53	498.57	497.15
涟 水 县	103.02	163.53	164.76	103.80	103.50
洪 泽 县	39.45	66.59	67.34	39.90	39.78
盱 眙 县	119.73	161.90	165.00	122.02	121.68
金 湖 县	49.45	78.38	79.48	50.15	50.01
盐 城 市	781.65	1413.12	1460.12	807.64	805.35
响 水 县	60.93	107.05	109.20	62.15	61.98
滨 海 县	97.34	169.36	169.91	97.65	97.37
阜 宁 县	87.46	152.93	161.71	92.48	92.22
射 阳 县	137.22	210.82	218.43	142.17	141.77
建 湖 县	64.77	111.96	115.63	66.89	66.70
东 台 市	126.60	241.50	242.90	127.34	126.97
大 丰 市	104.89	239.17	252.52	110.75	110.43
扬 州 市	298.84	495.34	500.13	301.73	300.87
宝 应 县	76.74	129.60	131.36	77.78	77.56
仪 征 市	49.13	60.42	60.69	49.35	49.21

地区	2009 年耕地面积	2009 年农作物播种面积	2012 年农作物播种面积	2012 年耕地面积折算	2012 年耕地修正
高 邮 市	76.44	135.30	137.38	77.62	77.39
江 都 市	67.97	108.26	108.79	68.30	68.11
镇 江 市	170.03	238.25	238.28	170.05	169.56
丹 阳 市	53.93	85.46	85.46	53.93	53.77
扬 中 市	10.61	19.40	19.43	10.63	10.60
句 容 市	66.57	77.60	77.91	66.83	66.64
泰 州 市	313.65	562.52	571.97	318.92	318.02
兴 化 市	127.47	225.53	229.03	129.45	129.08
靖 江 市	28.97	54.96	55.16	29.07	28.99
泰 兴 市	69.06	129.80	131.54	69.99	69.79
姜 堰 市	55.82	101.27	104.27	57.47	57.30
宿 迁 市	437.86	698.94	703.96	441.01	439.75
沭 阳 县	141.94	243.43	243.61	142.04	141.64
泗 阳 县	70.09	109.76	111.47	71.18	70.98
泗 洪 县	132.93	188.56	188.01	132.54	132.17

因为 2012 年江苏省劳均耕地面积为 1.0012 公顷，因此根据各地区农业从业人员数和耕地面积即可得到各地区农业剩余劳动力数量。从计算结果可以发现如下几点。

从规模来看，农业剩余劳动力主要集中在苏北地区，2012 年苏北地区农业剩余劳动力达 328.68 万人，占江苏省的 63.70%，其中以徐州最多，徐州市农业剩余劳动力就高达 119.24 万人，占全省农业剩余劳动力的 23.11%，尤其是丰县、睢宁县农业剩余劳动力都在 20 万以上，是全省剩余农业人口较多的县。另外，苏北地区的沭阳也是农业剩余劳动力较多的县。苏南农业剩余劳动力最少，仅有 55.95 万人，而且大部分集中在南京和常州，其他几个地级市农业剩余劳动力仅有几万人，其中苏州最少，仅有 3.25 万人，常熟、张家港、昆山等市县几乎不存在农业剩余劳动力。而苏中地区居中，农业剩余劳动力 131.33 万人，主要集中在南通、泰州两个地区，其中兴化、启东、如皋、海门等市县的农业剩余劳动力相对较高，均在 15 万人以上。

从农业剩余劳动力占第一产业劳动力的比重来看，苏中和苏北地区这一比重都相对较高，均为 55% 左右。苏北地区的丰县这一比重最高，达 77.10%。徐州地区的其他几个县市比重也都较高，均在 60% 以上，除此以外，宿迁的沭阳、泗洪县，连云港的赣榆县、灌南县农业劳动力剩余比重也都在 60% 以上。而苏南地区的这一比重整体上仅为 37.63%，其中常熟、张家港不仅规模上较少，比重也都不足 5%，基本已经实现农村完全城镇化。但值得注意的是，苏北地区也有农业剩余劳动力较少的地区，如淮安的金湖县，不仅农业剩余劳动力规模仅有 0.14 万人，而且其所占第一产业劳动力比重也仅有 2.73%。这与金湖县近年来促进农村剩余劳动力的积极政策有很大关系。相比较而言，淮安市的其他区县与苏北地区其他地区相比，农业剩余劳动力比重也都明显偏低，基本与苏南地区的有些区县持平。这说明淮安市在农村剩余劳动力转移方面做出了很好的成绩，其政策措施值得其他地区积极借鉴(专栏 1-1)。除了淮安，盐城的射阳县、大丰县的农业剩余劳动力比重也仅在百分之十几的水平，远低于苏北其他地区，其在农村剩余劳动力转移方面也做出了较好的成绩。另外，苏南地区有些区县，农业剩余劳动力比重也相对较高，如南京市区、高淳、金坛、泰州市区、兴化、靖江、泰兴等，这一比重均在 50% 以上，其中高淳、靖江两个地区的比重更是在 60% 以上，基本为苏北地区一些区县的水平，因此在苏南地区内部也存在着较大的区域差异，有的区县还存在大量农村剩余劳动力(表 1-28)。

表 1-28 2012 年分地区农业剩余劳动力计算结果

地区	耕地面积/千公顷	第一产业从业人员/万人	农业剩余劳动力/万人	农业剩余劳动力比重/%
南京市	236.72	49.10	25.46	51.85
溧水县	41.98	7.34	3.15	42.89

续表

地区	耕地面积/千公顷	第一产业从业人员/万人	农业剩余劳动力/万人	农业剩余劳动力比重/%
高 淳 县	35.37	10.80	7.27	67.28
无 锡 市	136.95	18.20	4.52	24.84
江 阴 市	32.51	5.30	2.06	38.78
宜 兴 市	69.65	9.22	2.26	24.53
徐 州 市	612.30	180.40	119.24	66.10
丰 县	76.08	33.18	25.58	77.10
沛 县	76.74	21.49	13.83	64.34
睢 宁 县	104.42	30.62	20.19	65.94
新 沂 市	84.62	23.88	15.43	64.61
邳 州 市	113.78	28.72	17.36	60.44
常 州 市	164.56	31.70	15.26	48.15
溧 阳 市	58.63	10.46	4.61	44.03
金 坛 市	31.82	6.76	3.58	53.00
苏 州 市	220.80	25.30	3.25	12.83
常 熟 市	56.11	5.72	0.12	2.02
张家港市	34.16	3.57	0.16	4.49
昆 山 市	18.10	1.96	0.16	7.94
太 仓 市	26.10	3.38	0.78	22.97
南 通 市	468.10	114.50	67.75	59.17
海 安 县	54.38	12.32	6.89	55.93
如 东 县	108.54	14.28	3.44	24.09
启 东 市	69.19	22.23	15.31	68.91
如 皋 市	81.30	23.75	15.63	65.81
海 门 市	60.65	20.09	14.03	69.85
连云港市	375.88	83.00	45.46	54.77
赣 榆 县	69.46	18.84	11.90	63.18
东 海 县	134.43	20.49	7.06	34.45
灌 云 县	99.67	19.22	9.26	48.19
灌 南 县	59.63	16.72	10.77	64.38
淮 安 市	497.15	83.80	34.14	40.75

续表

地区	耕地面积/千公顷	第一产业从业人员/万人	农业剩余劳动力/万人	农业剩余劳动力比重/%
涟 水 县	103.50	20.67	10.33	49.99
洪 泽 县	39.78	6.19	2.21	35.79
盱 眙 县	121.68	14.85	2.70	18.16
金 湖 县	50.01	5.13	0.14	2.73
盐 城 市	805.35	140.10	59.66	42.59
响 水 县	61.98	11.30	5.11	45.20
滨 海 县	97.37	21.61	11.88	54.99
阜 宁 县	92.22	19.29	10.08	52.25
射 阳 县	141.77	16.03	1.87	11.65
建 湖 县	66.70	11.59	4.93	42.51
东 台 市	126.97	25.20	12.52	49.67
大 丰 市	110.43	12.76	1.73	13.59
扬 州 市	300.87	52.60	22.55	42.87
宝 应 县	77.56	15.68	7.93	50.59
仪 征 市	49.21	5.17	0.25	4.88
高 邮 市	77.39	13.23	5.50	41.56
镇 江 市	169.56	24.40	7.46	30.59
丹 阳 市	53.77	8.11	2.74	33.78
扬 中 市	10.60	2.23	1.17	52.50
句 容 市	66.64	8.33	1.67	20.06
泰 州 市	318.02	72.80	41.04	56.37
兴 化 市	129.08	31.63	18.74	59.24
靖 江 市	28.99	8.92	6.02	67.53
泰 兴 市	69.79	16.35	9.38	57.37
姜 堰 市	57.30	9.58	3.85	40.25
宿 迁 市	439.75	114.10	70.18	61.51
沭 阳 县	141.64	37.68	23.53	62.45
泗 阳 县	70.98	19.95	12.86	64.47
泗 洪 县	132.17	29.34	16.14	55.01

专栏 1-1　淮安市金湖县"获证奖补"政策有效促进农民就业

　　为全面提高农村劳动力职业技能水平，促进农村劳动力转移就业由初期的简单就业向技能就业、稳定就业和素质就业转变，从 2011 年起，金湖县开始对农村劳动力职业培训实行职业技能培训鉴定获证奖补政策。截至目前，全县已有 2100 名农村劳动者享受获证奖补，共发放资金 175 万元。

　　"获证奖补"是农村户籍从业人员经过培训，取得职业资格证书或专项职业能力证书后，依据证书等级，由财政部门通过惠农补贴"一折通"一次性发给获证者培训考证补贴资金。为充分调动农民自主参加职业培训和技能鉴定的积极性，县人社局、财政局向全县定点培训机构和农民工广泛宣传"获证奖补"政策，指导全县定点培训机构调整教学计划，增强教学力量，围绕服务企业用工，主动与企业对接，采取集中办班、上门辅导、在岗实训等形式开办各类技能培训班，增强培训实效。两年来已累计举办农民工获证奖补培训班 80 多期，参加培训人员达 2800 人次，有效促进了农民就业。

来源：江苏农业网 2012-12-26

四、江苏农村剩余劳动力转移分析

农村剩余劳动力流向分析

　　为全面了解江苏省农村外出务工人员就业状况和就业意愿，江苏省人力资源与社会保障厅曾经利用 2012 年春节期间农民工集中返乡的有利时机，在全省布置开展了农村外出务工人员就业状况调查。本次调查主要依托乡镇和村级劳动保障工作机构，采取进村入户、现场询问的方式，全省共有 12 818名农村外出务工人员接受了调查，其中，苏南 4883 人、苏中 2990 人、苏北4945 人，分别占 38.1%、23.3%和 38.6%。这里笔者采用其调查结果对江苏省目前农村剩余劳动力转移进行分析，以期有针对性地采取措施，组织和引导农村剩余劳动力有序转移[①]。

---

　　① 江苏省人力资源与社会保障厅《关于 2011 年全省农村务工人员就业状况和 2012 年就业意愿的调查报告》。

截至 2011 年末，全省农村劳动力转移总量达 1798.91 万人，转移比重为 67.54%，其中劳务输出 879.91 万人，占农村劳动力转移总量的 48.9%。农村劳动力转移具有以下基本特点：

(1) 省内转移是主体，大部分农村外出务工人员在省内就业。2011 年，江苏省有 71.4%的农村外出务工人员在省内就业，在上海就业的占 8.1%，在浙江省就业的占 4.6%，在山东省就业的占 2%，在广东省就业的占 1.9%。近年来，在国家西部大开发的实施、北京申奥成功、上海申博成功、西电东输、西气东输、南水北调、青藏铁路等重大项目相继开工的新形势下，江苏各地抓住机遇，向省外拓展了劳动力输出空间，到省外打工的农村劳动力继续增加。其中尤其是到东部地区省市打工的人数增加较多、比重较高。

(2) 农村外出务工人员主要从事制造业和建筑业。2011 年，江苏省有 39.9%的农村外出务工人员从事制造业，有 17.8%的人员从事建筑业，制造业和建筑业合占 57.7%，是江苏省农村外出务工人员就业的主要领域。除了上述两个行业，农村外出务工人员就业比重较高的行业还有住宿餐饮业(7.4%)，居民服务和其他服务业(7.1%)，批发和零售业(5.2%)等。向省外转移的劳动力中以从事建筑业的居多。21 世纪以来，在经济持续较快发展过程中，我国制造业和大中型建设工程规模扩大，工业化和城市化进程的加速，使得工业、建筑和社会服务等行业容纳劳动力的能力增强，对农村劳动力也呈现着较强的吸纳能力。

(3) 农村外出务工人员以 18~35 岁的年轻人居多。2011 年，江苏省农村外出务工人员中，18~25 岁的占 22.3%，26~35 岁的占 41.4%，两者合占 63.7%；36~45 岁的占 28.6%，46 岁及以上占 7.7%。因此，青壮年是江苏省农村外出务工人员的主力军。

(4) 农村外出务工人员具有较高的文化和技能素质。2011 年，江苏省农村外出务工人员中，高中及以上文化程度的占 54.4%，初中文化程度的占 40.9%，小学及以下占 4.7%；59%的人具有初级工以上技能，其中 28.2%的人为初级工，21.5%的人为中级工，6.2%的人为高级工，3.2%的人为技师和高级技师。同时，有62.1%的人接受过技能培训，其中接受过15天以内简单培训的占28.3%，接受过15~90天短期培训的占20.4%，接受过90天以上正规培训的占13.3%。较高文化和较强技能已经成为江苏省农村外出务工人员的最大优势。

(5) 农村劳动力转移对农民增收的作用继续加强。2011年，江苏省农村外出务工人员月平均收入为2902元，比2010年增加238元，增长8.9%。其中，81.6%的人月收入在2000元以上，13.4%的人月收入在1500~2000元，4.6%的人月收入在1000~1500元，1000元以下仅占0.4%。分区域看，西部地区务工月收入最高，平均为4371元，其后依次为东部其他地区4213元，环渤海地区3836元，珠三角地区3829元，中部地区3339元，闽东南地区3228元，长三角地区2749元。从支出结构看，江苏省农村外出务工人员月平均支出为1012元。从构成看，食物支出417元、占41.2%，住房支出180元、占17.8%，交通支出98元、占9.7%，通信支出93元、占9.2%，其他支出223元、占22.1%。

(6) 大部分农村外出务工人员合法权益得到了有效保障。2011年，江苏省农村外出务工人员平均务工时间为10.2个月，平均每月工作25.9天，平均每天工作8.9个小时。有74.4%的人签订了劳动合同，其中，有64.5%的人签订了个人劳动合同，有9.9%的人签订了集体劳动合同，有7.8%的人签订了劳动合同，但不清楚合同形式，还有2.7%的人不清楚是否签订合同，没有签订劳动合同的占15.2%。有78.1%的人拿到了2011年全部工资，有20.1%的人拿到了大部分工资，大部分没拿到和都没拿到的占1.7%。

(7) 大部分农村外出务工人员打算继续外出。调查显示，有56.1%的农村外出务工人员打算继续外出，其中，93.1%的人打算回2010年就业的地方。从行业看，有38%的人打算从事制造业，有21.5%的人打算从事建筑业，有6.8%的人打算从事住宿和餐饮业。有10.9%的人明确表示不打算继续外出务工，比上年增加 2 个百分点，主要原因包括家里有事离不开、外出务工收入太低、想在家乡做生意、加班太多吃不消、想学些技能再出去等。还有 33.0%的人正在观望。

总之，我们认为：一是由于农村劳动力外出务工收益高于农业生产，外出务工仍是当前和今后一个时期江苏省农民就业和增收重要渠道；二是随着区域发展差距缩小，苏北、苏中和中西部等传统劳务输出地区就业岗位、创业机会增多，再加上在外务工各项费用支出增加，就地转移和返乡创业将成为越来越多老一代农民工的重要选择；三是苏北农村新成长劳动力出于开阔眼界，谋求更大发展的考虑，希望外出到经济发达地区和大城市就业，成为外出务工的主体；四是由于在江苏务工收入低于其他省份，可能会造成农民工特别是外省农民工流失；五是农村外出务工人员和用工企业在工资预期、年龄性别、就业时间等方面存在差别，导致人力资源市场供求结构性矛盾十分突出，一定程度上会引发部分地区、部分企业季节性、阶段性用工紧张状况。因此，必须通过加快经济发展方式转变、推进产业梯度转移、完善城乡统筹就业和平等就业制度等措施，更大力度地引导江苏省农村劳动力持续向城镇和非农产业转移，促进输入输出地人力资源供求紧密对接，实现服务企业用工和促进农民增收的双重目标。

五、江苏农村人口市民化的途径与障碍分析

1. 农村人口市民化的内涵与意义

城镇化的关键是农村人口市民化。所谓农村人口市民化，是指在城镇化进程中，借助于工业化的推动，让世世代代生活在农村的农民，离开土地和农业生产活动，进入城市从事非农产业，其身份、地位、价值观念及工作生活方式和交际方式向城镇人口转化的经济社会过程。农村人口市民化包含有两个方面：一是外在资格市民化即身份、职业的转变；二是内在素质市民化

即生活意识、权利意识的发育及行为模式的变迁，这需要一个长期的转化过程。然而这一转化的顺利进行需要三个主体，内外因相互作用，具体讲是指：农民自身的努力，主动的自我转变和认同；市民对于农民这一新市民群体的平等接纳与宽容；最重要的是政府必须提供有利于农民市民化进程的公平机制和有效措施，为农民市民化搭建良好的政策平台。一般来说，在城镇化的过程中，必然会带动农村人口市民化的进程，农村人口市民化的实现必然进一步促进城镇化的发展，两者是相辅相成的。

农村人口市民化是现代化建设中一个重大战略问题，推进农村人口市民化对于实现全面建设小康社会和实现现代化的进程具有重要意义。一是扩大内需、促进经济平稳较快发展的需要。伴随农民在城镇安家落户，其消费环境的改善、消费能力的提高和消费意愿的改变，必然会促进其衣食住行等方面的消费升级。农村人口市民化创造的巨大内需，无疑将会为保持经济平稳较快发展提供重要支撑。二是推进城镇化健康发展的需要。城镇化水平的提高在很大程度上主要来源于农民工进城就业。但是，工业化进程与农民市民化进程相脱节，是严重制约城镇化健康发展的一个突出矛盾。三是实现农村剩余劳动力转移的有效途径。江苏农村还存在一定量的剩余劳动力，特别是苏北地区，而解决这些剩余劳动力的根本出路在于向城镇转移，变农民为市民。这一方面使转移出来的农村劳动力依靠城镇非农产业，增加农民收入。另一方面又通过农村人口市民化大幅度减少农民，把置换出来的土地资源适度集中到部分农民手中，提高农业劳动生产率，以获取更多的农业收入。四是促进农民全面发展的必由之路。文明素质是人的现代化的基本要求，而提高农民的文明素质，实现农民现代化,完全在农村地域范围内可能很难实现，因此必须借助于农村城市化和农民市民化来促进农民的全面发展和人的现代化进程。五是促进社会和谐发展的需要。农民进城难，即使进城后也无法变市民，长期处在城市的边缘，融不进城镇社会，享受不到应有的权利，必然会累积很多矛盾，不仅他们自身的合法权益难以得到保护，也会导致农民对城市社会普遍怀有疏离感和责任意识匮乏，处理不好还会造成重大的不稳定隐患。

2. 农村人口市民化的途径与模式

根据农村人口的主观愿望，农村人口市民化大体上可以通过两种途径实现，即主动市民化和被动市民化。主动市民化包括农民工市民化、农村学生升学市民化、农村老人养老投奔子女市民化；而被动市民化则包括小城镇发展下的农民被动市民化及城市扩张下的失地农民被动市民化。根据主体是否发生转移，农民可以通过两条路径转化为市民，即异地转型和就地转型。异地转型是指通过跨区域流动，进入城市务工，以产业工人的身份在城市安家落户，实现思想认识、生产与生活方式向城市居民的本质转化。而就地转型则是指在自然村落逐步向城镇聚合或转变的过程中，在区域内以各类企业职工的身份在家乡过上市民生活。

在过去，农村人口市民化的现实途径主要有三种：进城农民工的市民化、乡镇企业职工的市民化(或叫做小城镇发展模式)和城郊失地农民的市民化(或叫做"城中村"发展模式)。在这些途径或者模式中，农村集体起到的作用十分有限，更多地都是农民和城市之间的相互作用。但也不排除有些村集体的积极作用，如江阴的华西村在村支书的带领下大力发展工业、服务业，并实现了华西村的就地城镇化，成为中国农村城镇化的重要典范。但这样的村子毕竟属于少数，大多数的农村集体以及村委会在农村人口市民化的过程中发挥的作用不大。

目前，随着农村生产要素流动性的增加，多地开始探索农村人口市民化的主动模式(专栏1-2)，当然这种模式只是处于探索阶段，但已经成为大势所趋。这种模式的主要特点包括：在农村村委会的组织带动下，通过承包地流转、置换、入股等多种方式实现农村承包地的规模化经营；通过农村居住区集中规划建设、宅基地置换商品房实现农村人口集中居住或进入城镇居住；

通过农村工业集中规划、集体资产置换股权等实现农村工业化；通过增加村级财政收入、提高农村基础设施建设实现农村景观上的就地城镇化。在这种模式下，农村集体起到主导作用，其重要前提是农村资源的市场化流动。因此，加快农村生产要素的市场化流动有利于农村城镇化的发展。

专栏 1-2　苏州探索四种方式推进农民市民化

李培福，江苏省苏州市相城区渭塘镇凤凰泾村二组的农民。这个当了一辈子农民的老人对记者感慨地说："没想到，我现在每月可以领到 831 元的'退休金'。我算了一下，加上村里给我的其他一些费用，一年就有 2.5 万元。"李培福的感慨，反映的正是苏州农民生活的变化。

苏州是苏南模式的发祥地。以集体企业为代表的苏南模式，促进了苏州的城镇化发展，也为苏州农民市民化的推进打下了坚实基础。2008 年 10 月，国家发改委将苏州列为城乡一体化发展综合配套改革联系点。通过改革创新，苏州按照"一张图"、"三集中"、"三置换"和"四对接"积极探索城乡一体化发展新路径。"一张图"，即科学制定规划，确定城乡空间布局和区域主体功能定位。"三集中"，即工业向规划区集中、农民向社区集中、农用地向规模经营集中。"三置换"，即以承包土地置换土地股份合作社股权、宅基地置换商品房、集体资产置换股份。"四对接"，即城乡基础设施、城乡公共服务、城乡社会保障和城乡社会管理的对接。

通过这些举措，苏州市加快消除城乡二元结构，推进城乡一体化发展。目前，苏州已经有 48% 的农民实现集中居住，农业规模经营比重达 80%，农村基本养老、基本医疗保险参保率均在 97% 以上，在全省率先实现城乡低保并轨，对于苏州的许多农民来说，生活水平已经向市民看齐了，只是户籍身份还不是市民而已。

在推进农民市民化进程中，苏州市也高度重视户籍制度改革。苏州早在20 世纪 90 年代就开始进行户籍制度的改革试点。而近年实施的以降低本市户籍居民户口迁移门槛、调动农民进城进镇落户积极性等为核心内容的《苏州市户籍居民城乡一体化户口迁移管理规定》则打开了"城市接纳农民的大门"。

来源：人民日报，《苏州探索四种方式推进农民市民化》，2013 年 8 月 11 日

3. 农村人口市民化的障碍

农村人口市民化的实现过程不会一帆风顺，不得不面对一些制约性因素和障碍。主要表现在以下几个方面。

1) 农村人口市民化的主体性制约因素与障碍

第一，农民自身在观念上比较陈旧。受传统小农经济思想、城乡文化差异的影响，特别是"不愿离土离乡"对乡土的眷恋心理和怕冒风险的心理，导致部分农民依然把土地作为自己的根本和保障，把游离于城乡之间既能挣钱、又能种田作为最理想的生活模式，进城农民很难完全融入城市生活。

第二，农民自身文化素质不高。在市场经济条件下，企业用人均采用聘任合同制，而且主要是按能力竞争上岗，劳动力的文化素质及技能显得十分重要。而大多数农民文化水平低，劳动技能差，缺乏竞争优势，要在非农领域就业，显然很难。在实际中，由于受文化水平和技术素质低的制约，有些农民即使暂时得到安置或自谋到出路，也随时有被企业淘汰或失去工作的可能，存在就业再失业的现象。

第三，农民进城后承担的心理压力大。相比长期在城市生活的居民，进城后的农民要承担更多的心理压力。一方面，外界城市居民的观念压力。城市居民长期对农民负面形象的印象，使农民进城后经常要受到城市居民的另眼相看，在行动上与心理上要承受更多的压力。另一方面，在农村，农民保持农事行为快节奏只有特定的几个时期，而城市居民全年工作快节奏，精神压力大。城市快节奏的行为方式对进城农民是个严重挑战，进城农民短时间内很难适应。

第四，农民进城后收入预期减少。农民进城后的最基本要求就是所带来的效益必须大于进城以前。然而，部分农民进城后造成预期收入下降，进城后生活、就医、子女教育等方面的支出预期又在增加，而且进城后又面临着收益不确定和不平衡等许多新问题，以致出现"农民想进城而不敢进和能进不要进，还是当农民好"等现象。

2) 农村人口市民化过程中的制度性制约因素与障碍

第一，城乡二元分割的户籍制度长期把农民拒之于城市之外。户籍上的区别导致了城市居民在教育、社会保障、政治等方方面面的权利享有上优于农民。虽然目前有些城市户籍制度有所松动，附属于户口上的城乡利益差别明显缩小，但农民进城的成本很高，还要受到各种歧视。即使进城多年改变了职业身份的"农民工"，也因户籍制度而享受不到市民的福利保障待遇。由于地位、待遇的不公，进城农民很难融入城市社会，只能漂移在农村和城市之间。

第二，现行土地流转制严重影响农民市民化进程。为了确保农村土地的稳定，实行土地几十年不变的承包政策，不准土地自由买卖、自由转让，这是完全必要的。但这种制度使承包的土地成了农民离不开的根，不能完全从土地上解放出来。在城市社会保障又覆盖不了进城农民的情况下，一些农民虽然人进了城，心却还留在农村，制约了农业劳动力的转移。

第三，被征地农民失利给农民市民化带来了极大消极影响。虽然城市土地产生出巨大利益，但在土地收益分配中，农民和村集体只得到了极少部分，政府及开发商得到了极大部分。而且大量的土地，历史上是以无偿划拨形式或几千元至一两万元一亩的低价被征用的。土地开发产生的巨额利润，通过二、三级渠道形成多管道分配，引发出农民强烈的不满。而且现行的征地补偿标准并没有考虑失地农民转化为市民的身份转变，没有考虑到就业的市场化以及生活基础已经城镇化，没有考虑到创业资本和社会保障，更没有考虑到失地农民如何分享城镇化的成果。

第四，社会保障是阻挠农民市民化的重要因素。农民进城所关注的重点不仅是户口，还有进城后能否保证有稳定的收入以及能否享受到城镇居民的社会保障。目前的状况是：一方面，政府的社会保障能力相对较弱；另一方面，进城农民大多数在私营企业，企业参保意识相对较差，进城农民的社会保障权益难以得到有效保证。

第五，进城农民的子女受教育的不平等是农民市民化的重要梗阻。由于进城农民原没有城市户口，孩子入学受教育就会遇到很多困难和障碍，即使解决了子女入学问题，所要支付的成本也大大高于有户籍的城市人口。如要解决进重点学校等问题，又将遇到城市教育机构布局还欠完善、投入相对不足等不平等问题。

3) 农村人口市民化过程中的其他制约因素与障碍

第一，城市长期以来对农民的传统偏见。从城市方面看，人们思想观念上受城乡对立、体制上受城乡分治的影响，对农民有一种根深蒂固的偏见——担心农民进城会带来住房、交通、教育、卫生、社会治安等方面的问题，还担心农民进城务工经商，会加剧城市劳动力供求矛盾；对进城农民缺少包容之心和宽广胸怀。似乎城市中目前存在的较高失业率、犯罪率和工伤事故率以及城市环境的脏乱差等问题，都与进城农民相关。城市对农村的排斥，市民对农民的歧视、对农民市民化的冷淡，阻碍了农民市民化的进程。

第二，城市现行的政策对农民仍有失公平。尽管近年来有些地区出台了一系列政策，为农民市民化开绿灯，但有的部门在制定和出台某项政策时，往往出于维护城市居民利益的考虑，在对农民市民化和农民进城的问题上，实行排斥和抑制政策的多，鼓励和支持政策的少，存在着重堵轻疏、重管理轻服务、重义务轻权益、重城市就业轻农民工安排的政策现象，进城农民在城市中实际处于"边缘状态"和"二等公民"的地位。

第三，当前经济发展不太适应农村劳动力就业转移需要。一是由于江苏省正处于经济增长与经济体制转型的特殊时期，经济增长方式由粗放型向集约型转变，科技管理越来越成为经济增长的因素，这就产生了资本和技术替代劳动力现象,对劳动力的需求呈减少趋势。二是城市规模小,城市功能弱,小城镇数量多,但整体素质比较低,经济集聚效应和规模效应难以发挥,郊区和农村接受辐射能力偏弱,无法吸纳更多的劳动力,农民缺乏转化为城镇居民的有效载体。

六、江苏农村劳动力转移和市民化的对策建议

随着社会开放度的进一步提高,城市农村务工人员的数量将继续增加,融入城镇社会不仅是健康城镇化的要求,而且也是社会全面进步的要求。以政府为引导,以农村劳动力为主体,以市场为导向,以多元城镇化发展为依托,以户籍制度改革、土地制度改革和社会保障制度改革为实施保障,通过建立和完善统一开放、竞争有序、城乡一体化、平等竞争的劳动力市场,因地制宜,大力发展劳动密集型产业和第三产业等劳动力吸纳能力强的产业,积极、稳妥、有序地实现农村人口市民化。

1. 加强社会宣传引导,提高对农村人口市民化的认识

各级政府和相关部门应树立全局观念和长远观念,充分认识农村人口市民化的重要性和必要性,把农村人口市民化纳入到城市发展战略和城乡一体化规划之中,采取有针对性的措施,大力维护进城农民的切身利益,平等对待进城农民和城市居民。加大对农村人口市民化的宣传教育力度,形成全社会重视、支持农村人口市民化的良好氛围。城市居民要摆脱自身优越感和对进城农民的歧视和排斥,树立平等开放的观念,看到农民进城的社会必然性,要在公平的环境中与进城农民和谐相处公平竞争。用人企业不能仅仅考虑自身的经济利益,更不能利用进城农民自身的不足损害农民利益,应该严格地按照法律程序和有关政策规定平等对待农民工。进城农民不应把自己看做是城市的过客和看客,而应该树立以城市为家的观念,积极改变自身的弱点,不断完善自身各个方面的素质,尽快融入城市生活,加快实现向市民的转化。

2. 深化户籍制度改革，破解农村人口市民化的困局

近年来，江苏省积极、稳妥地创新和推进户籍制度改革，大力放宽在引进人才、投资兴业等方面的落户条件，有力地推动了外来人口、农村剩余劳动力进入城市、城镇务工经商。废除农民、市民的身份制，逐步实现农民的自由迁徙，建立起城乡一体化的户籍管理制度。放宽农民进城落户的条件，允许在城市有合法固定住所、稳定职业和生活来源的农民转为市民，让更多农民享受到与城镇居民相同的就业、住房、社会保障以及子女义务教育等政策。逐步弱化或者说剥离原来附加在户籍制度上的那些权利、福利、待遇，把户籍制度真正回归成为人口管理的一个工具，还户口的身份凭证之本色。改革暂住证制度，对城市外来人口实行居住证制度，凭居住证在职业介绍、劳动用工、疾病预防、子女入学等方面享受与市民等同待遇。

3. 创新土地制度改革，推动农村人口市民化进程

在坚持家庭联产承包责任制以及统分结合的双层经营体制的基础上，创新土地流转制度，允许土地流转形式的多样化，比如通过转包、转让、互换、入股、租赁、股份合作等形式流转土地承包经营权，允许农民以土地换城镇就业和社会保障，从而永久转让土地承包经营权，形成农民退出农业和农村的机制。探索建立农村产权交易制度，逐步将农民在农村的资产变为农民进城创业的资本，推动农民变市民。对在城镇有稳定职业和固定住所的进城农民，自愿腾退住宅和宅基地的，运用市场机制，折价进行补偿，鼓励本集体经济组织成员间的住宅有偿转让。让城郊农民与城市居民具有同等的财产权利，如城市居民取得的房屋财产权可以进行买卖，城郊农民的(小产权)房屋也应允许有条件到市场上流通。探索农用土地直接入市交易制度。农用土地可按照政府的土地供应计划直接进入建设用地市场，农民以转让土地承包经营权的方式实现农地的转用，国家以土地转让交易税的形式调控土地供应并获

得部分土地增值收益，这样国家既可以运用市场机制对农民的土地承包经营权转让进行合理的直接补偿，保证农民在进入城市时能够支付转岗培训成本和社会保障成本，又能利用税收调节土地供应，从而减少政府部门、开发商与民争利的各种矛盾，切实维护农民的土地权益。

4. 完善社会保障制度，解除进城农民的后顾之忧

认真做好农村养老保险与城镇职工基本养老保险的转移接续。对已参加农村养老保险的农民工到城镇就业后，可将参加农村养老保险的时间按照一定比例折算为参加城镇职工基本养老保险的时间。对在城镇就业后又回农村的农民工，可将原参加城镇职工基本养老保险的时间折算为参加农村养老保险时间。引导农民以农村土地承包经营权换取城镇养老社会保障。有条件的地方，允许农民以户为单位，将全部承包经营权折抵为该户人口已缴纳一定年限的城镇基本养老保险基数。加快新型农村合作医疗与城镇居民医疗保险的对接，逐步实现城乡居民在统一体系内同标准参加医疗保险，同条件享受医疗待遇。将进城农民工纳入城镇职工医疗保险范围，抓好医疗保障异地结算工作。大力实施农民工平安计划，将与企业建立劳动关系的农民工全部纳入工伤保险、生育保险范围。稳步推进失业保险统筹，进一步提高农民工参保率。加大农民工帮扶力度。将已入籍落户并符合城市最低生活保障条件的农民工困难人员纳入城市最低生活保障范围，享受与城市居民平等的救助标准。

5. 规范劳动力市场，扩大农民的充分就业

引导和教育农民转变旧观念，确立没有技能、不提高技能就不可能稳定就业的新观念，确立自谋职业、竞争就业的新意识。按照市场化原则，制定城乡统一的劳动力就业政策，建立城乡统一的劳动力就业市场，实施城乡统筹就业。取消对农民工就业的歧视性政策规定，保障农民工的平等竞争就业、

自主选择职业以及"同工同酬"等相关权益。完善公共就业服务，对农民工开展多层次、多形式、全程免费的就业指导和职业介绍服务。大力发展乡镇企业、大力发展都市型、服务型的劳动密集产业，尤其是大力兴办第三产业，拓宽就业领域，开发就业岗位，以税费优惠等方式鼓励农民创业。全面推广农民工合同制度，建立规范的劳动关系，严厉打击拖长工时、拖欠克扣农民工资的现象。适时调整并严格执行最低工资标准，大力推行工资集体协商制度，建立农民工资正常增长机制。重视做好农民工再就业工作，对失业的农民工及时办理失业手续，发放失业保险金，并重新推荐就业。

6. 加强职业技能培训，提高农民素质和就业竞争力

完善政府支持、企业主导、个人自愿、社会参与的培训机制，鼓励用人单位、教育培训机构及社会力量开展农民工职业技能培训。对符合条件有效开展农民工职业技能培训的按规定给予培训补贴。实施"三单制"培训(学校出菜单、企业下订单、政府来买单的培训)。实施"双证制"教育培训(通过对农民开展学历教育与技能培训相结合的培训模式)，同时建立长效农民培训体系。将农民工子女义务教育纳入城镇教育发展规划，各类公办学校对农民工子女接受义务教育，要与本地学生在收费、管理等方面同等对待，不得向农民工子女加收借读费和其他任何费用。对农民工进行思想品德、法律意识、行为习惯、思维方式、文明意识和城市生活常识等方面的教育，提高法制观念、维权意识、社区观念、公共生活意识、公共产品保护意识等市民意识和市民观念，不断内化城市社会的生活方式和文化价值观念，在心理上和情感上认同自己是市民，实现自身角色的全面转化。

7. 创新住房保障制度，实现进城农民居者有其屋

重视改善农民工居住条件，制定强制性的居住标准，确保农民工居住场所符合基本的安全和卫生条件。改革房屋出租制度，简化手续，将办证制度

改为登记制度，使全部出租房屋纳入管理范围，坚持"谁出租，谁协助管理"的原则，居(村)委会要定期对辖区内出租房屋进行检查，对于出租房屋内的外来人口情况做到及时了解。农民工比较集中的各类开发区(园区)和城区，可以由政府牵头、吸引社会资金，集中建设农民工公寓，租赁给农民工居住，解决农民工和用工企业的后顾之忧。向农民工开放二级房屋市场。一部分进城时间较长、经济收入较高的农民工群体具备购买能力，而基于户籍制度的房地产市场限制了他们的消费，必须降低住房门槛，向农民工开放二级房屋市场。城市住房政策包括公积金政策、廉租房政策、经济适用房政策等，应该考虑农民工的住房问题，逐步将其纳入城市住房体系。通过上述措施，逐步解决好农民工的住房问题，降低农民工的定居成本，促进农村人口市民化。

8. 加快集体经济产权和股份制改革，确保集体经济的保值增值

尽快对土地已基本征完或全部征完的村组(社区)集体经济组织的产权制度进行改革与创新。以保护农民合法权益为核心，以农村产权制度为主线，以股权配置、股权界定、股权流动为突破口，构建"归属明确、权责清晰、保护严格、流转顺畅"的现代产权制度，逐步建立起适应市场经济体制的集体资产管理运行机制。在保证提取必要的公共积累的前提下，将集体经营性净资产折股量化到人，实行社员自治，着力构建和完善监督约束、风险防范、股权转让、经营激励和投资决策等五大机制。将村组(社区)的集体资产由实物管理转向资本经营。具体举措上，一是可组建农村集体资产经营公司，成为独立法人实体。二是可将农村集体资产冲破社区地域限制，采取多种形式跨行业跨地区和社会多元资本相结合，充分发挥农村集体资本的自身优势，发展各种合作经济组织。三是可发挥当地区位、资源等比较优势，选准选好农村集体资本的经营项目，加大服务型行业和租赁行业的发展力度。更重要的是应建立完善集体经济组织的法人治理结构，使其从所有者直接管理向委托职业经理人方向转变，真正实现法人治理、企业管理。应建立集体资产管理

委员会，负责集体资产管理的监督与指导。应建立集体资产监督管理制，包括集体决策制度、民主理财制度、民主公开制度、责任追究制度等。应建立集体资产管理考核体系，制订合理的集体资产保值增值的指标，对集体资产管理进行考核，并定期在社区公布，接受群众监督，以确保社区集体经济保值增值。

9. 加快"撤村建居"改革步伐，促进农村管理方式向城市社区管理方式的转变

在撤村建居中，应将所有农民户口转为城市户口，建立社区党支部，同时保留原村级集体经济组织。配备强有力的社区工作队伍，依法通过选举产生社区居委班子成员，按照相关文件要求，优化落实社区工作队伍，切实履行社区管理职责。合理规划建设、配置社区服务设施，推进社区服务中心建设，并开展好各项便民服务。切实加强社区规范建设，强化社区服务功能，着力提升社区建设的整体水平。加强相应的制度建设和精神文明建设，按照城市社区的规范和要求进行统一管理。加强对新市民的思想道德建设，通过丰富多彩的文化生活和市民化教育，拓宽农民与市民的社会交往和文化交流渠道，增强现代市民意识，提高居民的文化素养和文明程度，加快其生活观念、行为方式的转变和人口素质的提高。不断优化社区的治安、卫生环境和人文环境，促进社区管理由农村方式向城市方式转变。

10. 大力推进中小城镇建设，使农民就地转化为市民

推进农村人口市民化进程并不意味着一定要让农民大量进入大中城市。国际社会的经验告诉我们，在经济水平仍处在发展阶段，城市的承载能力有限，蜂拥而入只能引发城市人口过度膨胀所带来的"城市病"。相反，引导农民进入中小城镇安家落户不失为农村人口市民化道路的优先选择。在中小城镇落户的优势是中小城镇生活费用较低，生活压力较小，不足是中小城镇就业市场相对较窄，就业机会相对较少。因此，引导农民进入中小城镇的有力

举措除了放宽相应的入户条件之外，更重要的是必须加快中小城镇的经济发展水平。要结合经济结构战略性调整，立足比较优势，合理定位城镇功能，培育主导产业，形成特色经济，增强可持续发展的能力。通过主导产业的形成和崛起，带动新产业的发展和配套设施建设，增加中小城镇的公共服务功能和资本吸引力，提升中小城镇的承载能力，使中小城镇逐渐成为吸纳农民进城的主渠道。同时，加快推进中小城镇农民集中居住点建设，引导农民逐步向居住点集中，实行社区化管理。

第八节　江苏农村工业与城镇化对策建议

一、江苏农村工业化对策建议

1. 大力推进村企对接，优化农村工业化进程

村企对接就是让企业和农村结对帮扶，企业利用农村的资源，农村借助企业发展实现劳动力转移和农业现代化，进而推动农村工业化发展和农村经济发展水平的提高。近几年，江苏省为了推进农村的工业化进程，特别是落后地区的农村工业化，大力推进村企对接，并制定出 1011 个经济薄弱村，政府充当中介，引导企业和经济薄弱村相互结对帮扶(专栏 1-3)。为此，省委、省政府还专门在南京召开全省村企结对帮扶工作会议，对推动工商企业与经济薄弱村开展结对帮扶作出部署。根据省委、省政府召开的全省村企结对帮扶工作会议的要求，由省经贸委牵头，会同省国资委、扶贫办、发改委、农林厅、乡镇企业局还分别在盐城、连云港两地成功举办了两场村企结对帮扶专场对接会，取得了很好的效果。

专栏 1-3　盱眙县"村企对接"就业招工双促进

盱眙地处江苏腹地，是全国知名劳务输出大县，长年有 18 万人在外打工。春节前后，该县把破解企业用工难作为一项主要工作来抓，先后建设标准化乡镇人力资源市场 8 个，村级就业服务平台 184 个，并提出县、乡二级人力资源市场春节期间不休息，正常开放，企业和求职者随时随地可以很方便地参加各类招聘活动。与此同时，县有关部门还在春节前对县经济开发区和乡镇工业集中区开展了用工情况调查，统计出企业短暂性缺工达 4000 余人。

为此，该县及早谋划和制定"双走进、双对接"系列招聘活动方案，以"村民走进企业、企业走进村居，企业走进校园、学生走进企业"为抓手，广泛深入开展"村企对接、校企对接"活动，把用工服务工作打造成常态化、市场化运作模式。前不久举办的"2012 就业家乡——共建小康盱眙"系列招聘活动，7 场专场招聘会和 36 次招聘服务活动已为该县经济开发区和乡镇工业集中区企业输送员工 2174 人。

来源：淮安新闻网

村企结对帮扶是推进城乡一体化的一股动力，是工业反哺农业的重要形式，是深入实施"千村万户帮扶"工程的具体措施，也是村企互动的"双赢"之策。推动工商企业与经济薄弱村开展结对帮扶，可以搭建以工促农、以城带乡的新平台，促进改变城乡二元结构，逐步解决长久以来制约农村特别是经济薄弱地区经济发展的资本、技术、人才等瓶颈问题；可以有效发挥企业在发展理念、市场意识、品牌战略等方面的优势，加快农业发展方式的转变、农村发展理念的更新、农民生活方式的改变，从而有力推进城乡一体化进程。江苏工业较发达，规模以上的企业已超过 4 万家，选择一部分实力较强的企业与经济薄弱村实行结对帮扶，是一件可以办也能够办好的事。"千村万户帮扶"工程实施以来，1011 个经济薄弱村加快发展和增收脱贫的思想基础、工作基础明显增强，但要跟上全省发展步伐，困难仍然很多，必须采取更加有效的措施，增强他们自我发展的能力。开展村企结对帮扶，在帮助经济薄弱村加快发展和贫困农户增加收入的同时，也有利于企业拓展新的发展领域和

资源配置空间，实现村企"双赢"。

江苏省在实施村企对接工作中也取得了值得借鉴的很多经验。如在帮扶规划中突出重点，紧紧围绕经济薄弱村致富目标。在帮扶内容上统筹兼顾，帮助结对村加强班子建设、产业发展、基础设施建设、社会事业建设、农民培训就业和帮扶济困等。在帮扶形式上灵活多样，采取"一企一村"、"一企多村"、"多企一村"等形式，通过合作开发、产业推动、商贸带动、帮助招商引资等途径，促进结对村经济发展和低收入农户增收。在帮扶政策上积极探索，按照政府引导、企业参与、政策激励、合作共赢的思路，制定促进村企结对帮扶的有关政策，对参与企业在政治上给予鼓励，政策上给予优惠，建立了村企对接帮扶的长效机制。

2. 积极培育农业龙头企业，推进农业现代化

支持农业龙头企业发展是江苏省推进农业现代化、农村工业化与城镇化的重要措施之一。农业产业化是现代农业的发展方向，农业龙头企业作为现代农业产业体系的重要主体，是推进农业产业化经营的关键力量(专栏 1-4)。截至 2012 年年底，江苏省县级以上龙头企业已达 4977 家，其中国家级 61 家，省级 382 家，国家级龙头企业数居全国第二。江苏省 2012 年发布《关于进一步扶持农业产业化龙头企业发展的实施意见》，提出到 2015 年，全省农业龙头企业数量达到 6000 家，其中，国家级、省级农业龙头企业数量分别达到 80 家和 600 家，规模以上农产品加工业产值与农业总产值之比达到 1.6:1。到 2020 年，全省农业龙头企业数量达到 7000 家，其中，国家级、省级农业龙头企业数量分别达到 100 家和 800 家，规模以上农产品加工业产值与农业总产值之比达到 2.2:1。并从财政支持、税收优惠、保障用地、信贷支持、减轻负担等五个方面，针对全省农业产业化龙头企业发展关键环节，明确了具体扶持政策。

专栏1-4　江苏昆山：走向农业现代化

昆山市被农业部认定为首批国家现代农业示范区后，明确了以国家现代农业示范区为平台，加快推进率先基本实现农业现代化进程的工作思路，着力加大政策扶持力度和资金投入力度，有力地推动了全市优势主导产业和农业产业又好又快发展。据昆山市农委副主任于德山介绍，昆山市明确提出大力引进和发展先进制造业、现代服务业、现代农业等"三大产业"，把农业作为全市重要工作来抓，从战略上加以重视。昆山编制了《昆山市国家现代农业示范区"十二五"规划》，配套出台了一系列政策性文件，在全市形成了一套有利于推动现代农业发展的激励机制。积极探索和完善"合作社+农户"的生产经营模式，将分散生产的农户组织起来，力求资本、土地、劳力、市场等要素的有效组合。坚持现代都市农业为主攻方向，着力抓好"补短"、"补缺"、"补软"工作，不断做强做优精准绿色种植业等六大产业。

按照国家现代农业示范区建设总体规划和现代农业发展要求，昆山市坚持"三化"同步、城乡统筹，全市粮食作物、水产养殖、设施蔬菜瓜果等优势主导产业得到又好又快发展。阳澄湖现代渔业产业园，千灯大唐高效农业4600亩水稻基地、张浦镇千亩标准化蔬菜基地、张浦千亩梨园、张浦镇高效农业示范园……一个个农业基地把昆山农业现代化图卷装扮得绚丽多彩。2011年，昆山农业总产值38亿元，农业亩均效益2510元，全市农民人均纯收入接近2万元；拥有国家级农业龙头企业1家，省级农业龙头企业1家、苏州市农业龙头企业4家；昆山市各级农业龙头企业年销售额42亿元，农产品加工企业年销售收入220亿元，完成农民实用技术培训1万人次以上，引进试种农业新品种60个，示范和推广先进适用农业新技术30项。

来源：经济日报 2012-08-10

在省委、省政府的推动下，江苏省农业龙头企业不断发展壮大，带动能力明显增强。2012年，443家省级以上农业龙头企业实现销售(交易)收入4955.23亿元，同比增长25.86%。其中，61家国家级农业龙头企业实现销售(交易)收入2112.7亿元，同比增长18.16%；382家省级农业龙头企业实现销售(交易)收入2842.53亿元，同比增长36.13%。销售(交易)额位居前三位的分别是江苏雨润肉类食品产业集团有限公司、江苏凌家塘市场发展有限公司、维维食品饮料股份有限公司，其中江苏雨润肉类食品产业集团有限公司实现销售537.72 亿元，同比增幅 28.26%，有力促进了农业增效、农民增收。2012 年，443 家省级以上农业龙头企业带动农户 953 万户，同比增长 10.22%。其中，61 家国家级农业龙头企业带动农户 405.3 万户，同比增长 12.04%；382 家省级农业龙头企业带动农户 547.7 万户，同比增长 9.16%(表 1-29，表 1-30)。

表 1-29　国家农业产业化龙头企业江苏省名单(60 家)

第一批(6 家)	南京奶业(集团)公司
	南京雨润肉食品有限公司
	海门市京海肉鸡集团公司
	江苏海安茧丝绸集团股份有限公司
	江苏高邮鸭集团
	江苏金田集团
第二批(10 家)	南京老山药业股份有限公司
	江苏宝宝集团公司
	江苏恒顺醋业股份有限公司
	江苏玖久丝绸股份有限公司
	江苏富安茧丝绸股份有限公司
	江苏民康油脂有限公司
	江苏晨风集团股份有限公司
	徐州维维食品饮料股份有限公司
	江苏荷仙食品集团
	无锡朝阳股份有限公司
第三批(12 家)	江苏凌家塘农副产品批发市场
	江苏三零面粉集团公司
	江苏梁丰食品集团有限公司
	江苏大宏纺织集团有限公司
	江苏海隆国际贸易有限公司
	江苏兴云毛绒集团有限公司
	徐州中天棉业集团有限公司
	大亚科技集团有限公司
	江苏长寿集团
	无锡天鹏集团公司
	江苏银都集团有限公司
	江苏野生植物科技产业有限公司

续表

第四批 (15家)	江苏宝龙集团有限公司 徐州黎明食品有限公司 江苏龙嫂绿色食品有限公司 江苏省食品集团有限公司 南京桂花鸭(集团)有限公司 常州市武进夏溪花木市场发展有限公司 江苏中宝食品有限公司 江苏九寿堂生物制品有限公司 江苏众诚鸭业有限公司 淮安天参农牧水产有限公司 江苏双兔食品股份有限公司 江苏阳光生态农林开发有限公司 江苏榆城集团有限公司 丹阳市正大油脂有限公司 高淳区水产批发市场有限公司
第五批 (17家)	江苏东宝粮油集团有限公司 江苏省淮安新丰面粉有限公司 江苏省大华种业集团有限公司 江苏悦达农业发展有限公司 江苏花王园艺有限公司 江苏中东集团有限公司 江苏红豆杉生物科技有限公司 南京远望富硒农产品有限责任公司 江苏楚龙面粉有限公司 江苏省粮油食品进出口集团股份有限公司 江苏省银河面粉有限公司 沭阳县苏北花卉有限公司 扬州万达羽绒制品股份有限公司 江苏三维园艺有限公司 金利油脂(苏州)有限公司 南京农副产品物流配送中心有限公司 江苏中洋集团股份有限公司

表 1-30　江苏省省级农业产业化重点龙头企业名单 2012

地市	企业数/家
南京市	24
无锡市	24

续表

地市	企业数/家
徐州市	36
常州市	26
苏州市	34
南通市	37
连云港市	25
淮安市	24
盐城市	42
扬州市	29
镇江市	22
泰州市	33
宿迁市	26
省农垦	11
省直属	7

3. 重点提升乡镇工业集中园区质量，培育产业集群

乡镇工业园区是相对于省级以上开发区而言的，是县级党委或政府自行批准、自费开发的、坐落乡镇、相对集中开发的工业园区。乡镇工业集中区是小城镇的重要功能区，是县乡经济发展的主要载体，是县域经济发展和新农村建设的主要支柱，实现江苏农村地区经济社会的跨越式发展，必须高度重视并支持农村地区加快乡镇工业集中建设，夯实后发地区农村新型工业化基础。近几年，江苏省各地都很重视乡镇工业集中区的建设，主要目的就是集中安置以前零散分布的乡村工业，不仅可以集约利用土地，提高土地产出效率，而且可以共享基础设施，提高污染处理水平，还有利于提高企业相互联系，培育产业集群。如盱眙县 2013 年 1~7 月份，19 个乡镇工业集中区建成标准化厂房 27.6 万平方米，超额完成市对县目标(5.6 万平方米)；累计进区企业 598 户，实现开票销售 36.19 亿元，同比增幅 34.1%，超市目标 9.3 个百分点；实现入库税金 8930

万元，同比增长 9.4%。新竣工 3000 万元以上项目 26 个，完成市目标 74.3%。乡镇工业集中区列统企业数达 140 户，占全县 346 户企业的 40.5%。淮安市近几年来，围绕构筑农村新型工业化体系，实现"富民壮村强乡镇"发展目标，重抓了乡镇工业集中区建设，取得了三方面的主要成效(专栏 1-5)：一是壮大了镇村经济规模实力。工业集中区企业入库税收对乡镇财政收入的贡献率平均超过了 15%，列统企业占全市列统工业企业总数的四分之一还多，为小城镇的快速发展提供了坚实的产业基础、人气支撑和财力支持。标准化厂房租金和税收返还对村级集体经营性收入的贡献率平均超过了 35%，1413 个村集体经营性收入增幅去年位居全省第一位。二是促进了农民就地就近转移就业。乡镇工业集中区就地就近吸纳农民就业总人数达 14.5 万人，其中 40 岁以上难以外出务工的中老年农民占 40%以上，人均月工资性收入约 1150 元。三是实现了农村生态保护与产业集聚发展的同步推进。在坚持不弱化农业、不污染环境、不浪费资源、不上高能耗项目、不违背法律法规的前提下，鼓励各类项目向乡镇工业集中区集聚，实现了土地节约、资源共享、设施共用、投资节省和生态保护、产业聚集。

专栏 1-5　江苏淮安"补课"乡村工业，抹平南北工业化差距

2012 年淮安市地方财政一般预算收入 233.61 亿元，同比增长 14.17%，增幅居全省前列。经济发展增幅后来居上，苏南苏北之间发展水平的鸿沟正在逐渐消弭。2012 年，淮安地区生产总值达 1920.91 亿元，早在 2009 年淮安就已经成为"千亿俱乐部"成员。追溯历史，越过千亿元大关的时间，常州是 2004 年，镇江是 2006 年。如果仅从经济总量和财政收入的指标看，苏北的淮安和常州、镇江的差距最多是三五年。淮安市委书记刘永忠却认为，淮安与苏南的发展程度至少还差 15 年。"苏南苏北差距，主要在农村。苏北乡村不改变种田为主的生产方式，工业上不去，苏南苏北的差距不会变小。""跟苏南比，我们的农业产业化、现代化、机械化都不差，差就差在工业，而工业的差距主要在乡村工业。"作为传统农业市，在苏南乡镇企业异军突起时，淮安等苏北地区乡镇工作重点仍是"以粮为纲"，直到 20 世纪 90 年代乡镇工作还在重点抓"专业户"、"专业村"和"基地乡镇"培育。"这让苏北地区的工业结构在县域以下形成一个近乎空白的'空洞'"。苏北、苏中部分省辖市的经济总量和财政收入都超越部分苏南省辖市，但是，农民收入指标，"苏南板块"仍然牢牢占据第一方阵。2012 年淮安市农民人均纯收入 9838元，而苏南农民人均纯收入最低的省辖市也已达 14 518 元。乡村工业"短板"，成为苏北农民早日实现高水平小康的瓶颈。随着苏南地区生产要素的提高，苏南地区的工业迁往苏北地区成为大的趋势，而这也是省委省政府正在促进的一件事情。"十几年前，苏南数千人的服装厂很常见，现在都陆续'化整为零'，撒向苏北、安徽等地农村，因为这些地方成本低，招工容易。" 淮安牢牢抓住了这一轮产业转移的契机，发展乡村工业。"镇有集中区，村有创业点"，淮安 116 个乡镇中，91 个乡镇开始坚定朝向工业化进军。淮阴区棉花庄镇靠着工业集中区，四年间财政收入从 200 多万增长到去年的 2300 多万元，今年目标是超过 4000 万元；楚州区施河镇的企业攻占了全国教具市场的六分之一，常年在外出差的销售人员达 3000 人；金湖县黎城镇工业集中区，工业税收超过 6000 万元；洪泽规划启动了 700 亩的镇村工业集聚园，108 个成长性强、税性比高的中小项目入驻，还有 40 个左右项目"排队入园"……淮安市乡镇工业集中区去年实现销售收入 146.5 亿元，新增列统企业 96 户，占全市新增列统企业的 64%。"淮安乡村工业能迅速崛起，还在于各地县级以上开发区的长足发展。"现在，苏中、苏北的开发区入驻门槛，已经提高到单体项目 3000 万~5000 万元。"中小企业哪里去？"他认为，能吸纳大量就业人员的中小企业需要有集聚的港湾，淮安各地的乡镇工业集中区和村级创业点便应运而生。"淮安这一轮乡村工业的发展和 20 世纪 80 年代的'村村点火'有本质区别。"淮安市经济和信息化委员会规划处周超处长介绍，前一阶段，淮安工业的发展思路是项目向县级以上开发区集中，避免"村村点火"，目的就是保护环境。近两年，倡导发展乡村工业，有一个"五不"禁令，其中"不污染环境"、"不浪费资源"、"不上高能耗项目"，三个"不"与环保有关，只发展"清洁工业"和"环境友好型工业"。乡村工业的兴起，可以在"家门口"创造与城市相媲美的就业和创业机会，打破城乡二元结构，改善农民生活。提起电子企业，很多人会想起淮安富士康，但很少有人知道苏南、珠三角的电子企业在淮安某个小村里可能藏着一个"车间"。淮阴区徐溜镇淮北村就有这样一个车间，几间农房里，工人们为苏州一家企业代工。"一个月1000来块钱吧，家里的地、给孩子做饭也不耽搁。"42岁的陈淑芬一边忙着手中的电子元件，一边告诉记者。附近村庄100多位"留守妇女"因此而有了家门口的工作。乡村工业发展后，农村公共设施和公共服务才能得到进一步改善。两年前，淮阴区251个村子中106个村集体经济是"零"。去年淮阴"穷村"全部超过3万元年收入的"破零底线"，乡镇财政收入全部跨越1000万元。乡村工业，让淮阴在惠民上更有底气，去年全区新增财力76%用于改善民生。"三年成气候，五年大变样，八年部分乡镇过长江。"这是淮安改变苏北乡镇落后面貌的雄心壮志。荒凉落后的苏北，正在成为过去。美丽富饶、令人向往的苏北，正在阔步走来。

来源：新华报业网

　　但是乡镇工业集中区在取得一定成绩的同时也存在一些问题，如由于乡镇经济基础较差，财政普遍吃紧，多数乡镇工业集中区市场化、公司化运作条件尚不成熟，市和县(区)财政补贴能力有限，导致乡镇工业集中区建设资金筹措困难。另外，多数乡镇工业集中区建设用地矛盾突出，很多项目无法落户建设，特别是当前省委、省政府倡导的，通过连片标准厂房建设，为农民群众搭建创业创就业平台的农村致富工程的推进难度较大。因此，未来为了进一步推动乡镇工业集中区的建设，应做好以下工作：一是省有关部门细化制定出台相关配套政策措施，允许重点乡镇工业集中区及进区重点企业享受与省级经济开发区同等的扶持政策。二是省有关部门每年安排一定专项资金，支持重点乡镇工业集中区及进区重点企业加快发展。三是鼓励苏南地区经济实力较强、民营经济活跃、产业特色相近的乡镇与苏中、苏北重点乡镇工业集中区开展结对挂钩，并在项目、资金、市场、技术和人才等方面进行帮扶。四是对乡镇工业集中区建设在土地利用年度计划、土地审批、出让价标准和相关规费减免上给予适当倾斜。五是允许乡镇在确保耕地占补平衡的前提下，对土地利用总体规划进行适当修订，将工业集中区规划列为土地利用总体规划和小城镇发展规划的重要组成部分，通过增减挂钩、新农村建设、土地复垦、镇区扩容等手段，将节约的建设用地尽可能地向乡镇工业集中区规划范围内集中，留足发展空间。

二、江苏农村城镇化对策建议

根据江苏农村城镇化发展存在的问题，结合党的十八届三中全会提出要求，提出江苏农村城镇化发展的对策建议。

1. 加强农村地区基础设施建设

政府利用公共手段建立公共财政投入机制和农民参与机制，建立长效管理体制。将城市基础设施重点向郊县延伸，其中包括高等交通设施、给排水设施、信息网络设施、环保设施等，加快城乡交通网络建设，打破交通、电、能源、水的城乡分割的状态，统筹规划、统筹衔接。农村城镇化进程中不能忽视小城镇文化建设。政府需加大对中小城镇特别是苏北地区中小城镇的文化基础设施建设，建立中小学图书馆、村委会图书馆等读书场所，建立村民文化活动广场，为村民文化活动提供场所。

2. 优化公共资源配置，实现城乡公共服务均等化

与中央 1 号文件(2014)《关于全面深化农村改革加快推进农业现代化的若干意见》相对应，加快建立城乡统一、布局均衡的义务教育、公共卫生、公共文化等基本公共服务，实现全市统一的城乡社会保障体系。我国早先的城乡二元体系导致"城乡双轨"的医疗保障体系的出现，由于我国地区经济发展不平衡，这种"城乡双轨"的医疗体系将会在较长时期内存在。江苏省是我国经济与农村城镇化水平较高地区，医疗保障机制发展相对成熟，继续提高新型农村合作医疗的筹资标准和保障水平，可考虑将城镇居民基本医疗保险与新型农村合作医疗进行统一，形成城乡医疗保险一体化的医保体系；可建立无社会保障人员养老专项基金，将在养老保险制度外的无工作人员纳入

补助范围内。教育上，关注教育资源薄弱的学校，并进行记录，建立城市教师去农村支教制度；改善农村义务教育薄弱学校基本办学条件，适当提高农村义务教育生均公用经费标准。落实中央 1 号文件提出的"落实中等职业教育国家助学政策，紧密结合市场需求，加强农村职业教育和技能培训"政策建议。进一步改革城乡分割的就业制度，实现城乡就业权利义务平等。

3. 加强农村人居环境综合整治

中央 1 号文件(2014)《关于全面深化农村改革加快推进农业现代化的若干意见》提出以奖促治政策，以治理垃圾、污水为重点，改善村庄人居环境。建立农村新型垃圾处理体系，以垃圾分类回收为目标，政府免费给每家农户配备一个铁桶两个塑料桶，分别装灰土类垃圾、厨余垃圾和可回收垃圾，将这些垃圾分类装进垃圾桶并且送到垃圾回收站的村民可登记计分，累计到一定的分数可领取酱油、食盐等奖励。加强农业面源污染治理，采取政府给予农户一定的补贴以让农户减少化肥施用量的生态补偿政策，从源头减少农业面源污染。实现农村区域污水处理体系全覆盖，疏浚村庄河道，整修农民房屋、农民公厕，保持村容整洁。

4. 增加农村居民收入水平

增加收入水平包括提高劳动力就业水平与提高劳动力素质两个方面。提高劳动力就业水平需制定城乡统一的劳动力就业政策，建立城乡统一的劳动力就业市场，实施城乡统筹就业。取消对农民工就业的歧视性政策规定，保障农民工的平等竞争就业、自主选择职业以及"同工同酬"等相关权益。同时，鼓励用人单位、教育培训机构及社会力量开展农民工职业技能培训，提高农民职业素质。

5. 有效推进户籍制度改革，实现农民身份、待遇双改变

根据江苏省大中小城市不同情况，稳妥有序推进户籍制度改革，实现农

业转移人口市民化目标。在小城市和小城镇，"进一步"放开落户限制，积极推动有稳定工作的农村居民转为城镇户口，实行流动人口居住制度，逐步推进居住证持有人享有与居住地居民相同的基本公共服务；在大城市和中等城市，建立完善以就业年限、居住年限和城镇社会保险参加年限为基准的积分制落户政策；特大城市则在推进居住证制度的同时，通过优化产业结构、合理划分城市功能等措施，合理控制人口总规模，确保城市人口总数与资源环境承载能力相适应，避免城市病的发生。

实现农村城镇化，将农民转移到城镇，不仅仅是"身份"的转变，要确保进城农民能够享受到与原有城镇居民同等的公共服务。一方面要实现"同城均等"，确保城镇公共服务全覆盖，另一方面要实现"城乡均等"，推进农村地区基本公共服务均等化，城市公共基础设施、公共服务向乡村辐射，逐步提高乡村区域供水覆盖率、医疗保障水平等公共服务，发展农村公共交通，完善覆盖城乡的综合交通运输体系。

6. 深化土地制度改革，提高土地利用效益

科学编制土地利用总体规划、城市总体规划、村庄和集镇建设规划，合理安排建设用地的规模、结构、布局和供应总量，进一步优化土地利用空间和布局结构，引导企业向园区集中，提高工业项目用地的投入产出率和集约利用水平，充分发挥土地利用的集聚效应，促进土地的节约集约利用。村镇建设中加强宅基地管理，落实"一户一宅和户均宅基地面积标准"等法律制度。

严格遵守耕地"占一还一"规定，同时可考虑先给予一定数量的土地启动城镇建设，待农民原居住地的土地复垦后再如数归还。严格规范工业等经营性建设用地，缩小征地范围，完善征地补偿机制，逐步建立城乡一体的建设用地市场。同时创新土地使用制度，在健全农村土地管理制度、完善农村基本经营制度的基础上，探索实行农村土地承包经营权的市场化，推动土地承包经营权的有序流动，在保障农民合法权益的同时增加农民财产性收入。

改革土地增值收益分配方式，让农民共享土地增值带来的长期收益。

　　土地制度改革有利于提高农民收入，增加农民收入，带动农村消费；有利于促进农业的分工与专业化，推动农村劳动力的转移；有利于加快农业现代化的步伐，发展适度规模经营，实现农村经济持续发展。

7. 以扩大内需为动力，加快城市转型，统筹城乡产业协调发展

　　将扩大城乡居民消费需求作为加快城镇化进程的重要手段。以"科学发展观"为指导思想，扩展以低碳经济、循环经济为主要特征的新的消费领域，促进中小城镇消费结构优化升级。

　　依据"因地制宜、特色发展"的原则，根据江苏省中小城镇发展现状，苏南、苏北和苏中中小城镇依据区位条件、自然资源条件、现有产业发展条件、政策条件，发挥自身特色，协调发展。苏南地区早期以乡镇企业兴起为主要模式推进农村城镇化，城镇化水平和经济发展水平处于江苏省的领头位置。在推进城镇化的过程中，主城区继续实施"退二进三"，重点发展高端服务业，以主城区为重点，布局建设一批高端商务楼宇，这些现代服务业的辐射范围不断向郊县在内的城市腹地延伸。郊县地区依据自身特色差别发展。南京市栖霞区以发展高端工业为主要战略，在巩固传统支柱产业的同时，拓展高端装备制造、新能源、新能源汽车等新兴产业的发展空间；江宁区依靠高等院校集聚的人才与技术优势，建设高效的规模农业，提高农业产业化水平。苏南农业现代化水平较高，在大力发展规模农业和设施农业的同时，注重扩展农业服务功能，发展休闲农业，将农业、农产品加工业和农产品服务业相结合，促进现代农业发展。扬州、镇江等沿江地区紧紧抓住沿江发展优势，借助港口物流优势，加强对外经济贸易。各区县加快形成主导功能明确、产业特色突出的郊县先进制造业发展新格局。

　　苏北地区耕地面积占全省的 1/2 以上，其拥有的几百万亩海洋滩涂是全省重要的后备土地资源，同时，苏北地势平坦、水网密布、光照充足，加上

劳动力资源数量充足，可继续大力发展高效设施农业，成为省内乃至全国重要的商品粮、商品棉基地。城镇化的发展离不开工业化发展的带动，苏北工业发展速度仍然低于全省发展水平，然而丰富的矿产资源和劳动力资源为苏北地区发展可持续型工业提供了良好的基础。政府继续大力扶持苏北工业发展力度，加大工业基础设施建设，支持技术改造项目，主动为苏北招商引资牵线搭桥。

8. 加强区域合作，进一步缩小南北区域差异

苏北地区，深入贯彻 2013 年省政府工作报告中"深入推进'四项转移'和共建开发园区，加快布局和建设铁路等一批重大基础设施，增强'一市一策'的连续性、针对性、有效性，支持徐州老工业基地、加快振兴连云港国家东中西区域合作示范区建设、宿迁发展实现更大突破、淮安苏北重要中心城市建设、盐城创建国家可持续发展实验区"内容，加大对苏北地区固定资产投资力度，加强苏北地区的基础设施建设，持续增强苏北发展内在动力，同时注重苏北地区与苏中地区的融合，提高苏北整体发展水平。苏北地区农业所占比重较大，可在大力发展现代化与规模化农业的基础上，推动农副产品加工业的发展。苏中地区，在深入贯彻"建设更高水平的小康社会"思想基础上，加快苏中崛起。得益于沿江沿海优势，继续深入推进江海联动开发和跨江合作开发，促进苏中地区与苏南地区融合发展，让苏南带动苏中发展，同时加大对苏中与苏北结合部经济相对薄弱地区的支持力度，提高苏中整体发展水平。围绕"率先基本实现现代化"的目标，促进苏南率先稳定发展。充分利用规划建设苏南现代化示范区的战略机遇，支持苏南率先探索实践，在自主创新、产业升级、城乡统筹、开放合作、生态宜居等方面更好地发挥先行示范作用。充分利用好港口资源，提高港口铁路等基础设施建设水平，加强陆海统筹，大力发展海洋经济。

第二章 江苏农村工业和城镇化发展分报告

第一节 苏南地区农村工业与城镇化发展调查报告

一、苏南地区农村工业与城镇化发展现状

苏南地区包括苏州、南京、镇江、无锡和常州五市，下辖 40 个县(市、区)，土地面积 2.79 万平方公里，2012 年户籍人口为 2392.52 万人，土地面积和人口数量分别占全省的 27.2% 和 31.7%。其位于长三角中部，太湖之滨，自然条件优越。毗邻上海，水陆交通便利。改革开放后，得益于市场经济体制改革，开启乡镇企业崛起的先河，苏南是江苏省最大的"优势板块"，是最快的增长极。一方面，得益于良好的自然和区位条件，苏南地区的农民与大中城市的产业工人有密切的联系，较早地接受了上海的经济和技术的辐射。另一方面，苏南地区人多地少，造成了大量剩余劳动力，这两方面成为苏南地区较早兴办乡镇企业的主要因素。在农村工业化的带动下，苏南小城镇发展迅速。苏南城镇化发展立足县、镇发展，使小城镇成为整个城镇居民系统中的重要节点和连接城乡的纽带。

本项目组成员于 2013 年 8 月赴苏南、苏中和苏北地区分别抽取 330 农户就江苏省农村工业和城镇化发展现状进行调查，9~11 月份对江苏省农村工业和城镇化发展现状进行补充调研。按照经济社会发展程度差异原则，选取了昆山市、常熟市和太仓市为调查地点。调查均以问卷访谈形式，由调查员就问卷内容向当地村民进行调查。12 月份进行省级示范村镇的重点调研，走访了包括江阴市顾山镇红豆村、金坛市薛埠镇上阮村和昆山市张浦镇姜杭村等

省级示范村。

1. 苏南地区农村工业发展成效

江苏省乡镇企业主要集中于苏南地区的苏锡常一带，因此该地区农村工业较为发达，具体表现在以下几个方面。

(1) 改革开放以来，农村工业化水平增长速度飞快。2012年苏南地区规模以上工业企业达到24 600个，比上年增加1136个，工业生产总值由2011年的14 353.50亿元增加到2012年的15 731.53亿元，比上年增加9.6%。苏南土地面积不到江苏省总面积的三分之一，工业产值却占了江苏工业总产值的三分之二(图2-1)。苏南地区仍是百强企业聚集地，2010年，苏南地区汇集了65户百强企业，缴纳税额占百强纳税总额的78.6%。其中南京占据27个席位继续领跑，苏州19户，无锡10户。苏北地区入围18户，较2009年增加2户，税收份额占12.6%，较2009年提高1.4个百分点。

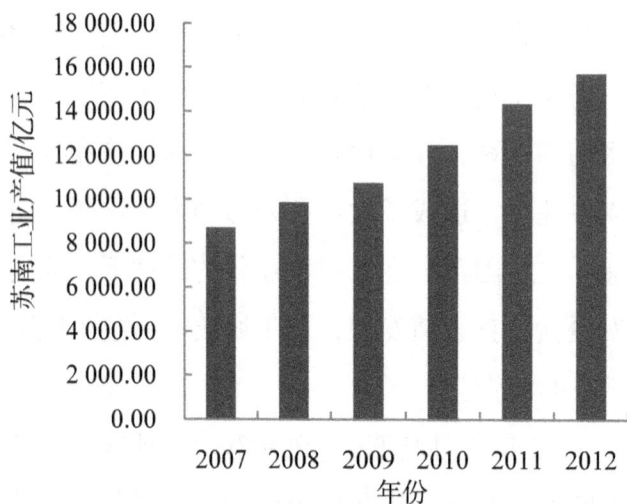

图 2-1　苏南地区近年来工业产值变化情况

数据来源：《江苏统计年鉴 2013》

(2) 产业结构日趋合理。苏南地区第一、二、三产业结构比值由 2011 年的 0.02：0.53：0.45 变为 2012 年的 0.02：0.52：0.46，第三产业比重增加，有成为苏南地区主导产业的趋势。进入工业化后期的重要标准是第一产业比重小于10%，第二产业比重高于50%，第三产业比重高于30%，很明显，苏南五市早已进入工业化后期阶段(表2-1)。

表 2-1　2012 年苏南地区以及 5 省辖市三产业结构表

项目	苏南合计/万人	南京/万人	无锡/万人	常州/万人	苏州/万人	镇江/万人
第一产业	2.3	2.6	1.8	3.2	1.6	4.4
第二产业	51.5	44.1	53.0	52.9	54.1	54.0
第三产业	46.2	53.4	45.2	43.9	44.2	41.7

数据来源：《江苏统计年鉴 2013》

(3) 对外合作加强。2012 年苏南地区外商投资企业(包括港澳台投资企业)由 8002 个增加到 8197 个，外商投资企业总产值也由 2011 年的 32 913.68 亿元增加到 33 587.26 亿元，外商企业总产值占工业总产值的 48.2%，已占据近半壁江山。

(4) 农村工业吸纳劳动力能力加强。乡镇企业发展能够提供足够的就业，苏南五市 2012 年劳动就业人口总和为 2008.1 万人，比上年增加 76.47 万人，增加的就业人口占上年就业人口的 4% (表2-2)。

表 2-2　2012 年苏南地区以及 5 省辖市三产业从业人员结构表

项目	苏南合计/万人	南京/万人	无锡/万人	常州/万人	苏州/万人	镇江/万人
从业人员	2008.1	451.8	389.1	280.9	694.3	192
第一产业	148.7	49.1	18.2	31.7	25.3	24.4
第二产业	1042.3	151.1	223.8	148.2	427.1	92.1
第三产业	817.1	251.6	147.1	101	241.9	75.5

数据来源：《江苏统计年鉴 2013》

2. 苏南地区农村城镇化发展成效

(1) 小城镇实力不断加强。在国家统计局发布的根据经济社会综合发展指标测算的"2010 全国百强县(市)"名单前十名中,江苏苏南地区的昆山(第一)、江阴(第二)、张家港(第三)、常熟(第四)、吴江(第六)、宜兴(第九)分别占了六席，其中昆山、江阴、张家港、常熟四个县级市作为"区域经济强县统筹发展组团"并列"全国百强县"第一。

（2）农村城镇化水平不断提高。"十一五"以来，苏南地区人口向城市集聚的速度持续加快，城镇人口总量不断扩大。2012 年底，苏南地区户籍人口为 2386.95 万人，比 2011 年增加 12.2 万人，城镇化率已达到 72.7%，超过江苏省平均水平，比 2011 年提高了 5.65 个百分点，乡村人口的规模进一步下降。2006~2012 年，南京市城镇化率由 76.4%增加到 80.2%，苏州市城镇化率由 65.1%增加到 72.3%，镇江市城镇化率由 59.2%增加到 64.2%，无锡市城镇化率由 67.1%增加到 72.9%，常州市城镇化率由 60.5%增加到 66.2%。

（3）人民生活水平提高。2012 年苏南地区农村居民人均纯收入达到 17 160 元，比江苏省农村居民人均纯收入高出 40.6%，比全国平均水平高出 116.7%，远高于全国平均水平。昆山、太仓和常熟三个镇抽样调查结果显示，农村居民对现有家庭收入满意度均已超过 79%，只有少部分农民对收入水平不满意，可见苏南地区城镇化以人为核心，农民生活水平与城镇化水平相一致(图 2-2)。苏南地区农村居民从事的工作非农化水平较高，通过抽样调查数据得知，苏南地区农村居民从事非农产业人口已达到 90%，远超过苏南地区城镇化水平(图 2-3)。2012 年农村居民人均消费支出为 12 427 元，比上年增加了 1328 元，增加率为 12.5%，其中食品支出增加率为 12.2%，低于消费水平增加率。农村地区恩格尔系数有相应的减少，由 35.8%减少到 35.7%。

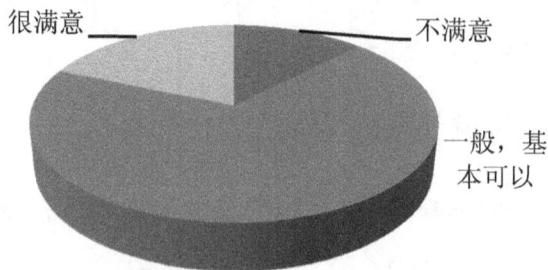

图 2-2　太仓市农村居民收入水平满意度
数据来源：苏南地区调研数据

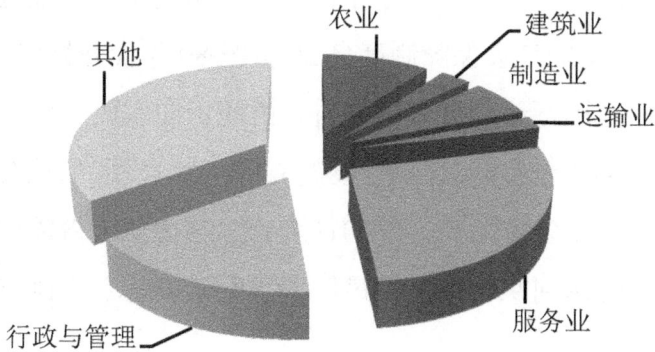

图 2-3　苏南地区农村居民从事职分布图

数据来源：苏南地区调研数据

(4) 基础设施建设水平较高。苏南地区每个村均建有 1~2 个卫生院，根据对苏南三市调研数据分析可知，苏南地区农村居民认为看病非常方便比例已占 64%，非常困难比例仅占 3% (图 2-4)。农村文化活动场所建设率较高，在对昆山地区进行调研的 95 份有效问卷中，文化活动场所建设率已达到百分之百，经济发展水平最低的太仓市，农村文化活动场所建设率也已达到 97.5%。到 2011 年，苏南地区村村已开通公交，广播电视数字化程度超过 3/4。

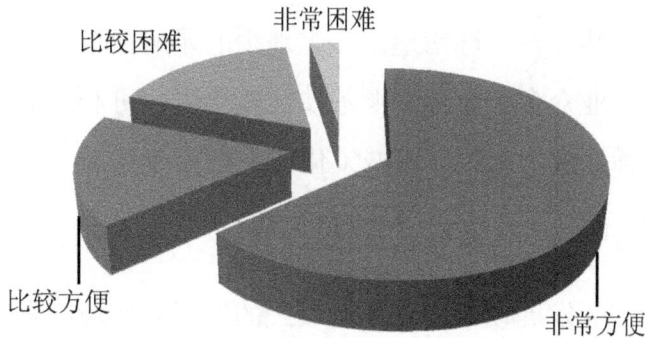

图 2-4　苏南地区农村居民看病难易程度

数据来源：苏南地区调研数据

(5) 社会保障水平高。社会保障水平高低与否是衡量一个地区城镇化质量水平的重要指标,苏南的社会保障制度自 20 世纪 80 年代开始建立,经过三十多年的改变,覆盖范围逐步由城镇向农村、由职工向农民、由本地人口向外来人口拓展,已初步构建了城乡统筹、覆盖全面、持续发展的社会保障体系,并促进了地区经济、社会的发展。到 2011 年底,苏南三大保障体系和农村社会保险的覆盖率已经达到 99%以上,最低生活保障覆盖率达到 100%。

二、苏南地区农村工业与城镇化发展中存在的主要问题

1. 可利用土地资源稀缺

苏南地区城镇化起步早,早期的城镇化缺乏有效的规划和设计,虽然自 2005 年以来,江苏省大力推行的"三集中"(农民向社区集中、工业向园区集中、土地向规模集中)和"双置换"(农民土地承包经营权置换土地股份合作社权、农村宅基地使用权置换城镇住房和商业用房收益权)在一定程度上起到了整合农村土地、提升土地利用集约度的效果,然而长期以来的工业传统发展模式和居住模式仍然影响着农村居民。从城镇的空间结构来看,空间利用效率不高的问题仍然存在。苏南地区人多地少的矛盾比较突出,早期乡镇企业粗放发展,且企业众多,土地资源浪费比较严重,可利用的后备土地资源稀缺,土地资源稀缺成为制约苏南城镇化的重要因素。

2. 工业发展中环境污染较为严重

苏南农村工业发展较早,早期粗放式的发展对环境问题重视程度低,因此,发展工业引起的环境问题较为突出。苏南工业发展早期,以小钢铁、小机械、小化肥、小煤窑、小水泥工业为主的"五小"工业占据主体位置,"五小"工业对环境产生的压力成为苏南地区可持续发展的重要阻碍。虽然近年来,苏南地区的乡镇企业已逐步向集团化、规模化、高端化的道路迈进,但

是规模小、技术水平低的村办企业仍然存在，这些企业仍然以村集体投资为主导，造成低水平的分散建设和同质竞争建设。这些小企业缺乏先进的污染治理措施，会对农村生态环境造成不可估量的影响。2007年爆发的"蓝藻事件"原因之一便是由于太湖流域水体直接接受来自工厂的废水，导致水体污染。农村环境污染主要包括水污染、空气污染和土壤污染，这些污染源主要来自于生活垃圾、农药化肥、工厂污染物、厕所排泄物等，据调研数据显示，无论是水污染、空气污染还是土壤污染，工厂污染物排放造成的农村环境污染所占比重最高(图2-5)。可见，工业生产产生的环境污染对农村生态环境影响最大，已成为苏南地区发展的瓶颈。

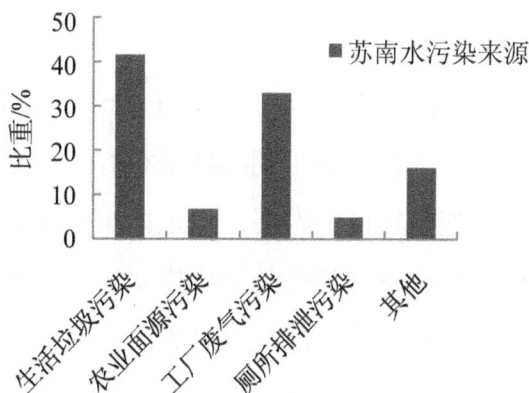

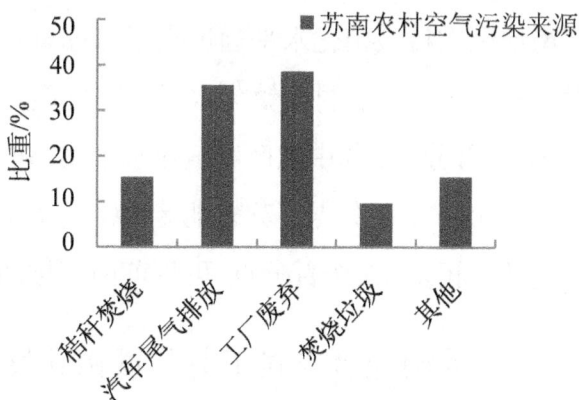

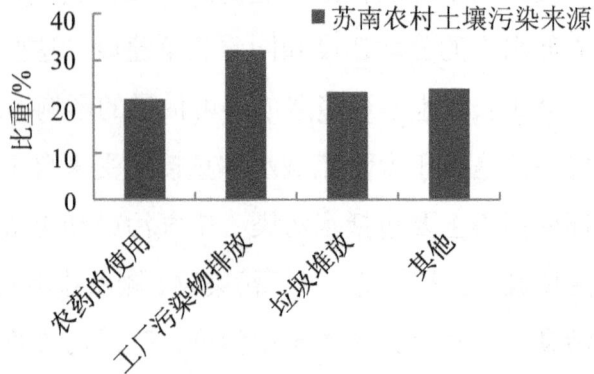

图 2-5　苏南地区环境污染主要来源

数据来源：苏南地区调研数据

3. 产业发展趋同

苏南乡镇企业早期发展是以"当地政府带动，所有权与经营权合二为一"的发展模式，这一模式在发展早期起到了很好的效果，然而这一模式缺少理性，各地区为了加速本地区的发展，对地区企业项目没有经过长远的规划，一方面导致各地区企业发展与产品结构模式趋同，地区内部竞争强烈，另一方面导致资源重复开发，产生极大的浪费。

4. 地区间农村城镇化水平差距较大

尽管苏南地区农村城镇化水平远远高于江苏省平均水平，然而苏南五市的城镇化发展水平不一，农村城镇化水平最高的南京市与城镇化水平最低的镇江市相差 16 个百分点，苏中地区城镇化水平最高的扬州市和城镇化水平最低的泰州市相差 0.9 个百分点、苏北地区城镇化水平最高的徐州市和城镇化水平最低的宿迁市相差 5.7 个百分点，可见苏南区域间城镇化水平差异较大。

三、苏南地区农村工业与城镇化发展的路径

党的十八大工作会议提出要"增强中小城市和小城镇产业发展"、"积极

稳妥推动城镇化，着力提高城镇化质量"、"构建科学合理的城镇布局，大中小城市和小城镇要科学布局，与区域经济发展和产业布局紧密衔接，与资源环境承载能力相适应"。中央城镇化工作会议提出城镇化的六大任务，"提高城镇建设用地利用效率、优化城镇化布局和形态、提高城镇建设水平、加强对城镇化的管理"，为城镇化发展提供的方向。对于苏南这样一个工业基础较好、城镇化率高、人口密度大、环境承载力有限的地区而言，推动小城镇与中心城市、产业与城镇协同发展，生态、经济与社会和谐发展是苏南地区城镇化发展的重要形式。

1. 统筹城乡产业协调发展

苏南地区城镇化率处于全国领先水平，城镇化可以有效扩大城市消费群体，增加居民消费，因此苏南蕴含着巨大的内需空间。反过来，居民消费需求的提高同时又会拉动经济增长，促进产业结构优化升级。2012 年，苏南固定资产投资额达到 17 401.28 亿元，比上年增加 19%，社会消费品零售总额为 10 967.82 亿元，比上年增加 14.5%，固定资产投资额不论是在投资总量还是在投资增长量方面，均超过社会消费品零售总额和消费品零售总额增长量，可见，苏南地区仍处于投资驱动的经济增长阶段，居民消费仍然是经济发展的短板。将扩大内需作为提高苏南农村城镇化水平的重要手段，加强基础设施建设，鼓励农村居民消费，以"科学发展观"为指导思想，扩展以低碳经济、循环经济为主要特征的新的消费领域，促进农村消费结构优化升级。

2. 推进城镇因地制宜特色发展

要明确苏南地区各城镇的功能定位，根据城镇产业、区位和经济发展程度，发挥各城镇的优势，突出各自的优势，发掘各乡镇的特色，注重有区别有特色的发展，打造不同的定位和产业发展模式，实现差异化发展。同时注重与周边各市乡镇的合作与交流，处理好各市与周边的关系，整合区域资源，发挥规模效应，协调发展。根据各城镇自然资源条件、地理位置、历史文化风貌，塑造各具特色的城镇形象，城市建筑要突出当地特色，因地制宜，而不是"千镇一面"。同时加快城镇空间融合，充分发挥小城镇连接城乡的关键节点作用，因地制宜促进特色农业、特色旅游、资源加工、商贸服务、劳务输出等产业发展，根据不同城镇的不同发展特色和所承担的不同功能，逐步形成分工明确、要素合理流动，各城镇优势都得以充分发挥的有机联系的区域发展整体，实现城镇之间优势互补和共同发展。

具体来说，依据"因地制宜、特色发展"的原则，根据苏南各市城乡发展现状，依据区位条件、自然资源条件、现有产业发展条件、政策条件，发挥自身特色，构建合理化的农村城镇化产业链，协调发展。苏州和南京重点发展高端服务业，并将现代服务业的辐射范围不断向郊县在内的城市腹地延伸。无锡和镇江以发展高新技术产业为主要战略，在巩固传统支柱产业的同时，拓展高端装备制造、新能源等新兴产业的发展空间。南京市依靠高等院校集聚的人才与技术优势，于江宁区建设高效的规模农业，提高农业产业化水平。同时扩展农业服务功能，发展休闲农业，将农业、农产品加工业和农产品服务业相结合，促进现代农业发展。浦口区紧紧抓住沿江发展优势，重点发展港口物流业。各区县加快形成主导功能明确、产业特色突出的郊县先进制造业发展新格局。

3. 实现以人为本的发展

新型城镇化的核心是"以人为本"，苏南地区农村城镇化过程中需要注重人的和谐发展。城镇化过程中要始终关注住房问题，为农村户口转移为城镇户口人员提供足够的住房保证，坚持实施低收入人群住房优惠政策。从一开始就要关注城镇"夹心层"和务工人员，实施积极的就业政策，为农民提供职业培训，保证进城农民的就业机会，减少农民"进城即失业"、"离土即失业"情况发生，确保农民进城有房住、进城可就业。将经济、生态、宜居三大功能共生理念引入到城镇建设中来，积极改善人居环境，扩大公共基础设施服务范围，确保城乡居民均能享受公共服务设施。

4. 推进生态优先的城镇化

苏南在经济建设、城镇建设水平上都领先于全国，然而苏南地区早期农村工业发展给生态环境带来了巨大的影响。在进一步推进苏南城镇化过程中，对生态环境的保护与资源的可持续利用应成为苏南地区发展的重点，促进城镇走环保低碳与生态集约的道路。在空间规划上，要突出对土地、生态资源方面的规划引导，注重节约土地，加强对非建设用地的控制与保护。加强对各类开发建设活动的规划管理，严厉禁止不符合生态环境可持续发展的短视开发活动。在城乡规划中，要依托现有自然环境，让城镇融入自然，对山水环境要倍加珍惜。涉及历史文化遗产、风景名胜等公共资源，要大力维护，保护城镇原有特色，尽可能在原有村庄形态上改善居民生活条件。在大力发展高新产业和服务业过程中，要始终树立低碳绿色环保先行的发展理念，实现低能耗、低污染、低排放的工业发展模式。工业区的建设必须符合土地利用规划和城镇总体规划。在城镇基础设施建设上，要确保城镇建设和发展规划充分体现节水、节能、节地、节材、清洁、环保、循环利用的要求，实现城镇持续发展。

5. 统筹城乡协调发展

积极实施城乡一体化发展战略，加快推动农业转移人口市民化。积极推进户籍制度改革，建立城乡统一的户口登记制度，促进有能力在城镇合法稳定就业和生活的常住人口有序实现市民化。一方面大力推进城镇化进程，另一方面全力实施新农村建设，通过城镇化和新农村建设的双边发展，保证农村地区与城镇地区实现优势互补和协同发展，避免城乡发展不平衡问题出现，同时为解决"空心村"问题提供了便利条件。

6. 推动高新技术产业向小城镇聚集

积极引进科技含量高，产品附加值高的科研成果落户小城镇并进行产业化生产，促进乡镇企业创新性转变。加大工商税务等优惠，吸引银行等金融机构对乡镇企业发展的支持力度，推动特色民营企业做大做强，推进特色产业集聚发展。积极推进工业集中区建设，通过政府优惠政策的推动，促进资金、人才、技术等优质生产要素向小城镇聚集，加快产业结构优化升级，引导特色非农产业集群发展。

第二节　苏中地区农村工业与城镇化发展调查报告

一、苏中地区农村工业与城镇化发展现状

21 世纪初江苏省将长江北岸的扬州、南通和泰州三个市作为一个经济板块确定为苏中地区。苏中地区土地面积 20 379 平方公里，包括共 20 个县(市、区)，到 2012 年底拥有常住人口 1639.43 万人，面积和人口分别占江苏省 19.8%、20.7%。苏中三市均在长江沿岸，且皆是长三角 16 个中心城市之一，也是上海都市圈(长三角)的重要组成部分。在确定苏中地区之初，江苏省已明确提出"促进苏中快速崛起"的分类指导方针，近年来，江苏省大力扶持苏中地区发展，《关于推进苏中融合发展特色发展提高整体发展水平的意见》和《沿江地区转型发展五年推进计划》等关于加快苏中地区发展的政策文件陆续出台，同时因紧挨上海和苏南地区，接受上海和苏南地区的经济辐射，农村工业和城镇化得到了相对较快发展。由于历史发展基础偏弱，苏中地区农村工业和城镇化水平仍有待提高。

本项目组成员于 2013 年 8 月赴苏南、苏中和苏北地区分别抽取 330 个农户就江苏省农村工业和城镇化发展现状进行调查，9~11 月份对江苏省农村工业和城镇化发展现状进行补充调研。按照经济社会发展程度差异原则，选取

了苏中的江都区、姜堰区和高邮市为调查地点。调查均以问卷访谈形式，由调查员就问卷内容向当地村民进行调查。12月份进行省级示范村镇的重点调研，走访了包括高邮市菱塘回族乡、海门市海永乡和姜堰区沈高镇河横村等省级示范村。

二、苏中地区农村工业与城镇化发展成效

1. 苏中地区农村工业发展成效

(1) 改革开放以来，苏中地区农村工业化水平持续提高，工业经济总量不断增加。2012年苏中地区规模以上工业企业达到10 032个，比上年增加47个；工业生产总值由2011年的4302.86亿元增加到2012年的4835.17亿元，比上年增加532.31亿元，比上年增加的占上年工业产值的12.4%(图2-6)。

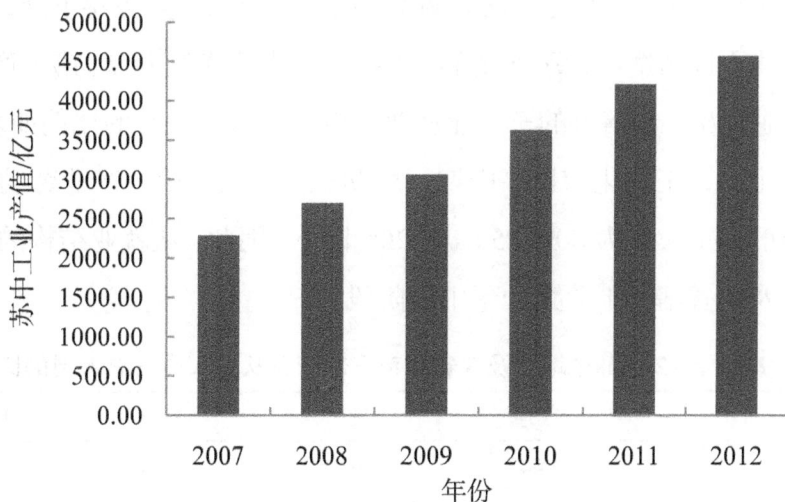

图2-6　2012年苏中地区工业产值图

数据来源：《江苏统计年鉴2013》

(2) 产业结构不断调整。苏中地区通过发展基础产业，调整工业内部结构，在大力发展第三产业等政策实施下，苏中地区第一、二、三产业结构比值由2011年的0.07∶0.54∶0.39变为2012年的0.07∶0.53∶0.40，第三产业比重

有所增加。2011 年南通、扬州和泰州高新技术产业产值占规模以上工业产值的比重分别为 32.4%、42.8%和 34.5%，增长速度超过 30%。2012 年苏中地区以及 3 省辖市的三产业结构如表 2-3。苏中地区第一产业低于 10%，第二产业比重高于 50%，第三产业比重高于 30%，根据美国经济学家西蒙·库兹涅茨等的研究成果，从产业结构角度看苏中地区及 3 省辖市工业化已经处于后期阶段。

表 2-3　2012 年苏中地区以及 3 省辖市三产业结构表

项目	南通	扬州	泰州	苏中地区
第一产业/%	7.00	7.00	7.10	7.02
第二产业/%	53.00	53.00	53.10	53.01
第三产业/%	40.00	40.00	39.80	39.97

数据来源：《江苏统计年鉴 2013》

苏中地区三市产业结构比重相似，整个区域发展较为均衡。

(3) 随着苏中地区产业结构的调整，第一产业的比重逐年下降，第二、第三产业的比重逐渐增加，劳动力逐渐由第一产业转移到第二、第三产业。2012年，苏中地区及 3 省辖市的三产业从业人员占总从业人员的比例如表 2-4。根据克拉格定理，工业化初期、中期、后期三个阶段，第一产业劳动力占全社会劳动力的比重大体为 80%、50%和 20%以下。因此，从就业结构的角度看，苏中地区及 3 省辖市工业化处于中期阶段。

表 2-4　2012 年苏中地区及 3 省辖市三次产业从业人员占总人员的比例

项目	南通	扬州	泰州	苏中地区
第一产业/%	24.42	19.79	25.60	23.54
第二产业/%	45.66	45.45	41.95	44.57
第三产业/%	29.92	34.76	32.45	31.89

数据来源：《江苏统计年鉴 2013》

2. 苏中地区城镇化发展现状与成效

(1) 小城镇实力不断加强。2012 年苏中地区的海门市、仪征市和姜堰市等 10 个县市进入全国百强县，占据全国百强县 10%的比重，2013 年苏中地区包括邗江区、江都区和高港区在内的 7 个市辖区进入中国市辖区综合实力百强市，占据全国百强市辖区 7%的比重。

(2) 农村城镇化水平持续提高。苏中地区人口向城市集聚的速度不断增加，城镇人口总量不断扩大。2012 年底，苏中地区户籍人口为 1731.02 万人，比 2011 年增加 1.65 万人，城镇化率已达到 58.5%，超过江苏省平均水平，比 2011 年提高了 1 个百分点，乡村人口的规模进一步下降。2006~2012 年，扬州市城镇化率由 49.2%增加到 58.8%，南通市城镇化率由 46.9%增加到 58.7%，泰州市城镇化率由 46.1%增加到 57.9%。

(3) 人民生活水平持续提高。2012 年苏中地区农村居民人均纯收入达到 12 877 元，比去年增加了 1481 元，高于江苏省平均水平，比全国平均水平高出 62.6%。江都、高邮和姜堰三个县市抽样调查结果显示，农村居民对现有家庭收入满意度分别为 69%、63%和 78%，满意度水平较高，可见农民收入水平也较高(图 2-7)。抽样调查数据显示，苏中地区农村居民从事非农产业人口比重已超过苏中地区城镇化水平，达到 71%，苏中地区农村居民职业非农化水平相对较高(图 2-8)。2012 年苏中地区农村居民人均消费支出为 9301 元，比上年增加了 1108 元，百分比为 13.5%,高于苏南地区人均消费支出增加率。农村地区恩格尔系数有相应的减少，由 35.3%减少到 35.2%。

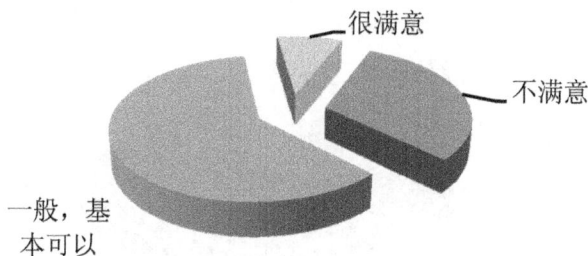

图 2-7　江都区农村居民收入水平满意度

数据来源：苏中地区调研数据

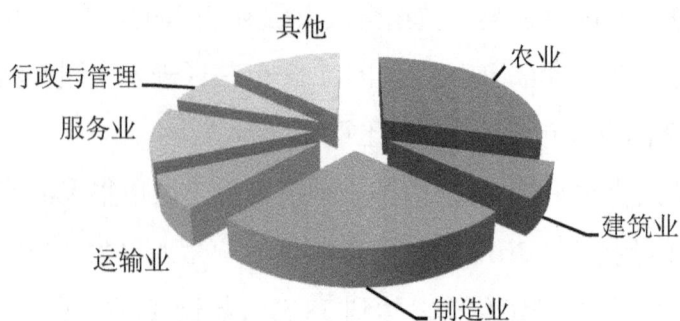

图 2-8　苏中地区农村居民职业分布图

数据来源：苏中地区调研数据

(4) 基础设施建设水平较高。苏中地区基础设施建设投入力度加大，城镇供水、供气、供电、通信、污水处理能力进一步增强。2012 年苏中 3 省辖市建成区面积为 1388 平方公里，较 2011 年的 1341 平方公里增长 3.5%；城镇人均住房建筑面积达到 36.5 平方米；苏北地区城市道路总长达到 68 950 公里。苏中地区每个村子均建有 1~2 个卫生院，根据对苏中三市调研数据分析可知，江都地区农村居民认为看病非常方便比例已达 92%，已经超过 90%的比例，认为非常困难比例为 0% (图 2-9)。文化活动场所建设在农村地区覆盖率较高，在对江都地区进行调研的 95 份有效问卷中，文化活动场所建设率已达到 87 个百分点以上，经济发展水平最低的姜堰区，农村文化活动场所建设率略低，覆盖率仅为 83.2%。到 2012 年，苏中地区村村已开通公交，广播电视数字化程度超过 3/4。

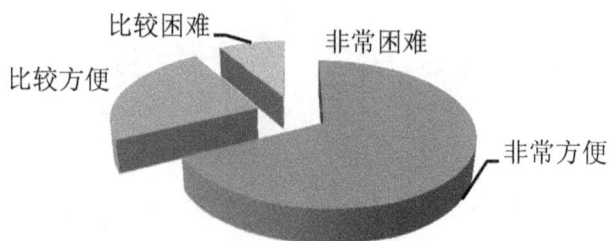

图 2-9　江都区农村居民看病方便度

数据来源：苏中地区调研数据

(5) 社会保障水平提高。在社会保障事业方面，苏中三市均实现了城乡低保、新农合、新农保、城镇居民基本医疗保险和社会养老保险五个"全覆盖"，社会保障水平的提高极大地促进了城镇经济与社会发展。截至 2011 年，苏中三市均通过全面建成小康社会的验收，已总体建设成为小康社会。

三、苏中地区农村工业与城镇化发展中存在的主要问题

苏中地区虽然近年来得到政府政策支持，如南通市近年来获得了"江苏沿海地区发展规划"和"长三角区域规划"两大国家战略的支持，国家战略的优势将成为苏中地区提高城镇发展水平的重大机遇。然而，苏中早期经济基础较差、工业基础薄弱等先天不足，使得苏中的发展仍有很长的路要走。

1. 产业科技创新投入不足

2012 年江苏省财政中的科技投入达到 241.07 亿元，苏中三市科技投入仅为 30 亿元，占江苏省总投入比重为 12.4%。苏中三市规模以上工业企业占全省比重为 21.9%，科技投入仅为 12.4%，科技投入比重较低，远不能满足科技创新中小企业发展的资金需求。

2. 土地集约利用水平不高

在江苏省大力推行的"三集中"(农民向社区集中、工业向园区集中、土地向规模集中)和"双置换"(农民土地承包经营权置换土地股份合作社权、农村宅基地使用权置换城镇住房和商业用房收益权)政策措施下，农村土地得到一定程度的整合，土地利用集约水平也有所提高，然而，从城镇的空间结构来看，空间利用效率不高的问题仍然存在，居民点和工业布局分散的情况仍比较严重。

3. 农村生态环境破坏较为严重

农村地区环境污染主要包括水污染、土壤污染、空气污染和固体废弃物污染，据对苏中调研数据显示，水污染是农村生态环境污染的主要表现(图

2-10)。苏中农村地区生态环境污染主要来源于生活污水、工业废水、农药化肥和厕所排泄污染，其中，农药化肥施用和工业废水是水污染的主要来源(图 2-11)，分别占 24%和 31%；空气污染主要来源于工厂废气排放和汽车尾气排放(图 2-12)，均占 27%。由于工业化和城镇化的发展，苏中地区小城镇的环境质量受到了一定程度的影响。加上经济发展水平的约束，小城镇内工业污水处理设备还不甚完善，许多小企业并没有排污系统，工业产生的废水直接排到附近河流中去。苏中地区乡镇企业正在向集中化、规模化发展，然而其早期发展起来的小规模、低技术企业仍然有较大数量的存在。这些企业布局分散且缺乏先进的污染治理措施，对苏中农村生态环境产生了重要的影响。

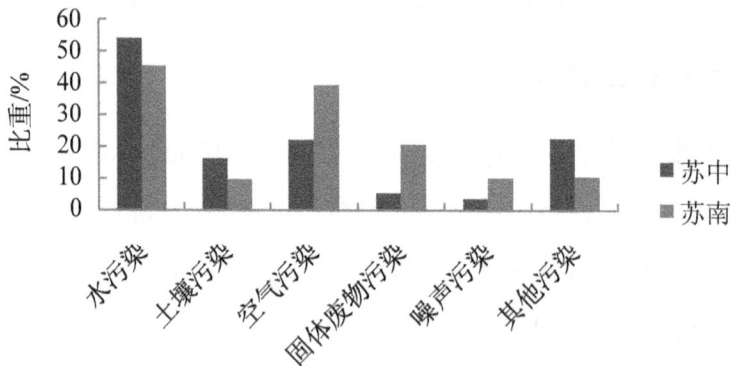

图 2-10　苏中、苏南农村地区主要环境污染来源
数据来源：苏中地区调研数据

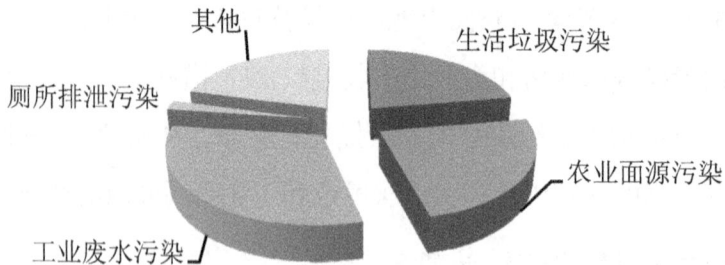

图 2-11　苏中地区农村水污染主要来源
数据来源：苏中地区调研数据

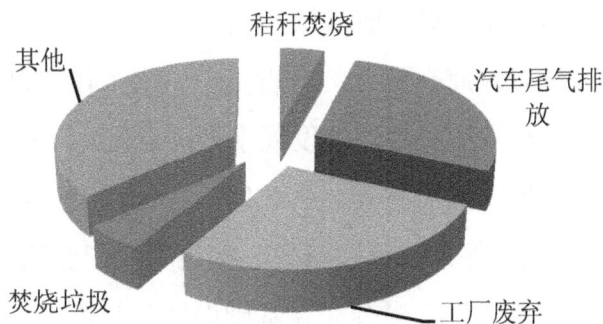

图 2-12　苏中地区农村空气污染主要来源

数据来源：苏中地区调研数据

4. 小城镇空间分布不平衡

　　苏中地区城镇化率较苏南地区偏低，早期的小城镇无序发展，空间分布不平衡。以扬州市为例，扬州市小城镇空间分布存在南北不平衡，自北向南小城镇密度不断增大的现象。在大运河沿线、宁通公路至沿江一带集中全市65%的城镇，85%左右的城镇人口，90%以上的经济总量。与城镇分布相对应的是城镇的经济发展也呈现南强北弱的态势，北部的里下河地区城镇密度小，且城镇规模小，经济发展水平落后于苏中地区发展平均水平；南部沿江地区城镇密度较大，且规模较大，经济发展水平高，经济实力较强。基本形成了沿江、沿运河分布的城镇空间布局框架。横向来看，小城镇之间横向联系差，功能不能互补，缺乏协同发展机制。

四、苏中地区农村工业与城镇化发展的路径

　　"十二五"以来，苏中地区跨江合作不断拓展，特色产业加快集聚，经济实力明显增强，社会事业全面推进，人民生活持续改善。由于历史发展基础偏弱等原因，目前苏中地区的产业发展水平还不够高，产业结构还不够合理，城市的辐射带动能力还不够强，区域内部发展还不够平衡，部分经济薄

弱地区人均财力和城乡居民收入依然偏低。

　　江苏省委、省政府在召开的全省苏中发展工作会议上出台了《关于推进苏中融合发展特色发展提高整体发展水平的意见》。该意见强调融合发展、特色发展和整体发展，同时省委、省政府出台的《沿江地区转型发展五年推进计划》，强调打造对外开放重要门户、构建现代产业高地、推进新型城镇化、强化重大载体平台建设、提升完善基础设施支撑体系等几个方面，为苏中地区未来城镇化发展提供了方向。

1. 依托区位条件，发展特色产业，避免同质竞争

　　苏中地区需抓住长三角发展一体化、江苏沿海开发和苏南现代化建设示范区等国家战略带来的叠加机遇，推进跨江融合发展、江海联动发展，在发展上加快融入苏南、长三角核心区。在推动苏中区域协调发展的同时，既要考虑全省面上的平衡，又注重苏中内部的差别。苏中三市区位条件有很大差异，根据三市的区位条件、发展特点、比较优势和战略选择，扬州努力在跨江融合发展上取得重要突破，加快建设古代文化与现代文明交相辉映的名城；南通需在陆海统筹发展上取得重要突破，加快建设长三角北翼经济中心，创建海陆统筹发展试验区；泰州努力在产业和经济社会发展转型升级上取得重要突破，加快建设现代特色产业名城。里下河地区是苏中发展较差地区，该地区小城镇农业基础良好，可依托濒临京杭大运河这一区位优势，利用河网交错，土地肥沃，水资源丰富等自然资源发展生态农业。沿运河小城镇已经形成一批具有较大影响力的农副产品加工龙头企业，可引导企业兼并联合，深化农副产品加工业，带动当地小城镇的发展。扬州市区、仪征区，泰州市区、泰兴市，南通市区、海门市、如皋市等皆为沿江发展区域，且交通便利，具备发展工业的良好区位，加之江苏省提出的推进沿江地区转型发展政策，可建设沿江高新技术产业带、沿江制造业产业带。

2. 促进工业向工业园区集中，农村居民点向社区集中，提高土地集约利用度

小城镇建设工业园区，使布局散落的工业集中到工业园区内，一方面可以有效利用土地，提高土地利用效率，另一方面企业的集中可以增加企业集聚效应，园内企业可通过优势互补，加强合作，企业之间进行信息的交换与交流，提高园内企业生产效益。加强对工业园区内公共基础设施建设，特别是污水处理厂、排水管网等环境保护设施建设，在提高土地利用效率的同时，减少工业企业对环境的污染。

通过制定居民点用地规划，以社区化中心村建设为重点，逐步深化新农村建设，引导农民向居住点集中。居民点规划需注重生态安全格局与环境的保护，完善农村地区的公共基础设施，发展循环经济，实现可持续发展。

3. 加快发展工业和现代服务业

工业化是城镇化发展的重要动力。加快工业发展，提升工业化水平，对于推动苏中城镇化进程至关重要。2012 年苏中区域工业产值为 4573.82 亿元，仅占苏南区域的 29%，与苏南地区工业产值差距较大。苏中区域工业起源于1895 年，改革开放后，苏中地区充分发挥廉价劳动力、土地资源等优势，实现了苏中乡镇企业快速发展。然而，苏中早期的工业发展是作为制造业基地和发达国家与地区产业承接者角色，其中不乏高耗能高污染企业。直至 2012年，苏中地区规模以上工业企业数为 10 032 个，仅占苏南地区工业企业数的40.8%，工业发展仍有较大潜力。政府要加大工业投入，优化利用外资结构，鼓励外资投向高新技术产业、现代服务业等领域。通过投资项目带动，形成支柱型经济增长点，扩大苏中工业总量，推动工业经济快速发展。在工业发展模式上，要以提高企业核心竞争力为重点，以机制创新和技术创新为动力，推动社会资本和资源向优势企业、优秀企业家集聚，加快培植一批主业突出、

有自主知识产权、能够发挥支撑带动作用的大企业和大集团，形成工业经济的中坚力量。加快工业园区建设，将乡镇企业逐步转移到工业园区内，形成工业集聚效应，推动企业间合作与交流。

南通市集"黄金海岸"与"黄金水道"优势于一身，拥有长江岸线 226 公里，可建万吨级深水泊位的岸线 30 多公里，同时南通与上海临近，苏通长江公路大桥和崇启长江大桥是连接南通与苏南地区、南通与上海地区的便捷通道，可依托这一区位优势，承接上海物流产业，大力发展服务临港产业、辐射长江中上游的港口物流。扬州市位于长江北岸，境内有长江岸线 80.5 公里，紧邻南京，是南京都市圈紧密圈城市，可依托于这一区位优势，与南京相融合，大力发展沿江制造业和高新技术产业。泰州市是上海经济圈中心城市之一，其拥有一批工业基础较好的特色产业，泰州市应继续大力实施以传统优势产业装备制造业，生物技术和新医药、电子信息、新能源三大新兴产业和若干个新兴产品集群为主体的"1+3+N"产业体系，同时将出口加工区建设成为产业转型升级的重要载体。除此之外，充分挖掘南通、扬州和泰州三市的历史文化内涵，大力发展文化创意产业，形成区域文化产业的特色和优势。

4. 优化城镇布局

根据资源环境承载能力，构建科学合理的城镇空间布局。首先加快县级市和县域发展。完善县城的基础设施，提高县级市和县城的城市综合承载能力，使其成为农村人口转移的主要载体。中心镇是县域中区位较优、实力较强、对周边农村和乡镇具有较强辐射能力的建制镇，优先支持县域中心镇，将其建设成为功能齐全、设施配套、环境整洁，具有较强辐射能力的农村区域性经济文化中心，使其成为接纳农村人口的重要节点。对于经济发展较好的中心镇，可考虑扩大其建设规模，使其成为县域副中心。在小城镇和农村地区，加快中心村和农村社区建设，节约土地利用面积，提高土地使用效率。加大基础设施投入，全面提高县域城镇市政公共设施建设水平，特别是加快城镇污水处理厂以及配套管网建设,提升污水处理工艺,完善污水处理设施。加强城镇生态环境保护与建设,支持县城、村镇绿化建设,确保城镇绿化率,重视城镇生态功能区建设。

5. 统筹城乡协调发展

健全城乡发展一体化体制机制,推进城乡基本公共服务均等化。统筹城乡发展,是推动城镇化发展的关键与核心。苏中正处于城乡一体化发展过程中。农业和农村的发展为城镇化创造了条件,城镇化的发展要为农业和农村现代化开辟道路。统筹城乡协调发展,需打破长期以来制约经济社会发展的城乡二元结构,建立统筹城乡协调发展的机制,加快农村基础设施建设,发展农村公共事业。进一步推动城乡一体化发展,要实现三次产业在城乡之间的广泛连接,使城市的生产技术流向农村,大力推进科技含量高、效益高的新型农业。要围绕建设生产发展、生活宽裕、乡风文明、村容整洁、管理民主的现代化新农村目标,统筹城乡经济社会发展,发挥城市对农村的带动作用,促进城市文明向农村延伸,全面建设社会主义新农村。努力提升"城乡规划建设、产业发展、基础设施、社会保障、公共服务、社会管理""六个一体化",实现城乡之间要素流动,资源共享、产业协调发展。切实形成城市带动农村、农村支撑和促进城市发展的城乡产业联动、优势互补的良性局面。

第三节　苏北地区农村工业与城镇化发展调查报告

一、苏北地区农村工业与城镇化发展现状

苏北地区位于黄淮海平原、江苏北部,是江苏经济欠发达地区,包括徐州、连云港、淮安、盐城和宿迁5个省辖市,下辖40个县(市、区),土地面积5.44万平方公里,2012年总人口为2978.83万人,土地面积和人口分别占全省51.9%和37.6%。苏北属于以上海为龙头的长江三角洲地区,处在南下北

上、东出西进的重要位置，是全国沿海经济带的重要组成部分。近年来，苏北经济社会发展呈现蓬勃向上的良好势头，已经站在了一个新的起点上，基础设施建设全面加强，工业化进程不断加快，改革开放实现新的突破，社会事业发展和人民生活水平都取得了显著成绩。

本项目组成员于 2013 年 8 月赴苏南、苏中和苏北地区分别抽取 330 个农户就江苏省农村工业和城镇化发展现状进行调查，9~11 月份对江苏省农村工业和城镇化发展现状进行补充调研。按照经济社会发展程度差异原则，苏北地区选取了淮安市洪泽县、淮安市涟水县和盐城市大丰市为调研地点。调查以问卷和访谈形式，由调查员就问卷内容向当地村民进行调查。12 月份进行省级示范村镇的重点调研，走访了包括丰县华山镇大程庄村、宿迁市泗阳县李口镇八堡村和赣榆县塔山镇土城等省级示范村。

1. 苏北地区工业化发展现状成效

改革开放以来，苏北地区工业经济总量不断扩大，特别是近年来，随着江苏沿海经济开发上升为国家战略并纵深不断推进、苏北融入长三角经济发展一体化总体布局、国家东中西区域合作示范区创设于连云港，苏北地区工业化正处于快速发展时期。2012 年苏北地区规模以上工业企业总数达到 11 240 个，较 2011 年 9931 个增长 13%；地区生产总值 12 182.94 亿元，较 2011 年 10 744.32 亿元增长 13.4%。

苏北地区通过发展基础产业，加强基础设施建设，调整工业内部结构，大力发展第三产业等一系列政策和措施，区域产业结构逐渐趋于合理，并向优化和升级的方向发展。2012 年苏北地区以及 5 省辖市的三产业结构如表2-5。美国经济学家西蒙·库兹涅茨等的研究成果表明，工业化往往是产业结构变动最为迅速的时期，其演进阶段也通过产业结构的变动表现出来，即随着工业化的推进，第一产业比重持续下降，第二产业和第三产业比重不断提高并超过第一产业，其中当第一产业比重下降到 20% 以下时，工业化进入中期阶段；当第一产业比重再降到10%左右、第二产业高于50%、第三产业高于30%时，工业化进入后期阶段。因此从产业结构角度看苏北地区及5省辖市工业化正处于中期阶段，徐州地区的工业化进程领先于其他4市。

表 2-5 2012 年苏北地区以及 5 省辖市三产业结构表

项目	徐州	连云港	淮安	盐城	宿迁	苏北地区
第一产业/%	9.5	14.5	12.9	14.6	14.9	12.7
第二产业/%	49.0	45.9	46.3	47.2	47.1	47.5
第三产业/%	41.5	39.6	40.8	38.2	38.0	39.8

数据来源：《江苏统计年鉴2013》

随着苏北地区产业结构的调整，第一产业的比重逐年下降，第二、第三产业的比重逐渐增加，劳动力逐渐由第一产业转移到第二、第三产业。2012年，苏北地区及5省辖市的三产业从业人员占总从业人员的比例如表2-6。根据克拉格定理，工业化初期、中期、后期三个阶段，第一产业劳动力占全社会劳动力的比重大体为80%、50%和20%以下。因此，从就业结构的角度看，苏北地区及5省辖市工业化处于中期阶段。

表 2-6 2012 年苏北地区及 5 省辖市三产业从业人员占总人员的比例

项目	苏北	徐州	连云港	淮安	盐城	宿迁
第一产业/%	34.71	37.69	33.31	29.89	31.29	41.28
第二产业/%	30.93	29.31	31.18	30.28	31.96	32.49
第三产业/%	34.36	33.01	35.51	39.84	36.74	26.23

数据来源：《江苏统计年鉴2013》

2012年，苏北地区外商投资企业(包括港澳台投资企业)由869个增到947个，外商投资企业(包括港澳台投资企业)的总产值也由2011年的3368.17亿元增到3993.57亿元，增长18.6%，外商投资企业增长较快。

2. 苏北地区城镇化发展现状与成效

1) 城镇数量不断增长

"十一五"以来，苏北城镇化建设进入全面阶段，城镇数量迅速增加。

各地积极整合资源，对人口规模较小、区位优势不明显的乡镇进行撤并，撤乡并镇或乡镇合并，以发挥中心城镇对区域发展的集聚和带头作用，苏北地区乡镇总数从 2006 年的 555 个减少到 2012 年的 514 个，减少了 41 个。截至2012 年底全区的城镇密度为 94.5 个/万平方公里，其中县级以上城市密度为7.2 个/万平方公里，建制镇密度为 79.2 个/万平方公里。

2) 城镇人口增加

"十一五"以来，苏北地区人口向城市集聚的速度加快，城镇人口总量不断扩大。2012 年底，苏北地区总人口为 2978.83 万人，城镇人口为 1629 万人，总人口比 2006 年减少 98.04 万人，城镇人口比 2006 年增加 386.98 万人，增长 31.2%，乡村人口的规模进一步下降。2006 年以来，苏北地区城镇人口年均增长 64.5 万人，农村人口年均减少 80.8 万人。2006~2012 年，徐州市城镇人口增加 93.34 万人，连云港市城镇人口增加 64.3 万人，淮安市城镇人口增加 68.15 万人，盐城市城镇人口增加 76.29 万人，宿迁市城镇人口增加 86.90万人(图 2-13)。

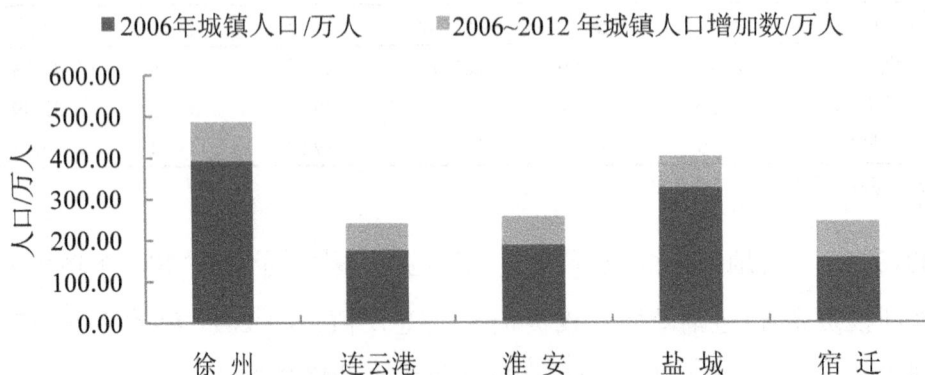

图 2-13　2006~2012 年苏北五市城镇人口增加数

数据来源：《江苏统计年鉴 2013》

3) 中心城市规模显著扩大

苏北地区进一步拓展发展空间, 使中心城市规模不断扩大。2012年5个省辖市市区行政区域面积扩大到 11 318 平方公里, 城镇人口规模扩大到1031.53万人, 比2006年增加194.5万人, 增长23.3%。城市的集聚功能进一步增强, 2012年苏北5省辖市市区以占全区20.8%的面积和34.6%的人口, 创造了全区45.5%的地区生产总值。

4) 城镇基础设施不断完善, 人民生活水平进一步提高

苏北地区基础设施建设投入力度加大, 中心城市建成区面积进一步扩大, 县城和中心城镇建设成效显著, 镇区面积不断扩大, 人口聚集能力得到提高, 城镇供水、供气、供电、通信、污水处理能力进一步增强。2012年苏北5省辖市建成区面积为1388平方公里, 较2011年的1341平方公里增长3.5%; 城镇人均住房建筑面积达到36.5平方米; 苏北地区城市道路总长达到68 950公里。

2012年苏北地区农村居民人均纯收入为12 493元, 较2011年的11 217元增长 11.4%。通过总结调研地区的农村居民对自己收入水平的满意程度调查结果显示, 苏北地区绝大多数农村居民对现有家庭收入水平基本满意, 其中这一比例约60%, 而对现有家庭收入水平非常满意和不满意的比例分别为18%和22% (图 2-14)。通过总结分析调研地点农村居民看病难的程度, 可以发现被调查的农村居民中约有 78%的居民认为看病还是比较方便的, 只有20%的居民和2%的居民认为看病比较困难和非常困难(图 2-15)。另外根据调研数据分析结果可知, 90%以上的村庄拥有 1 个及以上的文化活动室和体育活动场所。通过对苏北地区这些典型的农村地区的调查可以看出, 苏北地区的农村基础设施在不断完善, 人民的生活水平进一步提高。

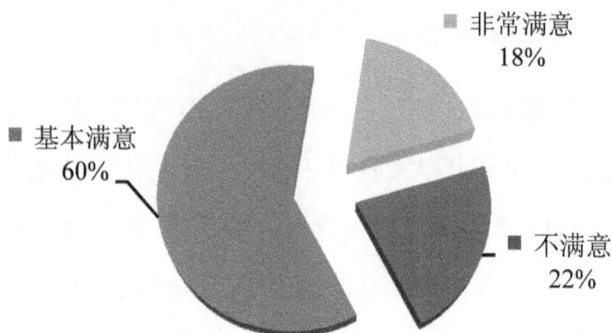

图 2-14　苏北地区农村居民收入满意程度

数据来源：苏北地区调研数据

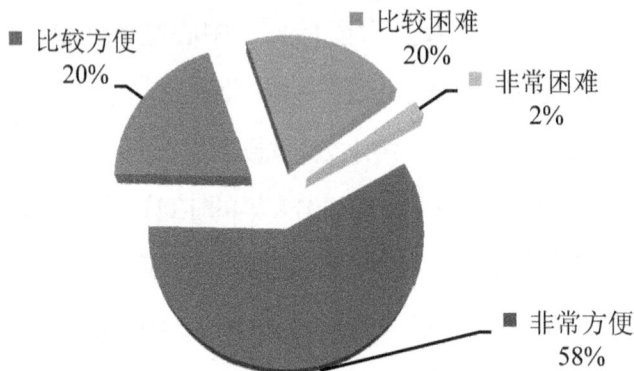

图 2-15　苏北地区农村居民看病难易程度

数据来源：苏北地区调研数据

5) 城镇化水平显著提高

苏北地区工业主体的地位逐步确立，现代服务业加快发展，经济持续增长，同时注重改善基础设施条件，提高居民的生活质量。2012 年苏北地区人均地区生产总值为 40 914 元，比 2011 年的 36 094 元增加了 4820 元。全区非农产业增加值占地区生产总值的比重由 2011 年的 87.1%提高到 87.3%，增加了 0.2 个百分点，其中第三产业增加值所占比重由 2011 年的 39.2%提高到 39.8%，上升了 0.6 个百分点，而第二产业增加值所占的比重由 2011 年的 47.9%下降到 2012 年的 47.5%，经济结构调整成效明显，城镇化进程依靠二、三产业双轮驱动。

二、苏北农村工业化与城镇化过程中存在的问题

苏北地区由于地理位置等问题，经济基础较差，工业化进程开始初期发展缓慢，苏北地区虽然近些年经济发展速度加快，但与苏南等发达地区相比，仍存在着很大的差距。苏北地区经济总量较小，2012 年地区生产总值达到 12 182.94 亿元，人均地区生产总值为 40 914 元，但与苏南 33 381.66 亿元，人均地区生产总值 101 370 元，苏中地区生产总值 10 193.55 亿元，人均地区生产总值为 62 208 元相比，仍然存在着很大的差距。在肯定苏北地区城镇化发展成就的同时，也应该清醒地认识到，由于历史的问题，苏北地区的城镇化水平与江苏省其他区域相比仍存在着较大的差距，城镇化过程中还存在着一些突出的问题。

1. 土地集约利用水平不高

在江苏省大力推行的"三集中"(农民向社区集中、工业向园区集中、土地向规模集中)和"双置换"(农民土地承包经营权置换土地股份合作社权、农村宅基地使用权置换城镇住房和商业用房收益权)政策措施下，农村土地得到一定程度的整合，土地利用集约水平也有所提高，然而，从城镇的空间结构来看，空间利用效率不高的问题仍然存在，居民点和工业布局分散的情况仍比较严重。

2. 农村生态环境破坏较为严重

农村地区环境污染主要包括水污染、土壤污染、空气污染和固体废弃物污染，据对苏北调研结果，水污染是农村生态环境污染的主要表现。苏北农村地区生态环境污染主要来源于生活污水、工业废水、农药化肥和厕所排泄污染。由于工业化和城镇化的发展，苏北地区小城镇的环境质量受到了一定

程度的影响。加上经济发展水平的约束，小城镇内工业污水处理设备还不甚完善，许多小企业并没有排污系统，工业产生的废水直接排到附近河流中去。苏北地区乡镇企业正在向集中化、规模化发展，然而其早期发展起来的小规模、低技术企业仍然有较大数量的存在。这些企业布局分散且缺乏先进的污染治理措施，对苏北农村生态环境产生了重要的影响。

3. 城镇化滞后于工业化

　　虽然苏北地区生产总值在不断增加，单从观察以及与工业化的水平比较之中可以发现苏北地区城镇化滞后于工业化。比较苏北地区产业结构和就业结构(表 2-7)可以看出，以 2012 年为例，苏北地区的第一、第二、第三产业的增加值之比为 12.7∶47.5∶39.8，而第一、第二、第三产业的就业人数之比为 34.7∶30.9∶34.4，作为第一产业的农业，其增加值仅占地区生产总值的12.7%，而就业人数却占全部从业人员总数的 34.7%，作为第二、第三产业的非农产业，其增加值占 87.3%，而其就业人数却只占 65.3%。由此可见苏北地区的城镇化水平滞后于工业化。

表 2-7　2012 年苏北地区地区生产总值构成及就业结构

项目	第一产业	第二产业	第三产业
地区生产总值构成/%	12.7	47.5	39.8
就业结构/%	34.7	30.9	34.4

数据来源：《江苏统计年鉴 2013》

4. 城镇化整体水平不高，大中城市辐射带动能力不强

　　区域城镇化整体水平不高主要表现在城市规模人口不大，2012 年徐州、连云港、淮安、盐城和宿迁 5 省辖市年末常住人口分别为 313.49 万人、109.74万人、265.82 万人、161.16 万人和 147.3 万人，其他各级城市和建制镇人口规模也明显偏小。由于工业化和城镇化起步较晚、水平低，苏北现有的城市大多还处于发展阶段，整个区域缺乏功能强大的经济中心城市，各省辖市综

合经济实力不强，对区域经济的辐射和带动能力不高。县城镇规模不大，功能不强，集聚能力偏弱，吸纳生产要素和转移农业人口的能力较弱。

5. 城镇化功能不完善，内在质量有待提高

部分地方城镇功能与工业化的快速推进和人们的生活方式的迅速提高不适应，城镇作为凝聚生产要素、实现规模经济和转变生活方式的功能还没有得到很好地发挥。有些地方在城市建设上盲目攀比，只追求城镇区域的扩大，而城镇的环境质量、文化品位、社区建设以及城市品牌、形象等未得到应有的重视和体现，造成中心城镇规模扩张过快，基础设施建设跟不上，城镇管理水平跟不上去，医疗卫生设施不配套、科技教育发展滞后等问题比较突出，个别地方原有历史风貌和传统文化丧失比较严重。

6. 城镇化制度安排不适应城镇化的要求

在城镇化进程中，一些制度不完全适应城镇化的要求。例如，原有户籍制度较大地限制了人口的流动；城镇缺乏社会保障制度，农民对进城望而却步；土地管理制度不利于土地资源的合理利用，农村土地流转制度没有根本性突破；资本市场发育制约了城镇规模的扩大和城镇综合服务功能的完善；城镇产业发展政策定位不准，一些城镇职能雷同；管理体制改革滞后等。这些制度都与城镇化所要求的城乡产业结构升级和要素聚集不匹配，造成一系列结构性、体制性和政策性失衡，阻碍了城乡统筹发展和城镇化的进程。

三、苏北地区农村工业化和城镇化发展的路径

党的十八大报告所确定的工业化、信息化、城镇化和农业现代同步发展的战略决策给苏北地区工业化注入了多元化、集合型新动力，为再促苏北工业化跨越发展指明方向。

进入"十二五"特别是 2012 年以来，苏北工业化面临新的发展环境，重

大机遇与严峻挑战并存，有利因素和制约因素同在。一方面，随着江苏沿海经济开发上升为国家战略并纵深不断推进、苏北融入长三角经济发展一体化总体布局、国家东中西区域合作示范区创设于连云港，多重机遇叠加态势下，苏北工业化在国内发展全局和国际竞合关系中的战略地位更加重要，发展条件更加有利。另一方面，全球经济升度调整、中国经济增长趋缓、资源和环境压力不断增大、经济转型升级要求日趋提高、限制和淘汰落后产能势在必行，制约苏北工业化发展的诸多因素正在凸显。这些新的发展环境决定了当前苏北加速新型工业化进程任重而道远。

1. 加快发展新型工业化，着力增强新型城镇化建设发展后劲

新型工业化，提升工业化水平。产业发展是城镇化的根本动力，对于推动苏北地区城镇化进程至关重要。

国际经验显示，城镇化率与工业化率之间比值的合理范围是 1.4~2.5[①]，即城镇化水平一般高于工业化水平；城镇化适度超前方能与工业化形成良性互动并促进工业化发展。2012 年苏北地区城镇化率与工业化率之间的比值为 1.15，城镇化滞后于工业化，因此苏北地区要坚持城镇化与工业化良性互动不懈怠，苏北地区要坚持城镇化与工业化良心互动并进，坚持新型工业化第一方略不动摇。

2. 坚持农业现代化与工业化协调发展

农业是整个国民经济的基础，没有农业的现代化，就不可能有整个国民经济的现代化，因此要着力巩固农业基础地位。而同时农业现代化既为工业化提供生活资料、生产原料、劳动力等要素，又为工业化创造广阔的消费市场。推进中国特色农业现代化，要始终把改革作为根本动力，立足国情农情，顺应时代要求，坚持家庭经营为基础与多种经营形式共同发展，传统精耕细作与现代物质技术装备相辅相成，实现高产高效与资源生态永续利用协调兼

---

① 谭炳才. 巴西"贫民窟"现象的启示. 广东经济，2008 年，第 2 期，第 41 页。

顾，加强政府支持保护与发挥市场配置资源决定性作用功能互补。苏北地区因为地域原因经济基础差，农业现代化基础设施薄弱，要充分利用农业现代化的后发优势，大力发展现代农业龙头企业和新型农业合作组织。

3. 促进工业向工业园区集中，农村居民点向社区集中，提高土地集约利用度

小城镇建设工业园区，使布局散落的工业集中到工业园区内，一方面可以有效利用土地，提高土地利用效率，另一方面企业的集中可以增加企业集聚效应，园内企业可通过优势互补，加强合作，企业之间进行信息的交换与交流，提高园内企业生产效益。加强对工业园区内公共基础设施建设，特别是污水处理厂、排水管网等环境保护设施建设，在提高土地利用效率的同时，减少工业企业对环境的污染。通过制定居民点用地规划，以社区化中心村建设为重点，逐步深化新农村建设，引导农民向居住点集中。居民点规划需注重生态安全格局与环境的保护，完善农村地区的公共基础设施，发展循环经济，实现可持续发展。

加快苏北地区农村城镇化进程，提高城镇化水平，是苏北地区经济社会发展的客观要求。要坚持大中小城市和小城镇协调发展，以科学规划为依据，以产业支撑为基础，以制度创新为动力，推动农村城镇化快速、健康、协调发展。

4. 科学规划，发挥规划对新型城镇化建设的引领作用

新型城镇化规划直接关系到城镇品位的高低、城镇功能的完善和城镇的可持续发展。苏北地区在农村城镇化建设中要高度重视、进行编制、严格执行规划，以科学合理的规划来规范和推动新型城镇化。

5. 完善体系，优化新型城镇化的空间布局

苏北地区正处于工业化的中级阶段和城镇化发展的加速发展阶段，缺乏

强大的经济中心城市，省辖市市区综合经济实力不强，集聚和辐射带动能力不强，要实现经济持续增长，缩小与苏南、苏中的区域发展差异，苏北地区必须坚持发展中心城市为主体，由中小城市和城镇相互促进，形成功能配套、用地集约、组团化、网络状城镇体系的现代化城镇体系；要以县城扩容和中心城镇建设为重点，加快中心城市和重点城镇发展，大力发展特色小镇和特色产业，引导农村人口就地、就近城镇化；要推进苏北城市集群化发展，加强城市间的分工协作，提高整体效益。

6. 统筹城乡发展，创新体制机制

统筹城乡发展是实施城镇化战略的关键和核心，苏北地区在推进城镇化的过程中要统筹城乡经济发展，发挥城市对农村的带动作用，促进城市文明向农村延伸；要深化改革城乡二元结构，建立统筹城乡协调发展的机制，健全农村社会保障体系，加快农村基础设施建设，改善农村人居环境，发展农村公共事业，促进城乡经济社会与人口、资源、环境的可持续发展，以实现城乡共同繁荣与进步。

第三章 江苏农村工业与城镇化发展专题

第一节 江苏典型城中村改造的利益均衡研究

"城中村"现象是我国城镇化进程中的一个普遍现象,它是在我国城乡二元土地管理体制下,出现的一种特有的社会问题。城中村的长期存在,导致了一系列景观、社会与经济问题的产生(张京祥,2007)。土地问题是城中村问题的焦点(张建明,1998)。

江苏省地处亚热带长江三角洲地区,自古以来就农业发达、人口密集,形成许多村落,成为郊区农民的聚居地、农村副业中心和农村服务中心。随着经济快速发展,城市用地向外围扩张,村镇农用地逐渐被城市征用,城市的经济总量加大、辐射聚集效应增强,农民市民化、农村城市化进程加快,一些原属于农村的区域渐渐被纳入城市范围。这些"亦城亦村"的社区实体,不能很好地与城市相融,于是就形成了"城中村"。江苏省"城中村"大体可以分为三种类型:一是处于繁华市区、已经完全没有农用地的村落;二是处于市区周边、还有少量农用地的村落;三是处于远郊、还有较多农用地的村落。

江苏省城中村分布广泛,南京、常州、无锡、苏州等市主城区城中村数量众多,各市政府非常重视对城中村的管理,加快推进城中村改造进程,城中村数量逐年减少,推动了城乡一体化发展。南京市地处长江下游,自古以来农业发达、人口密集。作为江苏省省会,南京市在政府的领导下紧抓机遇、迎接挑战,在科学发展道路上迈出坚实步伐,经济发展形势良好,经济排名江苏省前三,是江苏省比较具有代表性的城市。城中村问题亦困扰着南京市,阻碍其经济的进一步发展。南京市政府非常重视对"城中村"的管理，2005年，南京市市政府对"城中村"进行统计整理，南京市江南八区绕城公路以内的城中村共有 20 个街道 71 个行政村。据统计，71 个行政村村民人口达 23.91万人，在南京市城中村中的居住人口中，外来人口占了绝大多数，达到 1.3：1，有的"村"暂住人口与常住人口比例高达 10：1。共有 270 万平方米的建筑面积，其中违章建筑达 37 万平方米。经过一系列的城中村改造工作，截至2012 年，原 71 个城中村还有到 49 个行政村。

一、城中村改造利益相关主体角色定位和利益诉求

利益相关者，是指极有可能受拟议中的某项干预活动影响的或者会影响到这项干预结果的人、群体和单位。城中村改造过程中涉及的主要利益相关者有：城市政府、开发商、集体经济组织和村民。城中村的改造方案，是这三方利益均衡的合约安排，即利益博弈的结果。

1. 城市政府

城市政府是城中村改造的发起者、组织者、指导者，在城中村改造中处于主导地位，在城中村改造中承担着组织、指导、协调、监督等工作，这是由政府的职责和职权决定的。

城市政府主要追求社会效益和环境效益，同时兼顾经济效益。追求社会效益和环境效益表现在：一是政府是城中村改造规划的制定者，为城中村改造设定框架和目标，优化城市环境，打造优质的城市。二是承担着投入巨额资金改造城中村的职责，或者提供优惠的政策吸引社会力量参与城中村改造、聚集社会资金投资城中村改造，加快改造进程。三是监督城中村的改造过程。但是政府又是经济人，追求经济效益也是它的目的，具体表现在：一是需要增加政府财税的收入，减轻政府财政负担。二是通过改造拓宽城市空间，改善城市形象，吸引外来投资，降低管理成本，实现低投入、高产出，实现可

持续发展。三是较好的城中村地理位置，可以获得非常丰厚的土地出让金。

2. 开发商

开发商是城中村改造的投资者、实施者、建设者，在城中村改造中处于相对主动的地位。开发商主要追求经济效益，兼顾社会效益和环境效益。所以获取高额利润是开发商参与城中村改造工程的最终目标，但是并不是所有的城中村改造工程开发商都能获得回报，所以开发商也会对风险进行评估，对利益进行测算。在社会效益上，开发商可以通过参与具有惠民性质的城中村改造工程达到宣传企业、提升知名度、进一步开拓市场等目的，为企业的长远发展打好基础。在环境效益上，开发商也希望提升环境质量为后期的开发打好基础，只是这种动力的源头仍然是经济利益。

3. 农村集体经济组织和村民

农村集体经济组织和村民是城中村改造的对象和受益者，是核心受益主体，在城中村改造中处于被动的地位。

农村集体经济组织和村民主要追求经济效益和环境效益，兼顾社会效益。在经济效益上，村集体和村民希望改造后能保留或者以其他的形式实现他们以前经营土地、出租房屋、集体分红等利益，甚至能比改造前的收益更加丰厚。而城中村这个具有巨大升值空间的地理位置使他们这种愿望更加强烈。在环境效益上，村集体和村民希望通过城中村改造工作脱离恶劣的环境，并能居住在环境优美，基础设施完善的新居。在社会效益上，村民希望能够彻底融入现代城市生活中，成为真正的城市人。

二、城中村改造博弈模型

博弈是指在一定的约束条件和环境条件下，团体、组织或其他个人等主体之其他主体的策略和行为，并得到相应结果的过程。博弈方是指在博弈中主要根据自身利益的最大化来选择行动的决策主体，该决策主体独立决策并承担后果。城中村改造中的博弈参与人包括城市政府、集体经济组织和村民、开发商。

1. 博弈策略

每个博弈方在给定信息集情况下，可选择不同的方法进行决策，这种选择方法就是博弈策略。一般地，用 s_i 表示第 i 个博弈方（即参与者）可能的选择或博弈策略，$S_i = \{s_i\}$ 表示第 i 个博弈方全部的博弈策略或者选择行动的组合。在这里城市政府、村集体组织和村民以及开发商分别由 $i = g$、p、d 表示，$S = (S_g、S_p、S_d)$ 为三个博弈方的各种博弈选择行为组合(董明明，2009)。

城中村改造的博弈模型可分为三个阶段，第一阶段为城市政府的策略选择阶段，第二阶段为集体经济组织和村民的策略选择阶段，第三阶段为开发商的策略选择阶段。我们对各个阶段进行分析研究。

第一阶段，城市政府的策略选择阶段。城市政府进行城中村改造的博弈策略选择，决定是否启动改造工作，包括两种可能的策略方式，一种是由城市政府出全资一力承担城中村改造项目，另一种方式是制定优惠或财政补贴等政府规划政策吸引社会资源参与改造。因此，政府的两种选择分别是 $s_{g1} =$ "政府主导"，$s_{g2} =$ "政府规划"，即 $S_g = \{s_{g1}, s_{g2}\}$。

第二阶段，集体经济组织和村民的策略选择阶段。无论城市政府选择采用何种方式进行城中村改造，集体经济组织和村民都有 $s_{p1} =$ "合作" 和 $s_{p2} =$ "不合作" 两种策略选择方式，即 $S_p = \{s_{p1}, s_{p2}\}$。

但是在政府选择 s_{g1} 的情况下，由于政府完全承担城中村改造的任务，开发商并不介入其中，集体经济组织和村民无论选择 s_{p1} 还是 s_{p2}，都会使博弈终结，此时有两个策略组合 $S_1 = (s_{g1}, s_{p1})$ 和 $S_2 = (s_{g1}, s_{p2})$。如果政府选择 s_{g2}，在集体经济组织和村民选择不合作 s_{p2} 的情况下，博弈结束，此时的策略组合是 $S_3 = (s_{g2}, s_{p2})$；只有在集体经济组织和村民选择合作 s_{p1} 的情况下，房地产开发商才有可能有机会进行策略选择，进入博弈模型的下一阶段。

第三阶段，开发商的策略选择阶段。当城市政府决定实施城中村改造项目，集体经济组织和村民决定参与城中村改造时，开发商才处于博弈模型的选择节点。和集体经济组织和村民一样，开发商也有选择权，即开发商有 s_{d1} = "参与开发" 和 s_{d2} = "不参与开发" 两种策略，即 $S_d = \{s_{d1}, s_{d2}\}$。但开发商的选择必须建立在城市政府选择 s_{g2}(即"政府规划"的城中村改造方式)，且集体经济组织和村民选择 s_{p1}(即"参与合作")的基础上。若开发商经过决策选择了参与城中村改造项目，则各博弈方的策略选择组合为 $S_4 = (s_{g2}, s_{p1}, s_{d1})$；若开发商经过决策选择不参与城中村改造项目，则各个博弈方的策略选择组合为 $S_5 = (s_{g2}, s_{p1}, s_{d2})$。

2. 博弈主体的收益

博弈主体的收益，是指各个博弈方在作出策略选择后的得失，通过所有博弈方的资金平衡函数来进行表示，一般情况下模型中的第 i 个博弈方收益用 U_i 来表示，即采用 U_g、U_p、U_d 来分别表示城市政府、集体经济组织和村民以及开发商通过城中村改造获取的收益。

(1) 城市政府的收益。在城中村改造动态博弈模型中，城市政府有两种策略选择方式，分别是"政府主导"和"政府规划"，城市政府的收益水平会受到其他博弈方的影响。

在村民不合作的情况下，不能对城中村进行改造，此时虽然不需要投入资金和改造成本，但居住环境恶劣、治安隐患大、建筑景观差会给城市带来形象和经济上的损害，从这个意义上说如果不改造城中村时，城市政府的收益将为负值。

城市政府采用"政府主导"方式进行城中村改造时，所需支付的改造成本除了包括农用地征转补偿费用、房屋拆迁补偿费用，还包括建设各种基础设施以及城中村村民变为城市居民后政府所承担的养老、失业、医疗等社会保障费用；城市政府所获得的收益包括有形收益和无形收益两部分，其中土地收入是有形收益的主要方面，无形收益则是指通过改造城中村，城市环境得到很大程度的改善，树立了良好城市形象，达到提高城市综合竞争力和提升城市品质的目的。

政府如果采用提供规制政策的方法进行城中村改造，成本包括提供减免城市建设税费征收优惠政策措施而减少的收入，以及通过提高容积率、减让地价等手段所支付的潜在财政收入；所获得的收益有治安好转、社会发展、经济增长、环境改善以及政府公信力提高等方面。

假设无形收益可以量化，那么根据上述分析，城市政府在分别选择"政府主导"和"政府规划"两个策略方式时，有可能会形成五种博弈情况，各种博弈情况下的收益函数如下所示。

$$U_g = \begin{cases} P_1 + P_2 + P_3 - \varpi - I_1 & S_1 =（政府主导，村民合作） \\ P_4 \leqslant 0 & S_2 =（政府主导，村民不合作） \\ P_4 \leqslant 0 & S_3 =（政府规划，村民不合作） \\ P_1 + P_2 + P_3 - I_2 & S_4 =（政府规划，开发商参与开发） \\ P_1 + P_2 + P_3 - I_3 & S_5 =（政府规划，开发商不参与开发） \end{cases}$$

式中，P_1 为政府获得的社会收益，P_2 为政府获得的环境收益，P_3 为政府获得的有形收益(包括土地出让金和各种税费收入)，P_4 为在不改造的情况下城中村对城市社会经济和环境带来的负面收益，ϖ 为政府支付给村民的改造的房屋等拆迁补偿费用，I_1 为政府承担的安置工程建造费用，I_2 为政府提供优惠政策减少的财政收入等收益，I_3 为政府对村集体经济组织的优惠费用。

(2) 集体经济组织和村民的收益。针对政府提出的城中村改造方案，村集体经济组织有"合作"和"不合作"两种策略。

在未进行城中村改造前，村民的收入逐渐由依靠农业收入转变为依靠出租房屋、集体分红、自主就业等方式。其中，房屋租金是村民收入的最主要来源。

城中村改造后，村民失去耕地和房屋，就意味着失去了基本的生活资料和生活保障，村民对城中村改造的顾虑主要表现在两方面：一方面是政府的补偿方案和开发商的补偿额度无法达到村民的满意程度；另一方面是村民对改造后的经济来源有较大的担忧。总的来说，村集体经济组织的收益包括村民居住条件和生活环境的改善，村民融入城市后享受到的社会保障等待遇，以及分配的经济发展方的经济租金收入等，在五种博弈情况下的收益函数如下：

$$U_p = \begin{cases} \varpi + \varepsilon - \delta - k & S_1 = （政府主导，村民合作） \\ \delta & S_2 = （政府主导，村民不合作） \\ \delta & S_3 = （政府规划，村民不合作） \\ \varpi + \varepsilon - \delta - k & S_4 = （政府规划，开发商参与开发） \\ \varepsilon - \delta - k & S_5 = （政府规划，开发商不参与开发） \end{cases}$$

式中，ϖ 为村民因为改造获得的拆迁补偿，ε 为城中村改造后村民的社会保障的提高、综合素质的提升、就业机会的增加、教育资源的优化以及城中村内部基础设施管护经费的减少等城镇居民待遇，δ 为城中村改造前村民的出租房租金收入以及集体分红，k 为村民对未来生活问题的风险估计。

(3) 开发商的收益。开发商参与城中村改造需要投入征地补偿费、拆迁安置费、后续开发建设需要支出的各项管理、建设、销售等成本。一般政府为了吸引开发商参与改造，会给予开发商的地价从低、税费减免等优惠政策，经过各方计算、权衡和比较，只有参与城中村改造所得的收益大于不参与改造时在其他项目开发上所得的社会平均收益，开发商才可能会主动参与城中村改造。当政府决定采用"政府规划"方式开展城中村改造，且村民表示愿意合作时，开发商才有可能采取"参与开发"或"不参与开发"两种选择，在这两种博弈情况下的收益函数如下：

$$U_d = \begin{cases} R-C-T-\varpi+I_2 & S_4 = (政府规划，村民合作，开发商参与开发) \\ \theta & S_5 = (政府规划，村民合作，开发商不参与开发) \end{cases}$$

式中，R 为城中村改造项目按照目前的房地产市场形势可获得的销售收入，C 为项目的投资金额，T 为项目的销售税费和管理成本等，ϖ 为开发商支付给村民的拆迁补偿费用，I_2 为由于政府提供优惠政策所获得的财政收入等收益，θ 为指若房地产开发商不参与城中村改造项目，但是通过开发其他项目所获得的社会平均收益。

三、基于利益均衡的政策建议

通过以上分析，我们认为政府、开发商、村集体经济组织和村民追求的利益有其共同的方面，但三方经济利益的冲突和矛盾却是主要方面。对于一个城中村改造项目而言，经济利益这块蛋糕已经确定，不可能做大，因此在改造中就存在一个利益博弈以致相对均衡的过程，在城中村改造的利益调整和利益均衡过程中，博弈各方的行为选择会对政府和市场的运行秩序产生影响，主要是影响资源的有效配置，这里基于利益均衡提出一些政策建议。

1. 充分调动农民积极性，保障农民合法权益

一是要完善城中村改造相关政策，维护好农民的既得利益。具体表现为：一是在资金支持方面，要保护农民和村集体的利益。二是和城镇居民保障体系全面对接，维护好农民的长远利益。三是加强农民的培训教育，实现他们的发展权益。政府应该因地制宜地开展再就业指导和培训，引导失地农民再就业，使他们成为适应城市建设需要的人力资源。四是加强法制教育，培养农民的全局观念。

2. 积极引导开发商参与、保障其合理利润

一是出台优惠政策，保证开发商的合理利润。制定相关政策，提高开发

商参与的积极性。另外，要对参与城中村改造的企业今后的开发行为给予政策上的扶持。二是要主动解决改造中的矛盾和问题，提高开发商工作积极性。政府作为公共权力的代表，矛盾冲突的协调者，要帮助开发商解决他们无法解决的问题，激发他们的改造热情。三是加强政府规制，监督开发商的开发行为。

3. 科学制定城中村改造政策，确保参与改造主体的利益均衡

一是高起点规划城中村改造。即要按照从实际出发，规划先行的原则，统一城中村改造的思路、政策、领导、规划和标准等方面的内容和要求，达到改造城中村的目的。二是实行多层次多元化的合作方式。改造后的城中村地块，不一定要全部用来建设经济适用房、农民安置房，要根据整理出来地块的实际情况将部分土地上市交易，解决建设安置房、经济适用房的资金缺口问题，达到鼓励开发商参与改造工作中的目的。鼓励经济实力强的集体经济组织参与土地的竞拍和开发，可实现村集体和村民利用土地资源增加收益、改善环境的目的。三是进一步完善城中村村民改造后的保障和发展问题。十八大报告明确提出解决好农民问题是党的重要工作。同样解决城中村改造后的生存和保障问题则是解决农民问题的重要内容，也是关系到社会和谐发展、经济可持续发展的需要。政府可根据社会经济发展水平、城市居民收入情况等，适时调整征地拆迁安置补偿标准，设立多元化的安置方式，拓宽失地农民的就业渠道，建立完善的失地农民的社会保障制度。

第二节　江苏"美丽乡村"发展案例研究

一、江苏美丽乡村发展背景

为深入贯彻党的十八大精神，落实 2013 年中央 1 号文件关于推进乡村生态文明、建设美丽乡村的要求，农业部与 2013 年 2 月起组织开展"美丽乡村"

创建活动。文件提出开展"美丽乡村"创建活动，重点推进生态农业建设、推广节能减排技术、节约和保护农业资源、改善乡村人居环境，是落实生态文明建设的重要举措，是在乡村地区建设美丽中国的具体行动。同时随着近年来农业的快速发展，从一定程度上来说是建立在对土地、水等资源超强开发利用和要素投入过度消耗基础上的，农业乃至乡村经济社会发展越来越面临着资源约束趋紧、生态退化严重、环境污染加剧等严峻挑战。开展"美丽乡村"创建，推进农业发展方式转变，加强农业资源环境保护，有效提高农业资源利用率，走资源节约、环境友好的农业发展道路，是发展现代农业的必然要求，是实现农业乡村经济可持续发展的必然趋势。此外，我国新乡村建设取得了令人瞩目的成绩，但总体而言广大乡村地区基础设施依然薄弱，人居环境脏乱差现象仍然突出。推进生态人居、生态环境、生态经济和生态文化建设，创建宜居、宜业、宜游的"美丽乡村"，是新乡村建设理念、内容和水平的全面提升，是贯彻落实城乡一体化发展战略的实际步骤。

通过"美丽乡村"的创建活动希望能够树立不同类型、不同特点、不同发展水平的标杆模式，推动形成农业产业结构、农民生产生活方式与农业资源环境相互协调的发展模式，加快我国农业乡村生态文明建设进程。创建的基本原则包括四点，分别为"以人为本，强化主体""生态优先，科学发展""规划先行，因地制宜""典型引路，整体推进"。

二、江苏美丽乡村典型案例

江苏省美丽乡村的创建中出现了众多的乡村建设典型模式，本节将这些模式进行了总结和划分，提出了六大类乡村基本发展模式，并针对具体案例进行了详细的解读。

1. 乡村发展类型

按照不同乡村发展的特点，整合相关专家所提出的休闲农业的 7 大模式

29 种类型的休闲农业，本节将美丽乡村分为六大类型，分别为田园农业型、生态资源型、自主品牌型、特色文化型、科普教育型以及村落风光型，这几种类型是乡村发展的基本类型，既涵盖了农业的发展类型，也包括农业与工业、旅游业协调发展的类型。每种类型的特点如下所述。

1) 田园农业型

田园农业型主要指依托乡村自身的规模农业的发展，以乡村田园景观、农业生产活动和特色农产品为旅游吸引物，开发农业游、林果游、花卉游、渔业游、牧业游等不同特色的主题旅游活动。这是将乡村农业与旅游业结合的最普遍的模式。乡村居民以大田农业、果林、园林或者现代农业科技园区为载体，可以让游客体验各种农事活动，增长农业知识，品尝和购置农业产品。这种模式往往带动着乡村农家乐的建设与开发，即指农民利用自家庭院、自己生产的农产品及周围的田园风光、自然景点，以低廉的价格吸引游客前来吃、住、玩、游、娱、购等旅游活动。

2) 特色文化型

特色文化型主要针对乡村旅游业的发展，一方面以乡村风土人情、民俗文化为主体，突出农耕文化、乡土文化和民俗文化特色，开发农耕展示、民间技艺、时令民俗、节庆活动、民间歌舞等旅游活动；另一方面以部分乡村的历史文化资源，依托历史文化遗迹、传说所开发的特色文化旅游。

3) 生态资源型

生态资源型主要是指部分乡村依托境内或者周边的生态风景区所开发的以生态旅游，休闲度假为主题的旅游业发展类型。依托自然优美的景区风光、乡野风情、舒适怡人的清新气候、环保生态的绿色空间，结合周围的田园景观和民俗文化，兴建一些休闲、娱乐设施，为游客提供休憩、度假、娱乐、餐饮等服务。以山水、森林、温泉为依托，以齐全、高档的设施和优质的服务，为游客提供休闲、度假旅游。

4) 自主品牌型

自主品牌型主要针对以农业或者农业工业协调发展的乡村地区，这些乡村通过自主农业品牌的开发，延长了农业生产的产业链，形成"自摘+观光+销售+加工"于一体的乡村发展模式。依托农业产品的开发，形成各种旅游文化节日，在推广自身产品的同时，形成特殊的乡村文化和品牌，带动当地旅游业的发展，这种类型与田园农业型的区别在于产品类型相对单一，乡村收入以特色产品的销售收入为主，旅游业收入为配套开发的产物。

5) 科普教育型

科普教育型主要指利用农业观光园、农业科技生态园、农业产品展览馆、农业博览园或博物馆，为游客提供了解农业历史、学习农业技术、增长农业知识的旅游活动。如农业科技教育基地是在农业科研基地的基础上，利用科研设施作景点，以高新农业技术为教材，对农业工作者和中、小学生进行农业技术教育，形成集农业生产、科技示范、科研教育为一体的新型科教农业园。

6) 村落风光型

村落风光型是指以古村镇宅院建筑和新乡村格局为旅游吸引物，开发观光旅游。主要包括利用民族特色的村寨发展观光旅游；利用古镇房屋建筑、民居、街道、店铺、古寺庙、园林来发展观光旅游或者利用现代乡村建筑、新农村社区、民居庭院、街道格局、村庄绿化、工农企业来发展观光旅游。

2. 江苏省美丽乡村评选概况

江苏省美丽乡村的评选共分两批，第一批共评选出 12 个，第二批评选结果于 2013 年 8 月公布，59 个申报乡村共评选出 30 个。两批总数 42 个，其中苏南 21 个，苏中 8 个，苏北 13 个。本节将这 42 个乡村进行了发展类型的划分，并选择其中具有代表性的乡村进行详细的解读。它们之中大多数都是将两种以上的基础发展模式进行了有效的整合所形成的综合开发模式。其中田园农业型数量最多，这种类型一般是乡村旅游的初步发展模式。科普教育型是乡村农业现代化发展的产物，也是未来田园农业型或者自主品牌型发展的必然趋势(表3-1)。

表3-1　"美丽乡村"候选名单

城市名	个数	批次	入选村名	发展类型
南京市	5	第一批	溧水区洪蓝镇傅家边村	田园农业型，自主品牌型，特色文化型
		第一批	江宁区谷里街道周村社区	生态资源型，村落风光型
		第二批	江宁区横溪街道石塘村	田园农业型
		第二批	高淳区桠溪镇蓝溪村	田园农业型，特色文化型，村落风光型
		第二批	六合区竹镇镇大泉村	田园农业型
徐州市	4	第一批	徐州市新沂市邵店镇沂北村	特色文化型，村落风光型
		第二批	丰县华山镇大程庄村	自主品牌型
		第二批	沛县陈油坊村	田园农业型
		第二批	贾汪区青山泉镇马庄村	田园农业型，特色文化型，生态资源型
无锡市	4	第二批	宜兴市湖㳇镇张阳村	田园农业型，自主品牌型，生态资源型
		第二批	江阴市顾山镇红豆村	自主品牌型
		第二批	惠山区阳山镇	田园农业型，自主品牌型
		第二批	锡山区东港镇山联村	田园农业型，特色文化型
常州市	2	第二批	金坛市薛埠镇上阮村	田园农业型，特色文化型
		第二批	武进区雪堰镇雅浦村	自主品牌型
苏州市	6	第一批	张家港市南丰镇永联村	田园农业型，特色文化型，村落风光型
		第一批	太仓市城厢镇东林村	生态资源型，田园农业型，村落风光型
		第一批	常熟市支塘镇蒋巷村村民委员会	生态资源型，村落风光型
		第二批	昆山市张浦镇姜杭村	自主品牌型，村落风光型，特色文化型
		第二批	吴江区同里镇北联村	自主品牌型
		第二批	吴中区东山镇三山村	自主品牌型，生态资源型
南通市	2	第二批	海门市海永乡	田园农业型，特色文化型
		第二批	通州区东社镇香台村	田园农业型，自主品牌型，科普教育型

续表

城市名	个数	批次	入选村名	发展类型
连云港市	1	第二批	赣榆县塔山镇土城	特色文化型，村落风光型
淮安市	2	第二批	淮阴区码头镇码头村	田园农业型，特色文化型
		第二批	金湖县塔集镇陆河村	特色文化型
盐城市	4	第一批	大丰市大中镇恒北村	田园农业型，自主品牌型，特色文化型
		第一批	东台市梁垛镇临塔村	田园农业型，生态资源型
		第二批	盐都区郭猛镇杨侍村	田园农业型，生态资源型，特色文化型
		第二批	盐都区潘黄街道仰徐村	田园农业型
扬州市	3	第一批	仪征市铜山办事处长山村	田园农业型，生态资源型
		第二批	高邮市菱塘回族乡人民政府	田园农业型，特色文化型
		第二批	广陵区泰安镇金湾村	田园农业型，生态资源型
镇江市	4	第一批	扬中市新坝镇新治村	特色文化型，村落风光型
		第二批	句容市后白镇人民政府	田园农业型
		第二批	丹徒区世业镇	田园农业型，特色文化型，科普教育型，生态资源型
		第二批	丹阳市后巷镇前巷村	自主品牌型，特色文化型
泰州市	3	第一批	姜堰区沈高镇河横村村民委员会	田园农业型，自主品牌型，村落风光型
		第二批	溱潼镇湖南村	生态资源型，特色文化型
		第二批	泰兴市黄桥镇祁巷村	田园农业型
宿迁市	2	第一批	宿迁市泗阳县李口镇八堡村	田园农业型，生态资源型，村落风光型
		第二批	宿豫区顺河镇林苗圃居委会	田园农业型，自主品牌型

3. 典型案例

1) 南京市高淳区桠溪镇蓝溪村——田园农业型+特色文化型+村落风光型

蓝溪村位于高淳区桠溪镇西北部，村域面积 8.53 平方公里，辖 14 个自然村，1026 户，3100 人，耕地面积 3500 亩，林地面积 3100 亩，园地面积 3500 亩。蓝溪村有三大产业，五大特色。其中三大产业是指：千亩茶园、千亩早园竹、千亩有机农业。五大特色是指：①优越的地理条件。蓝溪村位于国际慢城风景区内，坐落在桠溪生态之旅风光带上，处于国际慢城的核心地段。②淳朴端厚的民俗民风。③深厚的历史底蕴。大山村被誉为国际慢城民俗文化村，其历史文化底蕴丰厚，大山村有千年古戏台、祠山菩萨、张渤纪念馆、芮氏宗祠，其中芮氏宗祠还保留有明末时期的雕花大梁。有古村古树古建筑、新容新村新风尚之赞许。④有丰富多彩的民俗表演，小马灯、大马灯、大山叉、跳五猖。⑤打造了大山特色旅游村。

蓝溪村以"吃农家饭、住农家屋、干农家活、娱农家乐"为主要内容，以乡土文化、农耕文化为核心，开发农业观光和体验性旅游，向游客提供包粽子、做豆腐、酿米酒等农家趣事活动，鼓励农家乐投资者开展"市民小菜(果)园"专题旅游项目，向游客提供小块土地出租，平常代为管理，假期供他们耕种、体验生活，最大限度地吸引游客。对新发展的乡村旅馆餐、床位给予相应的扶持奖励，全力推动农家乐发展。在农业旅游产品开发方面，春季有穆家庄草莓采摘基地、千亩竹林农事体验，夏季有千亩油菜、薰衣草观赏点，秋季有向日葵观赏点、橘子采摘，冬季有年货筹备，举办"慢城"年货节。目前，农家乐经营户发展到43户，成为"南京市农家乐示范村"。

在乡村风貌建设方面，2010年以来，投入1100多万元，实施"徽派新居"工程，形成以马头翘角、黑瓦白墙、色泽典雅的建筑风格，农家户外全部进行了篱笆墙、马头墙改造，形成了独具特色的乡村建筑风貌景观(图3-1、图3-2、图3-3)。

图 3-1 桠溪镇蓝溪村农家乐

图 3-2 桠溪镇蓝溪村徽派建筑

图 3-3　桠溪镇蓝溪村农家小院

2) 徐州市贾汪区青山泉镇马庄村——田园农业型+特色文化型+生态资源型

马庄村地处徐州市潘安湖风景区，西邻 104 国道、京沪高铁、京福高速，东靠 206 国道，南濒京杭大运河，地理位置、自然环境优越。现有人口 2348 人，耕地 4100 亩，6 个村民小组。马庄村以"文化兴村、文化立村"的理念，充分利用地处徐州市潘安湖风景区的优势，以发展农业生产、改善人居环境、传承生态文化、培育文明新风为途径，积极发展高效生态农业、民俗文化产业、观光旅游产业。

《马庄村建设总体规划》中提出的三大发展方向分别应对了其三大特色类型。

(1) 马庄高效生态农业建设。主要建设金场东 400 亩的高效农业采摘园，金马河两岸已对外运营的高科技观赏型牡丹石榴园 230 亩、石榴采摘园 350 亩、五谷丰登种植园 180 亩、缤纷大地果树采摘园 300 亩、五彩大地(利用不同种类观赏性农作物成景)等高效农业基地。

(2) 马庄民俗文化产业建设。主要建设徐州市马庄民俗文化表演团、徐州市马庄文化产业水韵广场、民俗展览馆、徐州市马庄民俗文化广场二十四节气柱、神农氏雕像等，以乡村民俗展览、乡村民俗节庆、国际乡村交流、乡村民俗歌舞、乡村民俗文化产业链的架构，打造富有乡土气息的民俗文化产业基地。

（3）马庄观光旅游建设。依托徐州市潘安湖风景区，把马庄村建设成中国最美的乡村湿地、国家级的乡村民俗产业基地、中国最和谐的乡村，这三大特色化品牌将驱动旅游区的快速发展。项目一期投资 5800 万元建设环村水系工程、二期投资 6200 万元建设景点二十一项。深入挖掘当地的乡土人文风情，形成一系列特色的乡村旅游景点，实现马庄由政治、文化名村向旅游名村转变。通过开展乡村民俗展览、乡村民俗节庆、国际乡村交流，形成旅游休闲观光农业、餐饮休闲、文化体验、商品贸易为一体的民俗旅游产业链及民俗文化产业基地。

目前马庄村民的民俗文化活动多种多样，包括大年初一农民运动会，春节民俗文化表演，正月十五元宵灯会，三月初十马庄庙会，清明踏青节，祭扫烈士墓，"五一"马庄旅游文化节，九月初九重阳敬老节，神农氏祭祀大典等节日及庆典活动(图 3-4)。

图 3-4　青山泉镇马庄村神农广场

3）苏州昆山市张浦镇姜杭村——自主品牌型+村落风光型+特色文化型

姜杭村位于昆山市张浦镇西南侧，东临商鞅湖，西靠大直江，南与大市村相邻，北与赵陵村接壤，江浦南路穿村而过。全村由五个自然村组成，共有村民小组 23 个，总人口 1695 人，面积 3.07 平方公里。

姜杭村通过农企合作的形式，与鲜活食品有限公司合作成立姜杭生态农业科技发展有限公司，推进农业产业化发展；与中科院南京中山植物研究所签订产学研合作协议，挂牌"江苏省昆山市蓝莓种植实验示范基地"，打造富民平台，增加农民收入，形成"农户+基地+公司"产业链。新增种植基地 100 亩，引进黑莓、桑葚、猕猴桃等新品种，成功注册"姜杭农业"农产品商标，打造精品果园，走精致农业之路。2012 年，姜杭村首批露天种植蓝莓鲜果产量 1500 公斤，黑莓 3500 公斤，实现销售收入 15 万元，市场供不应求。

在村落风光建设方面，经过近几年环境综合整治，姜杭新乡村建设已经取得明显成效，村庄环境卫生和基础设施得到了极大的改善，以创建 3A 级旅游景区和国家级生态村为契机，不断完善各项配套功能设施，打造村庄精细化环境，从每家每户着手，从小范围着手，进一步完善百姓的居住环境，被评为"昆山市自然生态美丽乡村"；成功通过省住建厅验收，获得江苏省首批、昆山市第一个"江苏省三星级康居乡村"的荣誉称号。

姜杭村对有着悠久历史传说的东岳庙、凤凰墩、响铃桥、岳庙义渡等历史遗存进行重点开发、保护和修缮，通过对历史人文资源的挖掘以及对东岳庙的修缮扩建，让传统道教文化得到了继承和弘扬，打造出"江南水乡道教圣地"。

从 2011 年 4 月第一届"八卦玄妙旅，水乡民俗风——昆山非遗展示暨首届姜里文化庙会"的顺利举行至今，姜里庙会已连续成功举办三年，打造成为每年一届民俗、民乐、民富的品牌活动，提升了姜杭村的知名度，展现了新乡村建设成果，打响了张浦镇"新江南城市"以及姜杭村的强力旅游品牌，将一个集江南水乡之美、道教之灵、乡村之朴、农家之乐、民俗之趣、民风之淳、民歌之萃的特色生态文化旅游水村展示在人们眼前(图 3-5)。

姜杭村是民歌发源地之一，村民都喜欢喊山歌，山歌对村发展产生了一定的影响，生活歌唱出了村民积极保护环境和美好生活的向往；积德歌唱出了敬老爱幼的文明风尚；节气歌唱出了生活起居对环境生态的重要性。

图 3-5　张浦镇姜杭村村庄风貌

4) 泰州市溱潼镇湖南村——生态资源型+特色文化型

湖南村地处泰州市姜堰区溱潼镇以南，2012 年江苏省魅力乡村，三星级省级康居示范村，紧靠国家湿地公园 5A 级溱湖风景区，毗邻泰州华侨城。东邻 229 省道，南近启扬高速，西靠宁靖盐高速，溱湖大道、沈马路穿境而过。

溱湖国家湿地公园、泰州华侨城、溱湖农业生态园落户在湖南村，为其营造了良好的旅游投资环境。湖南村溱湖湖面开阔，湖中岛屿星罗棋布，湖水清纯甘冽，是省内外难得一见的未被污染的水体。湖区盛产鱼虾、菱藕、水瓜等无公害绿色食品。以溱湖鱼虾制成的鱼饼、虾球，白如玉璧，红如珊瑚，被称为"溱湖双绝"；名闻遐迩的"溱湖簖蟹"更以其肉质腴嫩、膏体丰厚被评为蟹中上品。近年来，随着生态旅游、"农家乐"等旅游产品的推广，湖南村沈马路沿线形成了集旅游、度假、饮食、休闲为一体的休闲观光农产品展销和乡村餐饮基地。

近年来，湖南村充分依托资源优势，致力打造"溱湖八鲜"美食品牌，每年举办规模盛大的"溱湖八鲜"美食节。如今，"溱湖八鲜"不仅是带动周边地区群众致富的特色产业，而且已成为湖南村旅游的又一张名片。

溱湖八鲜文化：溱湖为长江水系与淮河水系交汇处，其水域宽阔，水质清淳，水草丰茂。所繁育生长的水生动植物含有人体所必需的多种氨基酸，丰富的矿物质及人体不可缺少的维生素，肉质细嫩，味道鲜美，营养丰富。由"溱湖簖蟹"、"溱湖青虾"、"溱湖甲鱼"、"溱湖银鱼"、"溱湖四喜"、"溱湖螺贝"、"溱湖水禽"、"溱湖水蔬"总称之为"溱湖八鲜"。

在新乡村建设中，湖南村依托景区旅游资源，以发展摇橹船为突破口，全力促进群众增收致富。湖南村村民忙时在家、闲时在景区的有 600 多人，其中摇橹的就有 200 多人。

湖南村在结合风景区发展各个旅游项目同时，结合本村拥有丰富的劳动力，投资 100 多万元，购买了 100 多条摇橹船，2 条风帆船，专程开设了听民歌、学摇橹、游溱湖、住竹屋、品农家乐的特色旅游活动。特色旅游活动的开展，不仅给湖南村带来了每年 150 万元的纯利润，而且吸收了大量的剩余劳动力，进一步拓宽了群众增收致富的门路。

5) 南通市通州区东社镇香台村——自主品牌型+田园农业型+科普教育型

东社镇香台村位于东社镇镇区北侧，具有独特的地理位置和交通优势。东临沪通通道、南接生态大道，交通便捷。全村总人口 3148 人，耕地面积 3760 亩,其中设施农业面积 1800 亩。香台村已形成了景瑞蔬菜等农业生产基地、顾胜和特色香芋基地、祥牛生态养殖、开心农场田园种植和南通禾朗农产品加工基地。

景瑞农业园核心基地展示区，通过管道、平面、墙面、多层、立柱和滴灌等多种方式栽培，直观、立体、形象、生动地将现代美学农业展示在游客面前,做到农业与景观的完美融合,也做到了农业同旅游相结合的新型模式，每年吸引大批上海、苏州游客前来参观。

开心农场位于东社镇香台村，由通州区十佳青年曹荣和通州区十佳女性孙春梅夫妇创建。开心农场栽种科技含量较高的作物，有黄秋葵和各种有机蔬菜，全部使用有机肥料，杜绝使用农药。引进广西特有品种水晶鸡，并成功繁育使其本地化，其产的水晶草鸡蛋以其独特的口感和营养价值迅速占领市场,成为各大超市、高档酒店的选择。另外开辟了新的农业休闲模式——蔬菜认购,顾客可自选地块种植喜爱的作物,利用节假日培育,也可委托农场管理,这种新模式得到了市民的认可,上海、苏州、南通市民纷纷前来认购。开心农场已成为城市居民休闲养生的好去处。

通州祥牛生态健康养殖基地位于通州区东社镇香台村,2009年3月成立,注册资本1000万元。基地拥有生产、技术工人30余人,并拥有专业的高级配种师、高级兽医师。该基地总投资5000万元。一期占地面积280亩。采用现代集约循环饲养模式——发酵床养猪法,饲养效果达到"三省(省料、省水、省劳力)、两提(提高抵抗力、提高猪肉品质)、一增(增加养殖效益)、零排放(无污染,实现粪污零排放)"的要求,年生猪出栏数可达8万头。建成后将成为南通地区规模最大的生态、环保型畜牧养殖基地。

6) 扬州市广陵区泰安镇金湾村——田园农业型+生态资源型

扬州市广陵区泰安镇金湾村,总面积7842.25亩,其中水域面积720亩;农户817户,总人口2900人(含常驻流动人口150多人)。淮河入江水道从村内穿越,形成了面积约900多亩的季节性过水湖泊湿地,多年的洪水冲刷还带来了"七河八岛"的格局,原生态状况保存最完好的聚凤岛就属于金湾村。该岛草深林密,人迹罕至,已成为华东地区最大的白鹭栖息地。

金湾村创建农业部"美丽乡村"有着得天独厚的自然禀赋,尤其是国内罕见的季节性过水湖泊湿地,每年周期性地呈现干湿交替状态,汛期白浪滔天、烟波浩渺,平时碧波荡漾、草长莺飞,季节间水位高差达3米左右。以聚凤岛为例,旱季,岛上植物生机勃发,各种小动物漫步草丛,而洪水来临,小岛犹如浮动的扁舟,唯有冒出波浪的树丛与翩飞的白鹭相伴相依。

据扬州大学生物学院调查,金湾村湿地范围内共有鸟类26科81种、鱼类9目16科67种、哺乳类6目8科12种、两栖动物1目4科6种、爬行动物2目7科15种、浮游动物159种、底栖动物38种,包括国家级保护动物白鹭、白尾鹞、雀鹰、苍鹰、红隼等。

金湾村的湿地风貌每年都吸引众多都市族前来踏青旅游，村里趁势打造了"食、住、行、游、购、娱"的旅游产业链，包括 1 家采摘开心农场、4 家农家休闲山庄、16 家农家餐饮、2 家水上餐厅、5 条游船等，2012 年，全村接待游客 15.3 万人次，创造旅游收入 900 多万元。

同时，金湾村建成了 300 亩葡萄采摘园、50 亩桑葚采摘园、100 亩特色蔬菜种植采摘园和 1000 亩有机稻米生产基地。确立了"高效农业为基础、绿色食品为主打，休闲观光为延伸"的产业发展路径。以金湾村生态葡萄园为例，葡萄园创办于 2009 年，总投资近 1000 万元，面积 300 亩，集葡萄种植、生态养殖、休闲垂钓、餐饮娱乐为一体，先后引进了夏黑、醉金香、巨峰、美人指等近 20 个优质品种。该葡萄园采用了设施栽培，包括滴灌技术，防虫网等，园内还精心设计了 8 个园林小品，主题分别为：峰峦翠竹、碧水凉亭、长廊绕春、莲荷映夏、傲菊涂秋、蜡梅迎冬、鲤锦缤纷、古藤织绿。2012 年，接待游客 1.2 万人次，生产葡萄 30 吨，创造服务收入 250 多万元。

7) 盐城市盐都区郭猛镇杨侍村——田园农业型+村落风光型

杨侍村位于盐城市盐都区郭猛镇境内，距盐城市区 15 公里，宁靖盐高速入口处 5 公里，全村下辖 11 个自然组， 2012 年实现三业总产值 3.5 亿元，农民人均纯收入 17 682 元。先后荣获省"康居示范村"，省四星级乡村旅游示范景点，省新乡村建设先进村、盐城市精神文明标兵村、盐城市最美乡村等荣誉称号，连续 7 年被盐都区委、区政府表彰为"乡村经济排头村"。

以江苏杨侍生态园为平台，发展乡村旅游特色产业。江苏杨侍生态园始建于 2010 年 11 月，总规划面积 2000 亩，计划总投资 5 亿元人民币，至目前已经投入 2.7 亿元；在已建成生态阳光餐厅、温泉大浴场、一座小公园(公园内有亭台楼阁、牡丹园、曲桥长廊、荷花池塘、小灵山大佛、观音送子、大佛堂供游客烧香拜佛)、200 亩十个品种葡萄采摘区、200 亩八个品种鲜桃采摘区、100亩八个品种樱桃观赏采摘区、100亩特种水产养殖区、八座4星级装潢标准的茅屋供游客休息)的基础上，再投入资金3亿元，兴建100亩的游乐场(农民乐园)、100亩的野外拓展训练中心、100亩的旅游公共设施、2000平方米的村史馆、1200平方米的农民会所。形成五区(商务服务区、体验互动区、休闲娱乐区、旅游观光区、科技示范区)，一基地(青少年爱国主义教育基地)的格局(图3-6，图3-7)。

图3-6　郭猛镇杨侍村公共健身器材　　　图3-7　郭猛镇杨侍村大鹏草莓自摘园

同时，聘请东南大学、江苏省村镇建设服务中心专家，完成了新乡村建设总体规划，新型农民居住区规划建设3000户。目前集中居住点一、二期工程已建成具有欧式风情的新型别墅150幢、农民安置楼2幢60户，三期106户已开工建设。投入资金100万元对原有沿街56户门面房按照江南水乡特色进行全面改建提升。卫生厕所普及率、生活垃圾定点存放清运率、无害化处理率、工业污染物排放达标率、秸秆综合利用率等指标均达100%；生活污水处理率、无公害、绿色、有机农产品基地比例均达90%以上。"组清洁、村收集、镇运转、区处理"的垃圾集中处理模式已全面形成，"道路、河道、生活垃圾、绿化"四位一体的管护机制全面实施。

8) 徐州市丰县华山镇大程庄村——村落风光型+田园农业型

大程庄村位于华山镇西，东临大沙河，丰徐运河穿村而过，风景优美，北靠徐丰高速公路，交通便利。

　　2010 年，大程庄村实施了整体搬迁新乡村建设工程，将原有的段庄、野场、张杏行、孙新庄四个自然村合并安置。新建了 15 万平方米的"杏花村"居民小区，共节约土地 312 亩，目前一期工程已完工，已有 700 余户居民搬入新居，二期工程主体已完工。如今的杏花村已成为设计合理、功能齐全、污水配套设施完善、人居环境优雅、商贸流通繁华的公园式住宅小区，有力地提升了乡村居民的居住生活环境，是丰县乃至徐州地区的"一道亮丽的乡村风景线"。杏花村也先后被评为"江苏省社会主义新乡村建设先进村"、"三星级康居乡村"、"江苏省文明村"、"徐州市优秀基层党支部"。

　　同时，大力发展高效设施休闲观光农业。新建了占地 600 亩的凯宇农业园、400 亩的华强生态园、500 亩的玫瑰园、200 亩的葡萄自摘园。同时，积极抓好招商引资工作，目前，全村从事企业经营的有 24 家，吸收就业人数550 余人，占全村劳动力总数的 80%，年创税 600 余万元。

参 考 文 献

曹建丰. 2004. 江苏省农村社区可持续发展途径研究[D]. 南京农业大学.

陈萍. 2012. 农村工业化与城市化发展模式的国际经验与启示[J]. 农业经济, 01: 9-10.

程俊杰, 刘志彪. 2012. 中国工业化道路中的江苏模式: 背景、特色及其演进[J]. 江苏社会科学, 01: 245-251.

程遥, 杨博, 赵民. 2011. 关于我国中部地区城镇化发展特征及趋势的若干思考[J]. 城市规划刊, 2: 43-50.

邓青. 2012. 浙江省农村工业化发展研究[D]. 华中师范大学.

丁磊. 2006. 浅析江苏农村劳动力转移问题及对策[D]. 南京农业大学.

董明明. 2009. 城中村改造中利益分配研究[D]. 西安建筑科技大学.

方创琳, 王德利. 2011. 中国城市化发展质量的综合测度与提升路径[J]. 地理研究, 11: 1931-1946.

高雪莲. 2010. 我国农村城镇化进程中的生态环境问题及对策研究[D]. 西南大学.

辜胜阻, 李华, 易善策. 2010. 城镇化是扩大内需实现经济可持续发展的引擎[J]. 中国人口科学, 3: 2-10.

关健. 2008. 海城市农村工业化研究[D]. 东北大学.

郭升荣. 2007. 江苏农村劳动力转移的经济效应及影响因素研究[D]. 南京航空航天大学.

何锦锋. 2012. 科学发展观视野下发达地区农村工业化转型研究——无锡市胡埭镇为例[D]. 江南大学.

洪非. 2010. 中国东北地区农村工业化问题研究[D]. 吉林大学.

胡旸. 2010. 江苏农村人力资本投资与区域经济协调发展对策研究[D]. 南京农业大学.

李明秋, 郎学彬. 2010. 城市化质量的内涵及其评价指标体系的构建[J]. 中国软科学, 12: 182-186.

李岳峰. 2003. 江苏农村劳动力转移上海浦东的研究[D]. 南京农业大学.

李中华. 2006. 江苏农村人力资本投资与农村剩余劳动力转移[D]. 南京农业大学.

刘杨. 2012. 武汉城市圈农村工业化对生态环境影响评价研究[D]. 中国地质大学.

聂华林, 王宇辉. 2005. 西部地区农村城镇化道路的思考[J]. 社科纵横, 20(5): 1-2.

邱建新. 2003. 江苏农村劳动力转移的特点与思考[J]. 江南大学学报(人文社会科学版), 03: 55-58.

邱建新, 马成荣, 顾柳贞. 2004. 江苏农村劳动力转移与教育的关系及对策[J]. 中国职业技术教育, 02: 23-26.

阮建青. 2008. 基于产业集群模式的农村工业化萌芽与成长机制研究[D]. 浙江大学.

申茂向, 祝华军, 田志宏, 韩鲁佳. 2005. 中国农村工业化及其环境与趋势分析[J]. 中国软科学, 10:

33-41.

陶应虎. 2008. 农村居民收入区域差异及其影响因素研究[D]. 南京农业大学.

王晓. 2009. 江苏农村劳动力养老保险关系转移接续研究[J]. 南京人口管理干部学院学报, 03: 53-56.

王颖. 2012. 毛泽东对中国农村工业化道路的探索[J]. 毛泽东思想研究, 02: 27-32.

王永作. 1996. 江苏农村劳动力转移方式的比较[J]. 中国农村经济, 08: 26-28, 33.

吴霖. 2006. 江苏就业结构调整与产业结构优化的实证研究[D]. 南京航空航天大学.

夏飞. 2004. 高速公路发展对我国农村工业化、城镇化和现代化的影响研究[D]. 南京理工大学.

徐金斌. 2006. 江苏农村劳动力非农就业问题研究[D]. 南京农业大学.

徐涛. 2009. 江苏省城镇化对土地资源安全的影响研究[D]. 南京农业大学.

徐志明. 2003. 农村产业结构高度化: 存在问题及对策思路[J]. 学海, 03: 66-70.

薛锋. 2012. 江苏农村青年劳动力转移就业的研究[D]. 南京农业大学.

杨笠. 2001. 江苏农村劳动力转移的调查与思考[J]. 经济研究参考, 51: 45-48.

杨煜璇. 2011. 我国农村工业化进程中的环境污染问题研究[D]. 中国海洋大学.

叶裕民. 2001. 中国城市化质量研究[J]. 中国软科学, 07: 28-32.

殷晓岚. 2004. 20 世纪苏南农业与农村变迁研究[D]. 南京农业大学.

余吉祥. 2008. 农村劳动力就业模式选择的影响因素分析——以江苏农户调查数据为例[J]. 现代经济
　　(现代物业下半月刊), 11: 65-68, 46.

袁晓玲, 王霄, 何维炜, 陈跃. 2008. 对城市化质量的综合评价分析——以陕西省为例[J]. 城市发展研究,
　　02: 38-41, 45.

张华江. 2005. 江苏农村劳动力转移的动力机制及其影响的实证研究[D]. 扬州大学.

张建明. 1998. 广州都市村庄形成演变机制分析[D]. 中山大学.

张进华. 2011. 江苏省农村剩余劳动力转移影响因素的统计研究[D]. 南京财经大学.

张京祥, 赵伟. 2007. 二元规制环境中城中村发展及其意义的分析[J]. 城市规划, 31(1): 63-67.

张伦方. 2007. 中国区域农村工业化问题研究[D]. 西南财经大学.

赵娜. 2008. 新农村建设视野中的农村工业化[D]. 河北师范大学.

周春芳. 2006. 江苏农村劳动力人力资本与外出就业关系的实证研究[D]. 南京农业大学.

朱龙杰. 1997. 缩小南北差距, 加快江苏农村工业化进程[J]. 南京经济学院学报, 04: 41-45.

附 录

附录一　2013 年江苏农村工业与城镇化发展政策文件

◇ 《中共中央国务院关于加快发展现代农业进一步增强农村发展活力的若干意见》(中发〔2013〕1号)

◇ 《国务院关于加快棚户区改造工作的意见》(国发〔2013〕25号)

◇ 《国务院关于加强城市基础设施建设的意见》(国发〔2013〕36号)

◇ 《关于印发全国资源型城市可持续发展规划(2013~2020年)的通知》(国发〔2013〕45号)

◇ 《工业和信息化部关于印发信息化和工业化深度融合专项行动计划(2013~2018年)的通知》(工信部信〔2013〕317号)

◇ 《国家发展改革委关于印发苏南现代化建设示范区规划的通知》(发改地区〔2013〕814号)

◇ 《国家发展改革委贯彻落实主体功能区战略推进主体功能区建设若干政策的意见》(发改规划〔2013〕1154号)

◇ 《关于开展各类开发区清理整改前期工作的通知》(发改外资〔2012〕4035号)

◇ 《农业部办公厅关于开展"美丽乡村"创建活动的意见》(农办科〔2013〕10号)

◇ 《关于扎实推进城镇化促进城乡发展一体化的意见》(苏政发〔2013〕1号)

◇ 《江苏省"十二五"城镇污水处理及再生利用设施建设规划》(苏政办发〔2013〕35号)

◇ 《省政府关于支持苏北地区全面小康建设的意见》(苏政发〔2013〕90号)

◇ 《省政府关于印发创新型省份建设推进计划(2013~2015年)的通知》(苏政〔2013〕110号)

◇　《江苏省城市环境综合整治行动实施方案》（苏政办发〔2013〕121 号）

◇　《关于支持苏北地区全面小康建设的任务分解方案》(苏政办发〔2013〕158 号)

◇　《贯彻落实省政府关于扎实推进城镇化促进城乡发展一体化意见实施方案的通知》(苏政办发〔2013〕171 号)

◇　《实施苏北地区重点中心镇建设工程行动计划》(苏政办发〔2013〕177 号)

◇　《江苏省流动人口居住管理办法(试行)》（苏政办发〔2013〕179 号）

附录二　2013 年江苏农村新型城镇化发展大事记

✧　2013 年 1 月 5 日，江苏省召开全省经济与信息化工作会议，11 家工业园区(集聚区)获批江苏第四批新型工业化产业示范基地称号。至此，全省省级新型工业化产业示范基地已达 61 家。此外，国家级示范基地有 13 家。这 11 家园区分别为无锡国家高新技术产业开发区、常州空港产业园、南京江宁滨江经济开发区、南京市徐庄软件产业基地、海门市临江新区、江苏扬子江国际冶金工业园、丹阳后巷五金工具产业园、江苏省泰兴经济开发区、扬州市江都区、吴江汾湖经济开发区、江苏金湖经济开发区。

✧　2013 年 1 月 6 日，泰州市委副书记、市长徐郭平分别参加了泰兴、海陵代表团审议。他要求泰兴、海陵进一步理清工作思路，将新型工业化、农业现代化和新型城镇化融合思考，全面推进经济社会稳步发展和转型升级。

✧　2013 年 1 月 7 日，南通市举行"统筹城乡一体化发展，加快推进城镇化进程"的专题建言献策会，市政协委员们围绕优化城镇空间布局、提升城镇综合承载能力等话题畅所欲言，市委副书记、市长张国华到会听取了发言。

✧　2013 年 1 月 14 日，江苏南通市政府命名了第二批 12 个南通市新型工业化特色产业基地。至此，南通市新型工业化特色产业基地已达到 22 个。

✧　2013 年 1 月 26 日，扬州市在南京与省经信委签署了战略合作框架协议，就推进汽车产业、软件与信息服务业、"智慧扬州"建设等展开深入合作，助力扬州世界名城建设和转型发展。

✧　2013 年 1 月 29 日，住建部公布，江苏 9 个市(区、镇) 成首批智慧城市试点，分别为无锡市、常州市、镇江市、泰州市、南京河西新城、苏州工业园区、盐城市城南新区、昆山市花桥经济技术开发区、昆山市张浦镇。

✧　2013 年 1 月 31 日，省政府出台《关于扎实推进城镇化促进城乡发展一体化的意见》，提出七个方面 20 条举措，并作为 2013 年一号文件下发。

✧　2013 年 2 月 16 日上午，宿迁市召开新型工业化暨开放型经济工作会议，这也是市委、市政府连续七年新春第一会聚焦新型工业化。副省长、市委书记、市人大常委会主任缪瑞林、市委副书记、市长蓝绍敏分别发表重要讲话。

◇ 2013 年 2 月 18 日，2012 年无锡农村工作十大亮点出炉。泰兴市周铁镇
强化产业发展规划，形成滨湖新镇区、历史古街区发展新格局，获得了
"全国社会主义新农村建设示范镇"称号。

◇ 2013 年 2 月 20 日，南京市委、市政府召开加快推进率先基本实现现代化
建设(浦口、六合)现场会，出台了加快南京高新区和化工园区的两份文件。
据悉，南京市正联合省政府共同编制"江北新区"规划，为江北争取更
多的发展空间。

◇ 2013 年 2 月 26 日，南通市政府专门发文表彰 2012 年度南通市新型工业
化先进单位。在全市重点经济工作目标考核中，海安县新型工业化考核
全市第一。

◇ 2013 年 2 月 27 日，盐城市隆重举行全市城镇化工作暨市区"三年展新貌"
建设总结表彰大会，对 2013~2014 年的全市城镇化和市区城建工作做出
全面部署，进一步动员全市各级部门积极投身新一轮城市建设，抬高目
标定位，加快推进全市城镇化进程，为实现城市建设"五年大变样"目
标而努力奋斗。

◇ 2013 年 2 月 27 日，江苏省国土资源工作会议在南京召开。会议总结回顾
了 2012 年及 5 年来全省国土资源工作，研究部署当前及今后一个时期重
点工作。徐鸣副省长在讲话中充分肯定了 5 年来全省国土资源工作取得
的成绩。

◇ 2013 年 2 月 25 日江苏省政府下发《关于促进苏中与苏北结合部经济相对
薄弱地区加快发展的政策意见》，试图在区域内部发展不够平衡问题上
再次寻求突破。至此，江苏南北帮扶发展区域得以扩容。

◇ 2013 年 3 月 8 日，习近平总书记在参加十二届全国人大一次会议江苏代
表团审议时，对江苏发展着重提出了"深化产业结构调整、积极稳妥推
进城镇化、扎实推进生态文明建设"的新要求。

◇ 2013 年 3 月 13 日，《中国经济周刊》和中国社科院城市发展与环境研究
所联合发布《中国城镇化质量报告》，对全国 268 个地级以上城市城镇
化质量进行比较，江苏共有 4 个城市进入前 20 名，分别是苏州、南京、
常州、无锡。

◇ 2013 年 3 月 16 日，高邮市 39 名乡镇党政正职以及相关部门负责人赴苏
州参加苏州大学"高邮市城镇化知识专题研修班"。市委常委、组织部

部长孙建年出席在苏州大学举行的开班典礼并作动员讲话。

◇ 2013年3月18日,全国两会刚结束,南京市委就召开常委会(扩大)会议,第一时间传达全国两会和习近平总书记在江苏代表团讲话精神,号召全市上下把思想统一到习近平总书记重要讲话和两会重要部署上来,深化产业结构调整,积极稳妥推进城镇化,扎实推进生态文明建设,以清醒的头脑、扎实的作风、高昂的干劲,把已经取得的成绩看作事业新的起跑线,不断开创各项工作新局面,谱写"中国梦"的南京新篇章。

◇ 2013年3月20日,江苏省委常委、无锡市委书记黄莉新主持召开市委常委会第56次会议,传达学习全国两会精神和习近平总书记在参加江苏代表团审议时的重要讲话精神。会议强调,各地各部门要把学习贯彻习近平总书记最新指示精神和全国两会精神作为当前一项重要的政治任务,与学习贯彻党的十八大精神紧密结合起来,全面把握丰富内涵,深刻领会核心要义,加快推进率先基本现代化建设,奋力谱写"中国梦"的无锡篇章。

◇ 2013年3月27日,李克强总理来到江阴新桥镇。新桥这个江南小镇的新型城镇化之路受到了广泛关注。作为"就地城镇化"的一个范例,新桥走过的十年城镇化之路包含了十分丰富的信息,无论是"三集中"规划,还是"产城融合"路径,给人印象最深的,还是以人为先、以人为本的核心理念。

◇ 2013年3月28日,中共中央政治局常委、国务院总理李克强来到江苏常熟古里镇田娘农场,考察家庭农场发展情况。李克强总理考察中的讲话释放出重要信号:通过股份合作、家庭农场、专业合作等多种形式发展现代农业是大方向,会对新型城镇化形成有力支撑。

◇ 2013年3月28日,省长李学勇就促进城乡发展一体化这一课题在常熟、张家港调研。他要求各地按照党的十八大精神和习近平总书记对江苏工作的重要指示精神,坚持新型工业化、信息化、城镇化、农业现代化"四化同步"发展,科学规划、因地制宜,准确把握城镇化内涵,积极稳妥推进城镇化,着力提高城镇化质量,提高城乡发展一体化水平。

◇ 2013年3月30日,国务院参事刘坚带领调研组对南通市城镇化建设工作进行调研。

◇ 2013年4月3日,住房和城乡建设部发布《关于做好2013年城镇保障性安居工程工作的通知》，据此，各地要适当上调收入线标准，有序扩大住房保障覆盖范围。

◇ 2013 年 4 月 10 日，徐州市委书记曹新平主持召开第 35 次市委常委会议，研究关于加快推进城镇化发展的意见、支持贾汪区资源枯竭城市转型发展的配套政策措施、支持和促进徐州国家高新技术开发区加快发展的意见和加快构建以企业为主体、市场为导向产学研相结合技术创新体系建设的实施意见。

◇ 2013 年 4 月 18 日，徐州市举行全市加快推进城镇化工作会议，徐州市委书记曹新平指出，城镇化率的高低，直接影响和制约经济社会发展速度。对徐州而言，城镇化率相对较低是"短板"，但差距就是潜力。要把当前劣势转化为后发优势，以更高标准、更大力度加快推进城镇化、快速提升城镇化率，为推动经济社会又好又快发展注入强大动力。

◇ 2013 年 4 月 18 日《"十二五"绿色建筑和绿色生态城区发展规划》正式发布。建设绿色生态城区、加快发展绿色建筑，不仅是转变我国建筑业发展方式和城乡建设模式的重大问题，也直接关系群众的切身利益和国家的长远利益。为深入贯彻落实科学发展观，推动绿色生态城区和绿色建筑发展，建设资源节约型和环境友好型城镇，实现美丽中国、永续发展的目标，根据《国民经济和社会发展第十二个五年规划纲要》、《节能减排"十二五"规划》、《"十二五"节能减排综合性工作方案》、《绿色建筑行动方案》等，制定本规划。

◇ 2013 年 4 月 23 日，第四届中欧政党高层论坛在苏州闭幕。中欧政党高层论坛进行的专场讨论中，与会专家认为中国的新四化建设值得借鉴欧洲模式。

◇ 2013 年 4 月 26 日，江苏省泰州市高港区把统筹城乡发展、推进"四化同步"作为推动经济社会全面转型升级的战略方向和目标，全面建立以工促农、以城带乡的良性机制，加快走出一条具有特色的"四化同步"之路，努力让广大城乡居民共享现代化建设成果。

◇ 2013 年 6 月 7 日至 11 日，全国政协副主席张梅颖率全国政协经济委员会调研组一行，来江苏省就协调推进城镇化和新农村建设情况进行调研。张梅颖对江苏省大力推进城市化、统筹城乡发展取得的成绩表示肯定。

◇ 2013 年 6 月 26 日，中国国务院提请全国人大常委会审议的一份报告显示，国家城镇化规划已起草形成规划文稿,目前正在广泛征求意见并抓紧修改完善中。该报告提到,要全面放开小城镇和小城市落户限制。这对于小城镇的未来发展无疑是重大利好。

✧ 2013年7月2日上午,盐城市召开新型城镇化工作座谈会。市委副书记陈正邦指出,要把推进新型城镇化作为推进全市新一轮科学发展的重大战略问题,充分认识推进新型城镇化建设的重大意义和重要作用。要建立健全推进机制、加快公共服务等基础设施建设,努力提升新型城镇化质量和水平。

✧ 2013年7月8日下午,江苏省长李学勇主持召开省政府常务会议,审议并原则通过《关于支持苏北地区跨越发展实现全面小康的意见》,提出在已有政策措施基础上,进一步加大对苏北发展的支持力度,通过实施六大关键工程,重点解决苏北发展的薄弱环节,加快新型城镇化步伐,确保苏北振兴,实现全面小康。

✧ 2013年8月20日,扬州市长朱民阳赴江都区乡镇工业集中区调研,强调江都区要抢抓区划调整带来的新机遇,加强工业集中区与城镇化建设的融合互动,为全市工业集中区建设创造更多经验。

✧ 2013年8月20日,江苏省人大常委会原副主任柏苏宁率省人大代表省直苏州组,来苏州市就"推进城镇化建设"进行专题调研。在苏州期间,代表们听取了市政府关于苏州市城镇化建设工作情况的汇报,并先后赴吴中区东山岛、陆巷古村落以及吴江区太湖新城等地视察。

✧ 2013年8月30日上午,镇江市七届人大常委会召开第十五次主任会议,专题听取市政府关于"加强'三新'建设,推进新型城镇化进程"重要建议办理情况的汇报,要求把生态文明理念融入城镇化全过程,奋力走出一条具有镇江特色的新型城镇化之路。

✧ 2013年9月25日至26日,由联合国工业发展组织、联合国全球南南发展中心和中华环保联合会共同举办的2013全球CEO发展大会中国国际节能环保与新型城镇化高峰论坛在上海举行,盐城被评为"2013全球CEO关注的最具投资环境城市"。

✧ 2013年10月9日,在徐州召开的中德空间规划研讨会上,来自国土资源部和德国汉斯·赛德尔基金会的专家对徐州城镇化发展提出积极建议。中国土地勘测规划院规划所所长张晓玲透露,徐州已被列入全国国土规划纲要中重点发展的 28 个中心城市之一。今后，国家将加大对这些重点城市的交通等基础建设的投入，对建设用地的规划也会有所倾斜。

◇ 2013 年 10 月 19 日，在北京举行的"2013 年中国新型城镇化市长论坛"上，北京、上海、哈尔滨、厦门、青岛、长沙、无锡、中卫、成都、滁州、杭州、赤峰等城市获评为 2013 年度中国价值城市。新华社副社长路建平出席论坛并致开幕词。

◇ 2013 年 10 月 21 日至 22 日，应邀访问新加坡的国务院副总理张高丽分别会见了新加坡总统陈庆炎、总理李显龙，并与新加坡副总理张志贤共同主持中新双边合作联委会第十次会议、苏州工业园区联合协调理事会第十五次会议和天津生态城联合协调理事会第六次会议。江苏省省长李学勇等出席相关会议。

◇ 2013 年 10 月 22 日下午，宿迁市委副书记、代市长王天琦主持召开市政府四届十三次常务会议。会议研究并审议了《关于推进城乡统筹发展的实施意见》、《宿迁市新型城镇化行动纲要(2013~2015)》、《关于促进宿迁光电产业集聚区发展的意见》等。

◇ 2013 年 11 月 1 日，江苏省苏北发展投资推介会在无锡举行。本届推介会旨在集聚苏南及省外、境外的资金、技术、管理、人才等更多生产要素，与苏北地区劳动力、土地、资源等后发优势整合嫁接，主攻关键工程，形成内生动力，扎实推进苏北全面小康建设。

◇ 2013 年 11 月 4 日，苏州市委、市政府在苏州召开深化城乡一体化改革发展工作座谈会。江苏省委常委、苏州市委书记蒋宏坤，国务院发展研究中心副主任韩俊，苏州市委副书记、市长周乃翔等出席会议，共同探讨城乡一体化的苏州经验。苏州有望被列为国家城乡一体化发展综合配套改革实验区，并将以此为契机深化改革全面提升城乡一体化水平。

◇ 2013 年 11 月 5 日，首届中德城镇化研讨会隆重举行，中德两国部分城市管理者、专家聚集江苏徐州，共同商讨城镇化发展过程中的突出问题，并对城市发展提出宝贵意见。

◇ 2013 年 11 月 8 日下午，由联合国国际健康与环境组织、《中华医学百科全书》工作委员会等机构共同举办的首届国际健康论坛暨《中华医学百科全书》2013 主编年会在北京人民大会堂召开。在本次论坛的分论坛"营造健康城市新模式"上，镇江市市长朱晓明，中国生命科学学会副会长、秘书长陈群，东京经济大学教授周牧之，森大厦都市企划株式会社社长山本和彦，以及意大利设计师马里奥·贝里尼(Mario Bellini)、伊科·米利奥莱(Ico Migliore)等汇聚一堂，就中国城市化面临的问题、镇江生态文明先行区的理念与目标等诸多议题进行了探讨。

◇ 2013 年 11 月 13 日，常州市召开全市大学生村官创业富民成果展示会，新北区 2 个项目获"常州市大学生村官创业示范项目"，5 个项目获"常州市大学生村官创业重点项目"，新北区大学生村官创新创业俱乐部获"常州市大学生村官创业先进园区(基地)"。

◇ 2013 年 11 月 21 日，在北京人民大会堂 3 楼金色大厅召开的中欧城镇化伙伴关系论坛上，常州与德国埃森市签订《中欧城镇化合作城市项目意向书》，双方将围绕创新、教育、智慧、绿色、人文与宜居主题，加强规划、科技、教育、商务、旅游等方面合作，建成中德友好合作示范区。国务院总理李克强和欧洲理事会主席范龙佩、欧盟委员会主席巴罗佐见证签约。

◇ 2013 年 11 月 27 日，"宁镇扬同城化发展战略研讨会"在镇江市委党校召开，来自南京、扬州、镇江三市的专家学者集聚一堂，探讨和交流宁镇扬同城化发展的相关理论与政策问题，中央党校学习时报社长助理余昌森、江苏省委党校副校长杨明参加会议，镇江市委副书记、党校校长李茂川出席会议并讲话。

◇ 2013 年 12 月 12 日至 13 日中央城镇化工作会议在北京举行。会议提出了推进城镇化的"六大"任务，分别为推进农业转移人口市民化、提高城镇建设用地利用效率、建立多元可持续的资金保障机制、优化城镇化布局和形态、提高城镇建设水平和加强对城镇化的管理。

◇ 2013 年 12 月 17 日，江苏省省长李学勇主持召开省政府常务会议，认真学习贯彻中央经济工作会议和城镇化工作会议精神。会议指出，要切实把思想和行动统一到中央对经济形势的科学判断和决策部署上来，按照省委的工作要求，坚持稳中求进、改革创新，抓住用好机遇，积极应对挑战，加快转变经济发展方式，促进经济持续健康发展、社会和谐稳定。

◇ 2013 年 12 月 18 日，长江三角洲地区主要领导座谈会在江苏省南京市召开。会议认真贯彻了党的十八届三中全会、中央经济工作会议精神，综合分析了当前国际国内新形势以及长三角地区合作与发展面临的机遇和挑战，深入交流了三省一市 2013 年以来统筹稳增长、调结构、促改革的政策举措和经验做法，就推动经济转型升级、加快实现新型城镇化，联动实施国家战略、深化重点专题合作、完善合作发展机制等事项进行了深入讨论。

◇ 2013 年 12 月 20 日，第七届南京都市圈市长联席会议在芜湖举行，南京、镇江、扬州、淮安、芜湖、马鞍山、滁州、宣城等 8 个都市圈城市市长围绕"加强项目对接、推进都市圈基础设施一体化建设"主题，深入研究交换意见。

◇ 2013 年 12 月 21 日至 22 日，中央农村工作会议在京举行。会议认真贯彻党的十八大精神，系统总结 2012 年和过去 10 年农业农村发展成就，深刻分析"三农"工作面临的新形势新挑战，重点研究加快发展现代农业、进一步增强农村发展活力，全面部署当前和今后一个时期的农业农村工作。